高等学校项目管理规划教材

项目风险管理

（第2版）

郭　波　龚时雨　谭云涛　史宪铭　蒋　平◎编著

电子工业出版社
Publishing House of Electronics Industry
北京·BEIJING

内 容 简 介

本书系统地介绍了项目风险管理的基本概念、项目风险管理规划、项目风险分析、项目风险应对、项目风险监控、定性定量的风险管理技术和方法。在内容上既着重于项目风险管理的基本理论与方法，又力图反映出项目风险管理的最新进展；同时引用了大量实例对书中的理论与方法进行说明，从理论和实践两方面循序渐进地向读者展现最新、最全的项目风险管理知识。

本书既可作为高等学校项目管理工程、管理科学与工程和系统工程专业的教学用书，也可作为在实际项目中从事技术工作和管理工作的专业人员学习和工作的参考书。

未经许可，不得以任何方式复制或抄袭本书的部分或全部内容。
版权所有，侵权必究。

图书在版编目（CIP）数据

项目风险管理／郭波等编著．—2版．—北京：电子工业出版社，2018.6
高等学校项目管理规划教材
ISBN 978-7-121-34189-2

Ⅰ．①项… Ⅱ．①郭… Ⅲ．①项目风险—风险管理—高等学校—教材 Ⅳ．①F224.5

中国版本图书馆 CIP 数据核字（2018）第 103049 号

策划编辑：姜淑晶
责任编辑：张　京
印　　刷：北京盛通数码印刷有限公司
装　　订：北京盛通数码印刷有限公司
出版发行：电子工业出版社
　　　　　北京市海淀区万寿路 173 信箱　邮编 100036
开　　本：787×1092　1/16　印张：14.5　字数：371.2 千字
版　　次：2008 年 1 月第 1 版
　　　　　2018 年 6 月第 2 版
印　　次：2024 年 2 月第 5 次印刷
定　　价：49.00 元

凡所购买电子工业出版社图书有缺损问题，请向购买书店调换。若书店售缺，请与本社发行部联系，联系及邮购电话：（010）88254888，88258888。
质量投诉请发邮件至 zlts@phei.com.cn，盗版侵权举报请发邮件至 dbqq@phei.com.cn。
本书咨询联系方式：（010）88254199，sjb@phei.com.cn。

高等学校项目管理
规划教材编委会

编委会主任　钱福培　国际项目管理协会（IPMA）副主席
　　　　　　　中国（双法）项目管理研究委员会（PMRC）常务副主任
　　　　　　　西北工业大学教授

编委会副主任　王守清　清华大学教授　　　　乌云娜　华北电力大学教授
　　　　　　　　白思俊　西北工业大学教授　　张连营　天津大学教授
　　　　　　　　邱菀华　北京航空航天大学教授　欧立雄　西北工业大学副教授
　　　　　　　　戴大双　大连理工大学教授　　魏法杰　北京航空航天大学教授

编委会委员　丁荣贵　山东大学教授　　　　乞建勋　华北电力大学教授
　　　　　　　于惊涛　大连理工大学副教授　丰景春　河海大学教授
　　　　　　　王祖和　山东科技大学教授　　王道平　北京科技大学教授
　　　　　　　王瑶琪　中央财经大学教授　　卢向南　浙江大学教授
　　　　　　　刘　欣　上海交通大学副教授　刘荔娟　上海财经大学教授
　　　　　　　孙　军　北京化工大学教授　　吴守荣　山东科技大学教授
　　　　　　　吴秋明　福州大学教授　　　　李春好　吉林大学教授
　　　　　　　杨　侃　天津理工大学副教授　杨爱华　北京航空航天大学教授
　　　　　　　陈立文　河北工业大学教授　　陈敬武　河北工业大学副教授
　　　　　　　周国华　西南交通大学教授　　易　涛　华北电力大学副教授
　　　　　　　郑会颂　南京邮电大学教授　　郝生跃　北京交通大学副教授
　　　　　　　骆　珣　北京理工大学教授　　唐丽艳　大连理工大学副教授
　　　　　　　郭　波　国防科技大学教授　　戚安邦　南开大学教授
　　　　　　　蒋国瑞　北京工业大学教授　　韩传峰　同济大学教授
　　　　　　　窦文章　北京大学教授　　　　詹　伟　中国科学院研究生院

序　言

"当今社会，一切都是项目，一切也都将成为项目"，这种泛项目化的发展趋势正逐渐改变着组织的管理方式，使项目管理成为各行各业的热门话题，受到前所未有的关注。项目管理学科的发展，无论在国外还是国内，都达到了一个超乎寻常的发展速度。国际上两大权威机构即国际项目管理协会（IPMA）和美国项目管理协会（PMI）的项目管理知识体系的越来越完善、专业资质认证越来越普及就是佐证之一，目前仅在美国就有100多所大学开设了项目管理专业或课程方案（Programme），进行学士、硕士或博士学位教育，其中有20多所大学的Programme得到了PMI全球项目管理认证中心（GAC）的认证。

在我国，有关项目管理的研究和项目管理学科的建设也正在积极进行中，大量项目管理书籍层出不穷，甚至有一些专家根据现代项目管理的广义性提出了创建"项目学"的倡议……这些都是项目管理学科逐渐走向成熟的标志。

特别值得一提的是我国项目管理学位教育的发展。目前，我国已经有200余所院校设立了工程管理本科专业，在教育部本科专业目录中其英文名称为 Project Management（项目管理）。该专业分布在不同类型的院校之中。虽然其内涵和课程设置上仍偏重于工程项目管理，但由于各院校面向不同的行业领域，有着不同的培养方向，其行业覆盖面还具有项目管理的广泛性。2004年，中央财经大学经国家教委批准，自主设置了项目管理本科专业并正式招生，标志着我国最早的真正意义上的项目管理本科学位教育的诞生。从2006年7月起，经全国自学考试办公室批准，福建省和天津市又分别开设了高等教育自学考试项目管理专业（独立本科段），分别由福州大学、厦门大学和天津理工大学担任主考学校并对合格者授予项目管理学士学位，使项目管理本科学位教育又向前迈进了一步。

早在世纪交接前后，我国许多高等院校就在管理科学与工程一级学科或其他学科下设置了项目管理方向，开始了硕士与博士研究生的培养。而从2003年国务院学位办和全国工程硕士专业学位教育指导委员会批准清华大学和北京航空航天大学试办、2004年72所高校正式开办项目管理领域工程硕士专业学位教育（我国首个真正意义上的项目管理研究生学位教育）以来，我国项目管理学位教育发展更为迅猛。2005年10月项目管理领域工程硕士的报考人数已达到12 083人，录取人数达到5 752人，均居全国38个工程硕士领域的第一位；目前全国已经有96所高校具有项目管理领域工程硕士培养权，发展形势令人鼓舞。这一方面表明了社会和市场对项目管理人才旺盛的需求，另一方面也说明了项目管理学科的价值，同时也给相关培养单位和教育工作者提出了更高的要求，即如何在社会需求旺盛的条件下提高培养质量，以保持项目管理学位教育的稳定和可持续发展。因此，各培养单位之间以及与国外同行之间就培养方案、课程设置、教学大纲和教学管理等的研讨和交流就显得非常重要，教材建设和师资培训更是重中之重。

提高教学质量，教材要先行。近几年来，国内项目管理领域的出版物增长极快，一年的出版物可以等于甚至超过过去十几年的出版总量，但真正适用于项目管理学位教育的教材还比较少，尤其是项目管理领域工程硕士专业学位教育仍处于起步但高速发展阶段，既涵盖项目管理知识体系又能满足项目管理应用实际要求的教材更为缺乏。针对这些问题，电子工业出版社策划和组织了本系列教材的编写，他们在组织编写之前还广泛征求了各方面的意见，并得到了积极的响应。参加本系列教材编写的专家来自不同的院校和不同的学科领域，提高了教材在不同院校、不同领域和不同培养方向上的广泛适用性，希望能够解决目前项目管理学位教育师生的燃眉之急。

本系列教材共有20册，分为专业基础课、专业核心课和专业选修课三大类。在课程体系设计上既有反映项目管理共性知识的专业主干课程，也有面向不同培养方向的专业应用课程。

本系列教材最突出的特点是与国际项目管理专业资质认证（IPMP）的融合性。本系列教材依托目前我国唯一的跨行业项目管理专业学术组织——中国（双法）项目管理研究委员会（PMRC），并由IPMA副主席、PMRC常务副主任、IPMP中国首席认证师、西北工业大学钱福培教授担任编委会主任，编委会成员和作者大都是各高校项目管理学位教育负责人和教学一线的教师，同时又是IPMP培训师和评估师。因此本系列教材的内容更能体现IPMP培训与认证的思想和知识体系，更符合在与国际接轨的同时体现我国项目管理特色的内容，为项目管理工程硕士专业学位教育与专业资质认证的成功合作提供了有力的保证。

编写项目管理学位教育系列教材是一个新课题，虽然编委会和电子工业出版社做出了很大的努力，但项目管理是一门新兴的并正在快速发展的学科，其理论、方法、体系和实践应用还在不断发展和完善之中，加之专业局限性和写作时间的限制，本系列教材肯定会有不尽如人意之处，衷心希望全国高等学校项目管理专业师生在教学实践中积极提出意见和建议，并及时反馈给出版社，以便对已经出版的教材不断修订、完善，与大家一起共同探讨我国项目管理学位教育的特点，不断提高教材质量，完善教材体系，为社会奉献更多更好更新更切合我国项目管理教育的高质量的教材。

清华大学土木水利学院建设管理系常务副主任、博导
全国项目管理领域工程硕士教育协作组组长
中国（双法）项目管理研究委员会副秘书长
美国项目管理协会（PMI）全球项目管理认证中心董事会成员
2006年6月29日 于清华大学

前　言

随着科学技术的快速发展，许多结构复杂、多功能的大型工程系统不断出现，这些大型系统研制周期长、技术难度大、投入经费多。由于现代社会经济科技环境变化非常快，使得这些大型系统的研制或建设面临很多不确定性，项目在进度、费用、性能、质量等方面都会遇到很多风险。一些大型的社会活动等服务型项目也会遇到各种各样的风险。因此，为了完成项目目标必须对项目风险进行管理。

项目风险管理的研究始于20世纪30年代，研究内容逐步系统化、专业化，本书是作者在多年研究工作和教学实践的基础上完成的。全书分为7章，系统介绍了项目风险管理的基本概念、项目风险管理规划、项目风险分析、项目风险应对、项目风险监控、定性定量分析技术和方法。在内容上既着重于项目风险管理的基本理论与方法，又力图反映项目风险管理的最新进展。本书既可作为高等院校项目管理工程、管理科学与工程、系统工程的教学用书，也可作为在实际项目中从事技术工作和管理工作的专业人员学习与工作的参考书。本书是在2008年第1版的基础上再版的，主要增加了风险识别的方法，对有关内容进行了修订，加大了应用性强的习题量，便于读者更好地掌握知识点。

本书第1章由郭波编写，第2章由谭云涛编写，第3章由谭云涛和龚时雨编写，第4章由谭云涛、郭波、史宪铭和蒋平编写，第5章由龚时雨编写，第6章由郭波编写，第7章由龚时雨和谭云涛编写。全书由郭波统稿。张洋、程志君为本书的撰写提供了大量的帮助。

在编写过程中，我们参考了很多相关文献，主要参考文献及其作者已列于书后。在此，谨向这些文献的作者表示衷心的感谢。

我们在本书的编写和出版过程中，得到了国防科技大学系统工程学院许多老师和研究生的热情支持和帮助，在此，一并表示诚挚的谢意。

编　者

目　录

第1章　绪论 ··· 1
　　本章学习目标 ··· 2
　1.1　项目风险管理的历史与发展 ··· 2
　1.2　基本概念 ··· 4
　　　1.2.1　风险 ··· 4
　　　1.2.2　项目风险 ·· 6
　　　1.2.3　项目风险管理 ·· 7
　1.3　项目风险管理的基本过程 ··· 12
　　本章小结 ·· 13
　　复习思考题 ··· 13

第2章　项目风险管理规划 ·· 14
　　本章学习目标 ··· 15
　2.1　项目风险管理规划的主要内容 ·· 16
　2.2　项目风险管理规划过程 ·· 19
　2.3　项目风险管理规划方法 ·· 22
　　　2.3.1　风险管理图表 ··· 22
　　　2.3.2　项目工作分解结构 ··· 23
　　本章小结 ·· 24
　　复习思考题 ··· 25

第3章　项目风险分析过程 ·· 26
　　本章学习目标 ··· 28
　3.1　项目风险识别 ··· 29
　　　3.1.1　项目风险识别的依据 ·· 29

3.1.2　项目风险识别过程 …………………………………… 30
　　　3.1.3　典型风险源 …………………………………………… 32
　　　3.1.4　风险识别的结果 ……………………………………… 34
　3.2　项目风险估计 ………………………………………………… 35
　　　3.2.1　项目风险估计的基本概念 …………………………… 35
　　　3.2.2　项目风险估计过程 …………………………………… 46
　3.3　项目风险评价 ………………………………………………… 54
　　　3.3.1　项目风险评价的基本概念 …………………………… 55
　　　3.3.2　项目风险评价标准 …………………………………… 56
　本章小结 ……………………………………………………………… 60
　复习思考题 …………………………………………………………… 61

第4章　项目风险分析技术与方法 …………………………………… 64
　本章学习目标 ………………………………………………………… 65
　4.1　德尔菲法 ……………………………………………………… 66
　　　4.1.1　德尔菲法的基本特征 ………………………………… 67
　　　4.1.2　德尔菲法的程序 ……………………………………… 68
　　　4.1.3　预测结果的表示 ……………………………………… 70
　4.2　头脑风暴法 …………………………………………………… 71
　4.3　风险核对表 …………………………………………………… 72
　4.4　SWOT 技术 …………………………………………………… 74
　4.5　等级全息建模法 ……………………………………………… 77
　4.6　决策树法 ……………………………………………………… 80
　4.7　层次分析法 …………………………………………………… 82
　　　4.7.1　层次分析法的基本原理 ……………………………… 82
　　　4.7.2　层次分析法的步骤 …………………………………… 84
　　　4.7.3　层次分析法的计算方法 ……………………………… 87
　　　4.7.4　层次分析法在项目风险管理中的应用 ……………… 91
　4.8　模糊综合评价法 ……………………………………………… 96
　　　4.8.1　模糊综合评价的数学模型 …………………………… 96
　　　4.8.2　模糊综合评价的主要步骤 …………………………… 98
　　　4.8.3　模糊综合评价的应用 ………………………………… 99
　4.9　敏感性分析 …………………………………………………… 101
　　　4.9.1　主要步骤和内容 ……………………………………… 102

4.9.2　应用示例 ……………………………………………………… 103
　4.10　故障树分析法 ………………………………………………………… 107
　　　4.10.1　故障树分析法的特点 ………………………………………… 108
　　　4.10.2　故障树的建立 ………………………………………………… 109
　　　4.10.3　故障树的定性分析 …………………………………………… 112
　　　4.10.4　故障树的定量分析 …………………………………………… 117
　　　4.10.5　故障树应用示例 ……………………………………………… 127
　4.11　随机模拟法 …………………………………………………………… 138
　　　4.11.1　基本原理 ……………………………………………………… 139
　　　4.11.2　随机模拟的主要过程 ………………………………………… 140
　　　4.11.3　典型分布随机数的产生 ……………………………………… 141
　4.12　进度与费用风险的网络分析技术 …………………………………… 143
　　　4.12.1　网络计划技术概述 …………………………………………… 143
　　　4.12.2　基于 PERT 的风险分析 ……………………………………… 145
　　　4.12.3　基于 GERT 的风险分析 ……………………………………… 151
　本章小结 ……………………………………………………………………… 165
　复习思考题 …………………………………………………………………… 165

第 5 章　项目技术风险分析 …………………………………………………… 168
　本章学习目标 ………………………………………………………………… 169
　5.1　项目技术风险分析指标体系 …………………………………………… 170
　5.2　风险影响及危害性分析 ………………………………………………… 174
　5.3　项目技术风险分析报告 ………………………………………………… 178
　本章小结 ……………………………………………………………………… 179
　复习思考题 …………………………………………………………………… 179

第 6 章　项目风险应对 ………………………………………………………… 180
　本章学习目标 ………………………………………………………………… 182
　6.1　概述 ……………………………………………………………………… 182
　　　6.1.1　项目风险应对的基本概念 …………………………………… 182
　　　6.1.2　项目风险应对过程 …………………………………………… 183
　6.2　项目风险应对策略 ……………………………………………………… 183
　　　6.2.1　减轻风险 ……………………………………………………… 184
　　　6.2.2　风险回避 ……………………………………………………… 185

XI

6.2.3　风险转移 …………………………………………………… 186
　　　6.2.4　接受风险 …………………………………………………… 188
　本章小结 ……………………………………………………………… 188
　复习思考题 …………………………………………………………… 189

第7章　项目风险监控 …………………………………………………… 190
　本章学习目标 ………………………………………………………… 192
　7.1　概述 ……………………………………………………………… 192
　　　7.1.1　项目风险监控的基本概念 …………………………………… 192
　　　7.1.2　项目风险监控的主要内容 …………………………………… 193
　7.2　项目风险管理监控方法 ………………………………………… 194
　　　7.2.1　挣值法 ………………………………………………………… 195
　　　7.2.2　项目风险信息的采集 ………………………………………… 201
　　　7.2.3　项目风险预警 ………………………………………………… 202
　　　7.2.4　项目风险报告 ………………………………………………… 205
　　　7.2.5　项目风险监控系统 …………………………………………… 207
　本章小结 ……………………………………………………………… 212
　复习思考题 …………………………………………………………… 213

参考文献 …………………………………………………………………… 214

第1章

绪　论

引导案例

风险管理关系到项目的成败

在项目的执行过程中，项目风险的管理与控制对于项目的最终成败具有决定性的作用。历史上喷气式客机的发展历程就充分说明了这个道理。

1949年7月9日，由英国德·哈维兰公司研制的世界上第一架4发中程喷气式客机"彗星"号诞生，7月27日首航，飞行持续了31分钟。"彗星"喷气式客机的出现使民航客运的平均速度由400千米/小时提高到800千米/小时，其意义是十分重大的，飞行高度也突破了1万米，可达到1.2万米。这么快的速度、这么高的高度，以前这是在科幻小说中才可能见到的"怪物"。航空界被震动了，"彗星"飞机成为第二次世界大战后欧洲航空工业第一颗闪亮的明星。

正当英国准备用"彗星"号大展宏图之际，噩梦却开始了。该机自投入使用后，接连出现了几次重大的空难事故。自1952年到1954年，交付的9架"彗星"1号客机就有4架坠毁，其中3架又是在空中解体的，这不能不引起英国政府和航空专家的重视。

"彗星"号飞机采用了当时最好的制造材料与技术，在制造中经过严格的试验和检验，质量比所有当时使用的飞机都要好，而且失事的3架飞机都已经过两三千小时的飞行检验，没有发现任何事故迹象。经过专家与技术人员的反复研究，终于查出"彗星"号飞机失事的原因——制造飞机机体结构的金属材料产生疲劳。由于这一技术风险在飞机的开发过程中是没有预见到的，因此在此后的几年中，德·哈维兰公司不得不大刀阔斧地对"彗星"号客机进行了重新设计，对结构着重进行了加强。然而之前几次重大事故彻底毁掉了德·哈维兰公司。"彗星"订单的取消，使该公司无力继续进行改进设计，最终于1959年被其他公司所兼并。

与此同时，美国波音公司于1952年开始倾尽全力开发波音707喷气式客机。该客机在设计时就非常注意飞行安全，为此设计者专门为飞机设计了两层玻璃夹一层乙烯基化学物质——"钢化玻璃"，并特别用一门加农炮发射一只"死鸟"，模拟飞行中被鸟撞后的情况，检验这种驾驶舱能否经受得住相对速度高达800千米/小时的鸟的"撞击"。正当707原型机紧锣密鼓地装配时，"彗星"号爆炸的消息传来。设计人员立即对707的结构进行了针对"疲劳"问题的重新核检。他们在用材问题上没有发现漏洞，特别是707采用的是圆形舷窗，比"彗星"号的方形舷窗在受力上要合理得多。最终，尽管波音707在技术上与"彗星"号没有根本性的不同，但由于设计人员对飞机的风险考虑得非常细致，所以其综合优势明显胜于"彗星"号，最终获得了成功。

"彗星"陨落，江山易主，波音707最终不战而胜。

（资料来源：http://www.gooddream.cn/article.asp?id=1330）

本章学习目标

通过本章的学习，应该了解项目风险管理的历史与发展情况，了解项目风险管理的作用与意义，准确掌握项目风险的基本概念和项目风险管理的基本过程，为后续章节的学习奠定必要的基础。

1.1 项目风险管理的历史与发展

项目风险管理是对项目全寿命期内遭遇到的能导致项目不良后果的风险进行管

理，从而保证项目目标的实现。

风险管理问题起源于第一次世界大战时期的德国。第一次世界大战后，战败的德国发生了严重的通货膨胀，造成经济衰竭，因此提出了包括风险管理在内的企业经营管理问题。后来美国于 1929—1933 年卷入 20 世纪最严重的世界性经济危机，更使风险管理问题成为许多经济学家研究的重点。1931 年，美国管理协会首先倡导风险管理，风险管理问题得到了理论探讨和在一些大企业的初步实践，但风险管理问题真正在美国工商企业中受到足够重视并得到推广则始于 20 世纪 50 年代。

1950 年 Mowbray 等在 *Insurance* 一书中，较系统地阐述了风险管理的概念。

1975 年美国成立了风险与保险管理协会；1978 年日本成立风险管理学会；1983 年在美国风险与保险协会上，世界各国学者共同讨论通过了"101 条风险管理准则"，作为风险管理的一般准则，使风险管理更趋科学化和规范化。1987 年，为推动风险管理理论在发展中国家的推广和应用，联合国出版了关于风险管理的研究报告：*The Promotion of Risk Management in Developing Countries*。

在我国，风险管理的教学、研究和应用开始于 20 世纪 80 年代后期，从那时开始，企业经营领域和风险管理专著面世，在工程建设领域，风险分析的理论也开始应用，风险管理的课程已逐步走进一些大学的课堂。

项目风险管理是风险管理的一个新的研究领域。随着科学技术的飞速发展，社会环境瞬息万变，市场竞争日益激烈，使得现代大型工程项目的研制所涉及的不确定因素越来越多，面临的风险也越来越多。特别是高技术大型工程项目具有探索性强、技术复杂、经费投入规模大、竞争环境压力大等特征。因此，在研制过程中存在着各种不确定因素，充满极大的风险。项目一旦成功就会带来巨大的社会、经济效益，但一旦因风险导致失败也会造成社会经济、政治等方面的重大损失。所以，项目风险管理受到项目管理者和利益相关者的高度重视。

美国于 20 世纪 60 年代初开始在一些型号研制项目中开展风险管理，如在"阿波罗计划"中成功应用了风险管理技术，取得了巨大的成功；美国喷气推进实验室于 1994 年对"火星全球勘测者"探测器制订了风险管理计划。美国航空航天局（NASA）在 1998 年发布的 NASA 项目规程和指南《计划和项目管理过程与要求》中指出，计划或项目主管人员应将风险管理作为决策工具来保证项目在计划技术上的成功。2000 年 4 月 NASA 又颁布了《风险管理规程和指南》文件，更详细地阐明了风险管理的基本过程以及风险管理计划制订和实施的基本要求。

美国国防部制定了装备研制项目中如何控制和减少风险的系列指令文件，美国防务系统管理学院编著的 *Risk Management: Concepts and Guidance* 为风险管理的科学化、规范化提供了指南。

项目风险管理现已广泛应用于国防、航天、建筑、石油、化工、矿业、核能等领域。

我国对风险问题的研究始于风险决策。1991 年，顾昌耀和邱菀华在《航空学报》上发表论文，对风险决策问题开展了研究，目前国内已出版了一些有关风险分析、风险管理的论著，以及项目风险管理的书。工程实践方面，在三峡工程项目、大亚湾核电站项目中应用了风险分析，特别成功的是神舟飞船的风险管理，并经过神舟一号至神舟六号的研制，形成了一套适合神舟飞船的风险管理方法。

相信在不久的将来，项目风险管理将更加广泛地应用于我国国防、航空、航天、建筑等行业。

1.2 基本概念

1.2.1 风险

1. 风险的定义

关于风险目前有不同的定义，主要有以下几种。

（1）风险是某些不确定性以及由其可能引起的偏离预定目标的不良后果的综合。它是不确定事件发生的概率及其后果的函数，若用 R 表示风险，P 表示不确定事件发生的概率，E 表示不确定事件发生的后果，则风险可用数学公式表示为：

$$R = f(P, E)$$

（2）风险是损失或事故发生的可能性，这种可能性通常用概率来描述。

（3）风险是由将来可能发生的一个事件而导致产生不良后果的一种状况。

上述各种风险的不同描述，都反映出风险是一种消极的不良后果，风险是事件发生的潜在可能性。风险应包括以下三个构成要素：一个事件、该事件发生的可能性和该事件发生后产生的不良后果。例如，对一架将要执行一次飞行任务的飞机来说，降落时飞机的起落架有可能无法正常放下，从而导致机毁人亡的事故发生，这就是飞机执行任务的一种风险。

风险的定义应与目标相联系。风险是"起作用的不确定性"，它之所以起作用，是因为它能够影响一个或多个目标。首先我们需要定义什么目标"处于风险之中"，也就是说，如果风险发生，什么目标将会受到影响。因此，风险是"能够影响一个或多个目标的不确定性"。有些不确定性与目标并不相关，它们应该被排除在风险管理过程之外。例如，如果我们在长沙实施一个IT项目，那么哈尔滨是否会下雪这个不确定性就是不相关的——谁会关心它呢？但是，如果我们的项目是重新建设哈尔滨城市街道绿化带，那么哈尔滨下雪的概率就变得相关了——它起作用了。在前一种情况下，下雪仅仅是一个不相关的不确定性，而在后一种情况下，下雪就是一种风险。

把风险与目标联系起来，可以使我们很清楚地看到，生活中风险无处不在。我们所做的一切事情都是为了达到一定的目标，包括个人目标（如快乐和健康）、项目目标（如准时并在预算内交付成果）、公司商业目标（如增加利润和市场份额）。一旦确定了目标，在成功达到目标的过程中，就会有风险随之而来。

风险与目标之间的这种联系也可以帮助我们识别不同级别的风险，它们是基于组织中存在的不同层次的目标。例如，战略风险是指那些能够影响战略目标的不确定性，技术风险可能影响技术目标，而声誉风险则会影响声誉。

2．风险的特点

风险具有以下特点。

（1）不确定性。风险的本质是不确定性，这种不确定性表现在多个未来的不良后果及其发生的可能性上。

（2）后果的现实性。当一种后果已经成为现实，或一项活动已经结束，风险也就不存在了。例如，飞机正常着陆或发生事故后，对每名乘客来说，这次空中旅行的风险也就消失，如果乘客还活着，他可能将面临其他的风险，如车祸等。风险的不确定性存在于风险事件或事故发生之前。

（3）风险的可控制性。在我们周围存在大量的风险，人们试图评估它或者控制它，但有些控制是成功的，而有些控制则是失败的。风险管理的基本任务是提出可供选择的方案，评价每种方案的风险，选择满意的控制风险方案并正确实施。

对风险的控制可分为主动控制和被动控制。尽管天气预报员对天气给出评估，但他不能控制各种天气情况发生的可能性。因为，目前一般来说雨是不可控制的自然现象。但是，他可通过建议人们带雨伞的方式减轻雨天的危害，这是被动控制。

对某些人造产品如飞机、机器人等由于设计问题而导致的风险，可采取改进设计的方法来消除或减轻可能产生的不良后果，这称为主动控制。

3. 风险的种类

为了有效地进行项目风险管理，有必要对风险进行分类。按照不同的分类标准，可对项目风险进行不同的分类。按风险产生的原因可将风险划分为自然风险、社会风险、经济风险、技术风险和管理风险等。

（1）自然风险，指由自然环境的非规则运动所引起的自然现象或物理现象导致的风险。例如，风暴、火灾、洪水等所导致的项目目标不能达到的风险。

（2）社会风险，指由于政局不稳或反常的个人行为或团体行为所造成的项目风险。例如，政权非正常更换、罢工、战争、玩忽职守等事件对项目的影响。对于大型工程项目还可能包括国际关系、国家政策、政治经济、科技、军事的发展战略造成的项目风险。

（3）经济风险，指由于经营管理能力降低、市场预测失误、价格变动或成本需求变化等因素导致项目经费超支或经济损失的风险，以及外汇变动和通货膨胀引起的风险。

（4）技术风险，指由于技术的不成熟、技术的复杂性、工作人员掌握技术的程度等因素导致项目技术方案、设计、施工、运行等方面的风险。

（5）管理风险，指项目管理人员的组织管理能力、领导和成员的个人素质不够、计划和资源调度能力不强、组织机构设置不合理等原因导致项目管理水平低，从而影响项目目标完成的风险。

大型工程项目研制的主要风险有管理风险、技术风险、人力风险、费用风险、进度风险、质量风险、时间风险和安全风险等。按照项目阶段可将项目风险进行阶段划分，如概念阶段的项目风险、开发阶段的项目风险、实施阶段的项目风险、收尾阶段的项目风险。有些风险贯穿于项目的全寿命期，有些风险只属于某个阶段。

1.2.2 项目风险

项目风险是指在项目生命周期内，由于某些不确定性而可能导致项目偏离目标，造成项目损失的风险。风险源指的是能够影响项目执行效果的任何因素，当对项目执行效果的影响既有不确定性又很重要时，就成为项目的风险。因此，项目目标和项目执行效果标准的定义对项目风险的水平具有十分重要的影响。从定义上可见，设定严格的成本或时间目标会使项目在成本或时间进度方面具有更高的风险，因为如果目标很严格，这些目标的实现就更加不确定了。反之，设定宽松的时间或质量要求就意味着较低的时间或质量风险。但是，不合适的目标本身就是一处风险源。不同的利益相关者具有不同的项目目标，认识不同目标之间的相互依赖关系是很有必要的，管理风险的策略不能与管理项目目标的策略相分离。

项目风险具有以下特征。

（1）客观性。在项目的全寿命周期内，项目风险是无处不在、无时没有的，风险的存在取决于风险的各种因素的存在，只要决定风险的各种因素都达到风险发生的要求，风险就会发生。虽然人类一直希望能认识和控制风险，但直到现在也只能在一定的条件下适当改变项目风险存在和发生的条件、降低其发生的概率、减少损失程度，但消除所有风险是不可能的。

（2）偶然性和规律性。风险具有不确定性，任何一种风险的发生，都是由许多条件和不确定因素相互作用的结果，是一种随机现象。个别风险事件的发生是偶然的、杂乱无章的，但通过对大量风险事件资料的统计分析，可发现其概率规律，即我们可通过概率统计的方法来描述具有随机不确定性的风险的发生规律，在此基础上可开展风险管理。

（3）多样性。大型项目实施周期长、规模大、涉及范围广、风险因素数量和种类多，致使大型项目在全寿命周期内面临的风险多种多样，如社会政治经济环境、技术、时间、质量等风险。

1.2.3 项目风险管理

项目风险管理是指项目承担单位对项目全寿命期内可能遇到的风险进行预测、识别、分析、评估，并在此基础上采取措施，提出对策，减少风险的损失，从而实现项目目标的科学管理方法。风险管理是需要成本的，需要综合运用各种领域的知识，特别要收集类似项目的相关信息并积极地正确使用。

项目风险可以按照系统工程的思想进行管理。一般而言，一个系统工程的过程主要包括明确问题、选择目标、系统分析、方案优化、做出决策、付诸实施等步骤。而在项目风险管理中，可以将项目作为一个系统，对项目的各个组成部分或工作任务进行分解，找出所有可能存在风险的环节（项目风险识别），然后对这些环节进行分析（项目风险估计与评价），并根据分析的结果做出决策（项目风险应对策略），最后付诸实施并进行控制（项目风险监控）。

例如，当研制一项新产品时，可将风险分解为市场风险、经济风险、进度风险、技术风险、资源及原材料供应风险等方面。然后，再对每一种风险做进一步的分解，这样就可以识别出所有风险，便于决策者和管理者进行决策和监控。

1. 主动风险管理

主动风险管理是指利用过去的经验、项目环境等能收集到的信息，对风险进行识别、评估、采取相应的对策，从而有效地管理风险。

那么，有计划地、主动地干预风险会有什么效果呢？

（1）关于对项目目标不知道的不安和担心可变成明确已知的不安和担心。

（2）当风险发生时能够沉着地采取行动。例如，一旦发生地震可采取躲到桌子下面的行动。

（3）对项目而言，重要的是如何减少风险和监视风险，并不一定要将风险化为零。

（4）使问题明朗化，让相关人员都知道风险管理是非常重要的。

主动风险管理可以在以上几个方面取得良好的效果。

现代项目管理强调对项目目标的主动控制，对项目全过程中的风险进行主动式管理，对项目实现过程中遭遇的风险和相关影响因素进行预测、分析、评价，采取预防措施，从而减少损失。

风险贯穿于项目全寿命周期，因而风险管理是一个持续的过程，建立良好的风险管理机制以及基于风险的决策机制是项目成功的重要保证。风险管理是项目管理流程与规范中的重要组成部分，制定风险管理规则、明确风险管理岗位与职责是做好风险管理的基本保障。同时，不断丰富风险数据库、更新风险识别检查列表、注重项目风险管理经验的积累和总结更是风险管理水平提高的重要动力源泉。

风险是与人们的行为相联系的，这种行为不仅包括个人的行为，也包括群体或组织的行为，而行为受决策左右。因此，风险与人们的决策有关。

客观条件的变化是风险的重要成因，尽管人们无力控制客观状态，却可以认识并掌握客观现状变化的规律性，对相关的客观现状做出科学的预测。这也是风险管理的重要前提。

风险是指可能的影响与项目目标发生偏离，偏离是各种各样的，且重要程度不同，因而复杂的现实经济生活中"好"与"坏"有时很难截然分开，需要根据具体情况加以分析。尽管风险强调负偏离，但实际中肯定也存在正偏离。由于正偏离是人们的渴求，属于风险收益范畴，因此在风险管理中也应予以重视，以它激励人们勇于承担风险，获得风险收益。

风险管理的目标是实现最大的安全保障。首先，风险管理能为项目组提供安全的生产经营环境，能促进其决策的科学化、合理化，能促进其经济效益的提高，并保障经营目标的顺利实现；其次，风险管理有利于资源分配达到最佳组合，有利于减少风险带来的损失及其不良影响，有利于创造出一个保障项目实施的良好环境，对大型工程项目的正常运转和不断发展起到重要的稳定作用。

2．风险管理的重要性

现代科学技术的迅速发展使得工程产品和工程活动越来越复杂，规模越来越庞大，构成产品的元器件也越来越多，这些产品和研制过程面临着多变和变化急剧的环境。在这种情况下，项目风险问题显得更加重要，更加突出。

下面从几个侧面说明这一看法。

（1）现代工程系统很多是多功能的自动化系统，它由大量互相联系、互相依存地进行着不同过程（热的、机械的、电的等）的组件构成，涉及机、电、光、热、磁等众多学科，产品所使用的元器件数量越来越多。例如，美国 RCA-100 土星火箭检测计算机使用了大约 117 800 个元器件，美国"哥伦比亚"号航天飞机使用了 200 多万个元器件。虽然随着大规模集成技术的发展，元件数目可能会大大减少，但工程系统功能的复杂程度越来越高。在这种情况下，如果不加强对技术风险的控制，产品研制很可能失败。

（2）大型工程系统的开发给人类带来了巨大的社会经济效益，但一旦出故障就会造成重大损失。2005 年 10 月，俄罗斯联邦航天署负责发射的一枚用于欧洲极地冰川探测的"克里塞特"探测卫星在发射后不久发生事故，卫星未能进入预定轨道，最终坠入大海。失事的"克里塞特"卫星由欧洲航天局生产，价值约为 2.1 亿美元，欧洲航天局原计划通过这枚卫星开展一项为期 3 年的极地冰川测绘工作，为研究全球变暖的科学家提供更为详尽可靠的数据，而这一失事使计划化为泡影。又如，印度 2006 年 7 月发射的一枚用于电视、广播与气象数据传输的名为 INSAT-4C 的通信卫星，升空后不久，运载火箭就偏离轨道，火箭与卫星随后发生爆炸，这使得印度卫星通信事业承受巨大损失。

（3）大型工程项目涉及多学科专业，参加研制协作单位多、分布于不同地区、各单位的管理体制不一致，技术质量水平差距较大，给技术协调、质量控制和沟通管理带来许多困难，使项目具有一定的风险。

因此，开展风险管理的目的就是完成项目目标。风险管理主要有以下作用。

（1）保护项目的进度、成本、质量。项目是一次性的、临时的，由于现代竞争环境要求，项目要尽量缩短研制时间，严格控制成本，高质量地实现项目性能指标，由于项目研制过程中存在各种各样的不确定性因素,这些因素有可能导致项目目标不能完成,如项目超过规定的交货时间,或经费超支,或达不到质量和性能要求,这就是风险。为了避免这种现象的发生,必须对风险进行管理,保证项目的时间、进度、质量达到预定的要求。

(2)一次交付成功。现代项目在研制时间和经费上有严格的要求,经不起失败和挫折,要保证一次交付成功。

(3)防止"惊讶"。由于现代项目在时间、成本、质量等方面要求非常高,要深入分析项目研制过程中可能遇到的各种不利因素,特别是各种风险,了解其发生的条件、可能性及后果等,要制定风险应对预案,一旦出现问题,可采取相应措施,做到心中有数、胸有成竹、沉着应对,使风险造成的损失减到最少。

(4)防止危机发生或控制风险后果的蔓延。项目生命周期中可能会遇到各种风险,特别是一些大型工程项目,技术复杂,研制周期长,不确定因素很多,各种风险极有可能发生,有的风险发生后导致不良后果,有的后果较轻,有些风险刚开始产生的后果可能不严重,但可能会产生连锁反应,最后导致严重后果,开始可能是局部的,最后可能发展到系统级的。由此我们要对风险进行早期防范,认真管理,防止危机发生或不良后果的蔓延。

3. 开始风险管理工作的时机

我们关注的焦点是在项目生命周期的不同阶段,风险管理的应用过程有何不同。一般而言,在项目生命周期中风险分析开始得越早,有效风险管理的范围就越宽。但是,在项目开始的早期,缺乏项目的详细信息,如设计方案是初步的、框架式的,没有具体详细的设计方案,对项目的了解不深入,风险分析开始的越早就越难做,而较宽的范围既是机会也是挑战。例如,风险管理在概念阶段就需要设定得比较宽,而且在产品的可靠性等问题上要有预见性。

在项目生命周期中早于计划阶段开展风险管理通常很困难,因为项目容易变化而且定义得不太明确。一个容易变化的项目意味着更大的自由度,有更多替代方案可供考虑,包括当项目成熟时与风险管理过程不相关原因导致的可以排除的替代方案。定义不太明确的项目意味着很难获得有用的文档资料,而且很难对所涉及的内容进行解释。

在项目生命周期较早阶段实施的风险管理过程具有战略性较强、战术性差、难以定量、不太正式、更具创造性的特点。虽然如此,如果在项目生命周期早期实施的风险管理运作得有效,通常更有用,可为项目计划中更多的改进留有余地,包括由风险推动的重新设计或项目产品的初始设计。要在目标、利益、设计和执行的框架中进行正式的风险管理,需要尽早对风险管理过程予以明确的关注,最好是在概念阶段,早期实施风险管理可以促进风险应对措施的思考,从而可以探讨实现目标的全新方式。

在计划阶段就已经可以获得关于项目的相当多的信息,便于比较深入地开展风险管理,并且通过风险管理改善项目执行效果的余地仍会很大。

在项目生命周期的较晚阶段才首次实施风险管理将很难得到良好效果,没有明显补偿性的利益。早期的警告比晚期发现目标不一致或者不能实现更为可取。计划阶段完成之后,合同已经签署,设备已经购买,承诺已经做出,名誉处于危险之中,所以对变化的管理困难相对较大,而且得不偿失。即使如此,较晚实施的风险管理也能够而且应该包括对项目可行性进行再评估。总之,"迟做总比不做好"。

作为一般原则,风险管理过程的实施越早越好。

4. 当前要重点解决的问题

(1) 项目风险管理教育。要对管理、设计、生产、使用人员进行项目风险管理教育,各类人员的项目风险管理学习内容应有侧重。使人们充分认识到风险管理的重要性,并且掌握项目风险管理的基本理论。要让有关人员充分了解项目所面临的种种风险,了解和掌握控制这些风险的方法,使他们深深地认识到,个人的任何疏忽和错误行为,都可能给项目造成巨大的损失。这有益于管理干部更好地开展项目风险管理工作;有益于设计人员将降低风险的措施设计到项目产品中去;有益于生产人员严格把好质量关;有益于使用人员严格按操作规程运行系统,杜绝违章操作。总之,有利于提高项目成功性,降低项目目标不能实现的风险。

(2) 形成管理制度。要提高项目成功性、减少项目风险应有一套管理制度、程序。要对项目生命周期各个阶段进行风险管理,制订风险管理工作计划,规定风险管理工作内容,明确各项工作的负责人,建立风险文档,建立风险后果反馈、分析与改正制度,形成一个闭回路工作系统。对于一个大型工程项目来说,研究内容分散于许多行业的许多不同单位,各单位应负责其研制的子系统的风险,要保证总体设计组对该子系统的风险要求。系统和子系统的风险要由专人负责,领导要重视风险管理工作,应逐步建立起相应的组织管理体制。

(3) 建立项目风险数据网。项目风险的经验教训数据对风险分析来说是非常重要的,一些具体项目的风险数据分散于全国各部门、各单位,没能进行很好的统计、分析、存档。有的项目甚至没有开展风险管理或没有对风险管理的数据进行总结、分析、归档。有关部门应该加强实际项目风险数据的收集、整理和归档，并将这些风险数据资源通过互联网络等各种渠道进行共享，或者建立专业的风险数据资源网站。这些风险数据应该包括项目类型、风险类型、风险事件、风险发生概率、风险发生导致的后果严重等级，风险应对措施、方案等。通过风险数据资源共享，可以为今后同类型的项目实施风险管理提供宝贵的经验和决策依据。

1.3 项目风险管理的基本过程

项目风险管理是一个过程，是项目管理的重要内容之一。在项目生命周期中持续不断地控制风险是非常重要的。项目风险管理过程通常可以分为五个阶段：风险管理规划、风险识别、风险估计与评价、风险应对和风险监控。

（1）风险管理规划。风险管理规划是风险管理工作大纲，是项目全寿命周期管理总要求的一个组成部分。风险管理规划是对整个项目生命周期内制定如何组织和进行风险识别、风险分析、风险应对、风险监督和控制的规划。项目风险管理规划包括风险管理方法、风险判断的依据、风险评价基准、风险分析人员及信息收集与沟通等方面的内容。

（2）风险识别。风险识别的任务是确定项目风险来源、风险产生的条件、描述风险特征和确定哪些风险条件有可能影响本项目。在项目生命周期中，由概念阶段到收尾阶段，项目的信息越来越多，如设计方案由开始的不确定，到框架，到详细方案，执行，收尾，有关设计的信息是由少到多、由不明确到明确的。风险识别在项目开始初期由于信息等条件限制可能得到的结果是初步的，随着项目的进行，风险识别可以越做越深入，结果越来越可用、可信。所以，风险识别不是一次就可以完成的，应在项目全过程中定期、不断地进行。

风险识别首先要识别风险种类，如技术风险、费用风险、进度风险、组织风险、社会风险等，然后对风险进行详细分析。进行风险识别的方法有头脑风暴法、SWOT法、网络图法、敏感性分析法和故障树分析法等。

（3）风险估计与评价。风险估计与评价是对识别出来的风险进行定性定量分析，评估风险发生概率和对项目目标的影响程度，常用的方法有主观评分法、层次分析法、模糊综合评价和网络分析方法等。

（4）风险应对。风险应对是针对风险评估的结果，为消除或者减少风险造成的不良后果而制定的风险应对措施。风险应对方案必须考虑风险的严重程度、项目目标和风险应对措施所花的费用，综合决策选择应对措施。常用的风险应对措施有减少风险、回避风险、转移风险、忽略或接受风险。

（5）风险监控。风险监控就是要跟踪已识别的风险，完成风险管理计划，可根据项目执行情况、已出现的风险和可能风险，对风险管理计划进行调整，保障风险管理计划的实施，并评估消减风险的效果。风险监控过程中要与项目利益相关者保持持续不断的沟通，及时了解和通报信息。

本章小结

- 项目风险管理是指项目承担单位对项目全寿命期内可能遇到的风险进行预测、识别、分析、评价，并在此基础上采取措施，提出对策，减少风险的损失，从而实现项目目标的科学管理方法。
- 项目风险贯穿于项目全寿命周期，因而风险管理是一个持续的过程。对项目全过程中的风险进行主动式管理，对项目实现过程中遭遇的风险和相关影响因素进行预测、分析、评价，采取预防措施，可以减少损失，从而有效地管理风险，取得较好的效果。
- 在项目过程中进行风险管理的主要作用是：保护项目的进度、成本、质量；确保项目成果一次交付成功；使管理者对项目研制过程中可能遇到的各种不利因素做到心中有数；防止危机发生或控制风险后果的蔓延。
- 项目风险管理过程通常可以分为五个阶段：风险管理规划、风险识别、风险估计与评价、风险应对和风险监控。

复习思考题

1. 举例说明项目风险管理的重要性。
2. 构成风险的三个要素是什么？
3. 项目风险管理过程可以分为哪几个阶段？
4. 风险管理过程启动于项目生命周期的哪个阶段？
5. 在项目生命周期的不同阶段风险管理的重点一样吗？

第 2 章

项目风险管理规划

引导案例

某型号飞机研制技术风险管理规划

在我国某型号飞机研制中,为了处理技术风险,贯彻了可靠性工程,飞机的质量与可靠性得到了显著提高,为高风险型号工程的安全试飞试用及研制成功奠定了必要的基础。

为保证对技术风险的有效控制,保证可靠性工作在产品的研制过程中得到落实,在型号研制工程中开展了可靠性工程管理,制定了可认为是风险管理规划的一部分的可靠性工作规划,主要包括以下内容:

(1)将可靠性工作纳入合同管理。在签订新研配套设备的技术经济合同时,签订技术协议书和工作说明作为与合同正文具有同等法律效力的合同附件,在技术协议书中明确规定该设备的可靠性、维修性和测试性指标,在工作说明中规定应完成的可靠性、维修性、测试性和保障性工作,从而将可靠性工程纳入新研配套产品合同管理的范畴。

(2)制定可靠性和维修性工作大纲。总体设计单位的全机可靠性、维修性大纲是依据型号战技指标、国军标 GJB 450—1988、国军标 GJB 368 以及《航空装备可靠性维修性工程管理暂行规定》的要求,结合型号工程的具体情况和国内可靠性技术水平而编制的,两个大纲经订购方评审通过,批准后下发工程全线参研单位贯彻执行。可靠性大纲内容包括可靠性指标论证、可靠性预计和分配、可靠性设计准则、元器件可靠性控制、失效模式及后果分析、故障树分析、可靠性试验、可靠性验证与评估、软件质量与可靠性控制等。维修性大纲包括维修性指标分配、维修性设计、维修性验证等。

（3）建立可靠性工作组织机构。在型号设计系统内部成立可靠性工作系统，与型号质量系统密切配合，围绕型号工程的研制工作在参研单位全线组织与可靠性有关的各项活动。可靠性工作系统设可靠性总设计师、副总设计师、主任设计师和主管设计师，使可靠性工作在组织上得到了落实。

（4）可靠性工程新技术培训。组织相关人员学习可靠性工程技术，如可靠性预计和分配、失效模式、后果及危害分析、故障树分析、元器件选用和筛选等技术，以提高研制队伍的可靠性工程技术水平。

（资料来源：参考文献[72]）

本章学习目标

通过对本章内容的学习，能够了解项目风险管理规划的主要作用与意义；熟悉制定项目风险管理规划的主要过程和主要工作；能够运用所学的知识，编写项目风险管理计划文件；能够正确使用风险管理规划的技术和工具。

规划是一项重要的管理职能，组织中的各项活动几乎都不能离开规划，规划工作的质量也集中体现了一个组织管理水平的高低。本章主要通过对规划的过程内容以及技术方法等方面的系统阐述，使读者了解到风险规划是一项风险管理的基本内容，掌握必要的规划工作的方法与技能，这也是进行项目风险管理的基本要求。

美国国防部认为，风险管理规划是指确定一套系统、全面、有机配合、协调一致的风险管理策略和方法并将其形成文件的过程。这套策略和方法用于辨识与跟踪风险，拟订风险缓解方案，进行持续的风险评估，从而确定风险变化情况并配置充足的资源。风险规划阶段主要考虑的问题有：① 风险管理策略是否正确、可行；② 实施的管理策略和手段是否符合总目标。因此，风险规划主要工作包括以下两个方面：一是决策者针对项目面对的形势选定行动方案。一经选定，就要执行这一行动方案的计划。为了使计划切实可行，常常还需要进行再分析，特别是要检查计划是否与其他已做出的或将要做出的决策冲突，为以后留出余地。一般只有在获得了关于将来潜在风险以及防止其他风险足够多的信息之后才能做出决策，尽量避免过早的决策。二是选择适合于已选定行动路线的风险应对策略。选定的风险应对措施要写入风险管理计划和风险应对策略计划中。

风险管理规划是一个迭代过程，包括评估、控制、监控和记录项目风险的各种活动，其工作成果记入风险管理计划（Risk Management Plan，RMP）和风险应对计划两个文件。通过制定风险管理规划，实现下列目的：

（1）尽可能消除风险；
（2）隔离风险并使之尽量降低；
（3）制定若干备选行动方案；
（4）建立时间和经费储备以应付不可避免的风险。

2.1 项目风险管理规划的主要内容

风险管理规划是规划和设计如何进行项目风险管理的过程。风险管理规划对于能否成功进行项目风险管理、完成项目目标至关重要。

项目风险管理是指识别、分析项目风险并做出积极反应的系统过程。通过主动、系统地对项目风险进行全过程识别、评估及监控，达到降低项目风险、减少风险损失，甚至化险为夷、变不利为有利的目的。

风险规划（Risk Planning）就是项目风险管理的一整套计划，主要包括定义项目组及成员、确定风险管理的行动方案及方式、选择合适的风险管理方法、确定风险判断的依据等，用于对风险管理活动的计划和实践形式进行决策。它的结果将是整个项目风险管理的战略性的和寿命期的指导性纲领。在进行风险规划时，主要应考虑的因素有项目风险管理策略、预先定义角色和职责、雇主的风险容忍度、风险管理模板和工作分解结构（Work Breakdown Structure，WBS）等。

在人类大多数活动中，风险都以不同形式和程度出现。风险一般有下列基本特征：

（1）至少是部分未知的；
（2）是随时间变化的；

(3) 是可管理的，即可通过人为活动来改变它的形式和程度。

风险管理规划就是为实现上述最后一项含义，通过下述工作，提出风险管理行动详细计划：

(1) 制定一份结构完备、内容全面且相互协调的风险管理策略；

(2) 确定项目实施风险管理的策略方法；

(3) 规划充足的资源。

风险管理规划的目的，简单地说，就是强化有组织、有目的的风险管理思路和途径，以预防、减轻、遏止或消除不良事件的发生及产生的影响。

参加风险管理规划制定的人员应包括项目经理、团队领导者及任何与风险管理规划和实施相关者。

风险管理规划将针对整个项目生命周期制定如何组织和进行风险识别、风险评估、风险量化、风险应对计划及风险监控的规划。单个风险应对策略及措施将在风险应对计划中制定。

风险管理规划包括以下主要内容。

(1) 风险管理人员。明确风险管理活动中领导者、支持者及参与者的角色定位、任务分工及其各自的责任、能力要求。个人管理风险的能力各不相同，但为了有效地管理风险，项目管理人员必须具备一定管理能力和技术水平。

(2) 管理方法。确定风险管理使用的方法、工具和数据资源，这些内容可随项目阶段及风险评估情况做适当的调整。

(3) 风险管理的时间周期。界定项目生命周期中风险管理过程的各运行阶段及过程评价、控制和变更的周期或频率。

(4) 风险的类型级别及说明。定义并说明风险评估和风险量化的类型级别。明确的定义和说明对于防止决策滞后和保证过程连续是很重要的。

(5) 管理基准。明确定义由谁以何种方式采取风险应对行动。合理的定义可作为基准，衡量项目团队实施风险应对计划的有效性，并避免发生项目业主与项目承担方对该内容理解的二义性。

(6) 风险的汇报形式。规定风险管理过程中应汇报或沟通的内容、范围、渠道及方式。汇报与沟通应包括项目团队内部之间的沟通及项目外部与投资方等项目利益相关者之间的沟通。

(7) 跟踪。规定如何以文档的方式记录项目实施过程中风险及风险管理的过程，风险管理文档可有效用于对当前项目的控制、监控、经验教训的总结及日后项目的指导等。

风险管理规划的成果主要包括风险管理计划和风险应对计划等。在制定风险管理规划时，应当避免用高层管理人员的愿望代替项目现有的实际能力。

（1）风险管理计划。风险管理计划在风险管理规划中起控制作用。风险管理计划要说明如何把风险分析和管理步骤应用于项目之中。该文件详细地说明风险识别、风险估计、风险评价和风险控制过程的所有方面。风险管理计划还要说明项目整体风险评价基准是什么、应当使用什么样的方法以及如何参照这些风险评价基准对项目整体风险进行评价。风险管理计划的一般格式如表2-1所示，可根据需要对计划的内容进行裁减。

表2-1 风险管理计划

第一部分 描述	3.3.1 适用的技术
1.1 任务	3.3.2 执行
1.2 系统	第四部分 应用
1.3 系统描述	4.1 风险辨识
1.4 关键功能	4.2 风险估计
1.5 要求达到的使用特性	4.3 风险评价
1.6 要求达到的技术特性	4.4 风险监控
第二部分 工程项目提要	4.5 风险应对
2.1 总要求	4.6 风险预算编制
2.2 管理	4.7 偶发事件判定为风险的规则
2.3 总体进度	第五部分 总结
第三部分 风险管理方法	5.1 风险过程总结
3.1 定义	5.2 技术风险总结
3.1.1 技术风险	5.3 项目变更风险总结
3.1.2 项目变更风险	5.4 保障性风险总结
3.1.3 保障性风险	5.5 进度风险总结
3.1.4 费用风险	5.6 费用风险总结
3.1.5 进度风险	5.7 结论
3.2 机制	第六部分 参考文献
3.3 方法综述	第七部分 批准事项

（2）风险应对计划。风险应对计划是在风险分析的基础上制订的详细计划。不同的项目，风险应对计划内容不同，但是至少包含如下内容。

- 所有风险来源的识别,以及每一来源中的风险因素。
- 关键风险的识别,以及关于这些风险对于实现项目目标所产生的影响的说明。
- 对于已识别出的关键风险因素的评估,包括从风险估计中摘录出来的发生概率以及潜在的破坏力。
- 已经考虑过的风险应对方案及其代价。
- 建议的风险应对策略,包括解决每一风险的实施计划。
- 各单独风险事件的应对计划的总体综合,以及分析各风险耦合作用可能性之后制订出的其他风险应对计划。
- 实施应对策略所需资源的分配,包括关于费用、时间进度及技术考虑的说明。
- 风险管理的组织及其责任,是指在项目中安排风险管理组织,以及负责实施风险应对策略的人员,使之与整个项目协调。
- 开始实施风险管理的日期、时间安排和关键的里程碑。
- 成功的标准,即何时可以认为风险已被规避,以及待使用的监控办法。
- 跟踪、决策以及反馈的时间,包括不断修改、更新需优先考虑的风险一览表、计划和各自的结果。
- 应急计划。应急计划就是预先计划好的,一旦风险事件发生就付诸实施的行动步骤和应急措施。
- 对应急行动和应急措施提出的要求。
- 项目执行组织高层领导对风险应对计划的认同和签字。

风险管理的应对计划是整个项目计划的一部分,其实施并无特殊之处。按照计划取得所需的资源,实施时要满足计划中确定的目标,事先把项目之间在取得所需资源时可能发生的冲突寻找出来,任何与原计划不同的决策都要记录在案,落实风险管理和规避计划,行动要坚决。如果在执行过程中发现风险目标水平上升或未像预期的那样降下来,则须重新规划。

2.2 项目风险管理规划过程

项目风险管理规划主要包括以下依据。

(1) 项目规划中所包含或涉及的有关内容,如项目目标、项目规模、项目利益相关者情况、项目复杂程度、所需资源、项目时间段、约束条件及假设前提等可作为规划的依据。项目的 WBS 和网络计划能够提供这方面的详细资料。

（2）项目组织及个人所经历和积累的风险管理经验及实践。

（3）决策者、责任方及授权情况。

（4）项目利益相关者对项目风险的敏感程度及可承受能力。

（5）可获取的数据及管理系统情况。丰富的数据和严密的系统基础，将有助于风险识别、评估、定量化及对应对策略的制定。

项目风险管理规划是规划和设计如何进行项目风险管理的过程。该过程包括定义项目组织和风险管理的行动方案及方式，选择合适的风险管理方法，确定风险判断的依据等。风险管理规划对于能否成功进行项目风险管理、完成项目目标至关重要。

项目风险管理规划的整个过程，可以简单地概括为如下的几个步骤。

（1）分析项目目标、外部环境、项目资源等有关资料，并利用 WBS、风险核对表等工具，从风险的角度分析项目的主要特点。

（2）定义负责项目风险管理的机构和人员，明确各机构和人员的职责、审批权限。

（3）定义项目风险分析所采用的主要技术、工具。

（4）定义项目风险的类型、级别，以及判定某些事件为风险的标准。

（5）确定项目风险的主要应对措施，以及应对风险所需的资源的数量和分配的预案。

（6）确定进行项目风险监控的时间周期或开始和结束日期、跟踪手段。如果有计算机辅助的风险信息管理系统，还需要定义汇报数据的格式与接口。

（7）编写有关文档。

从步骤上来说，这些工作完全是围绕着项目风险管理规划的主要内容来施行的。然而，在具体的规划过程中，还要考虑三个问题：一是风险管理策略本身是否正确、可行；二是实施管理策略的措施和手段是否符合项目总目标；三是需要考虑其他客观条件对风险管理的影响。

在风险规划时，项目班子首先应当采取主动行动，尽量减少已知的风险，提高项目成功的概率。同时，还不应忘记，风险分析已经用掉了项目的一部分宝贵资源，其效果如何？用掉一部分资源之后会不会增加项目的风险？下一步进行风险管理会不会还要消耗更多的本应投入项目本身的宝贵资源？

其次，项目班子必须考虑，为了减少风险并观察、研究是否有新的风险出现，还要付出多大的努力？

再次，项目资源、项目需求和风险管理能力约束着风险规划过程。项目资源涉及人、财、物、时间、信息等，项目资源的有限性决定了项目风险规划的必要性，同时也给项目带来了一定的风险性。例如，时间不够时，项目管理决策人员往往倾向采用加快进度的方法。项目需求对项目风险规划也有一定影响，如需求不明确使项目风险规划的有效性大打折扣。风险管理能力直接影响到风险规划的科学性和可操作性。

在制定项目风险管理规划之前，首先需要对项目未来可能出现的风险进行早期的预测，以表格的形式列出，以便在风险规划过程中进行研究。通常可采用风险图表的形式，在很多情况下还要将这些图表写入风险管理规划报告的文档中。有关风险图表的知识，可见 2.3 节的介绍。

风险规划的过程活动是将按优先级排列的风险列表转变为风险应对计划所需的任务，是一种系统过程活动。风险规划的早期工作是确定项目风险管理的目的和目标，明确具体区域的职责，明确需要补充的技术专业，规定评估过程和需要考虑的区域，规定选择处理方案的程序，规定评级图，确定报告和文档需求，规定报告要求和监控衡量标准等。除了完成前面所述的基本工作外，还需进行以下方面的研究：

（1）为严重风险确定风险设想。风险设想是对可能导致风险发生的事件和情况的设想。应针对所有对项目成功有关键作用的风险来进行风险设想。确定风险设想一般有三个步骤：① 假设风险发生，考虑如何应对；② 假如风险将要发生，说明风险设想；③ 列出风险发生之前的事件和情况。

（2）确定风险管理模板。风险管理模板规定了风险管理的基本程序、风险的量化目标、风险警告级别、风险的控制标准等，从而使风险管理标准化、程序化和科学化。表 2-2 显示了美国国防部签订的软件项目合同中对于项目风险的量化目标。

表 2-2 软件项目风险管理的量化目标

项 目 类 别	目 标	标 准
去除缺陷率	>95%	<85%
进度落后或成本超出风险储备的范围	0	10%
成本总需求增长	每月<1%	每年>50%
软件项目文档	每功能点的单词数<1 000	每功能点的单词数<2 000
员工每年的自愿流动	1%～3%	10%

2.3 项目风险管理规划方法

制定风险管理规划的主要手段是召开风险规划会议,参加人员包括项目经理和负责项目风险管理的团队成员。在风险管理规划的过程中,可以充分利用项目管理提供的工具和技术,为规划提供决策支持。在风险规划过程中,最为常用的项目管理工具是风险管理图表和项目工作分解结构。

2.3.1 风险管理图表

风险管理图表是将输入转变为输出的过程中所用的技巧和工具,它包含在项目风险管理计划中,以帮助人们能清楚地看到风险信息的组织方式。风险管理的三个重要图表是风险核对表、风险管理表格和风险数据库模式。

1. 风险核对表

风险核对表将各个侧重点进行分类以理解风险的特点。风险核对表可帮助人们彻底识别在特定领域内的风险。风险核对表应逐项列出项目所有类型的可能风险,务必要把核对表的审议作为每项项目收尾程序的一个正式步骤,以便对所列潜在风险清单以及风险描述进行改进。核对表可以包含多种内容,如以前项目成功或失败的原因、项目其他方面规划的结果(范围、成本、质量、进度、采购与合同、人力资源与沟通等计划成果)、项目产品或服务的说明书、项目班子成员的技能、项目可用资源等。例如,在项目网络计划关键路径上的工作任务便可以组成一个亟待管理的进度风险核对表,可以对这些风险进行初步分类。表2-3将某建筑工程项目的风险进行了分类,以便日后的核对。

2. 风险管理表格

风险管理表格记录着管理风险的基本信息。风险管理表格是一种系统地记录风险信息并跟踪到底的方式。任何人在任何时候都可用风险管理识别表,也可匿名评阅。

表 2-3　某建筑项目的风险核对表

来自业主的风险	来自承包商的风险
征地	工人和施工设备的生产率
施工现场条件	施工质量
及时提供完整的设计文件	人力、材料和施工设备的及时供应
现场出入道路	施工安全
建设许可证和其他有关条例	材料质量
政府法律规章的变化	技术和管理水平
建设资金及时到位	材料涨价
工程变更	实际工程量
	劳资纠纷
共同承担的风险	其他未定的风险
财务支出	不可抗力
变更谈判	第三方延误
保障对方不承担责任	
合同延误	

3. 风险数据库模式

风险数据库表明了识别风险和项目的信息组织方式，它将风险信息组织起来供人们查询、跟踪状态、排序和产生报告。一个简单的电子表格可作为风险数据库的一种实现，因为它能自动完成排序、报告等。风险数据库的实际内容不是计划的一部分，因为风险是动态的，并随着时间的变化而改变。

2.3.2　项目工作分解结构

工作分解结构是将项目按照其内在结构或实施过程的顺序进行逐层分解而形成的结构示意图，它可以将项目分解到相对独立的、内容单一的、便于管理的、易于成本核算与检查的工作单元，并能把各工作单元在项目中的地位与构成直观地表示出来。

工作分解结构广泛地应用于项目管理的各个领域中，在项目风险管理规划过程中也常常利用它进行研究，主要可应用于如下几个方面。

（1）在项目的早期，制定项目风险管理规划之前，应及早建立项目的 WBS，为风险管理规划工作提供必要的依据。WBS作为规划未来的系统工程管理、分配资源、经费预算、签订合同和完成工作的协调工具，可提供很多有关项目的信息，如项目复杂程度、所需资源等，它还能够将项目分解到系统、分系统、活动、任务、工作包、工作单元等不同层次，而风险管理规划的决策者可以根据这些内容来模拟项目的过程，分析可能存在的风险。

（2）在制定项目风险管理规划过程中，需要详细描述风险管理过程如何实施。风险管理过程涉及风险管理的人员安排、资源安排、时间安排、风险跟踪和汇报任务的安排等，这些管理内容也必须通过WBS来进行协调。通过WBS，可得到风险管理过程全部活动的清单，从而可以对风险管理各项工作的时间和资源进行安排；再根据风险管理的WBS建立责任分配矩阵，从而对项目风险管理的组织和人员进行安排。

综上所述，在项目风险管理规划过程中，WBS是一种有效的辅助工具。

本章小结

- 项目的风险是可管理的，因而需要对风险管理过程进行规划和设计，以达到降低风险的目的。风险规划就是用于项目风险管理的一整套计划，主要包括定义项目组及成员风险管理的行动方案及方式，选择合适的风险管理方法，确定风险判断的依据等，用于对风险管理活动的计划和实践形式进行决策。

- 在项目风险管理规划过程中，首先应对可能导致风险发生的事件进行分析，其次制定风险应对的方案，然后制订风险行动的计划。完成以上工作之后，还可以建立一套风险管理模板，对风险管理的基本程序、风险的量化目标、风险警告级别、风险的控制标准等进行规定，从而使风险管理标准化、程序化和科学化。

- 项目风险规划工作通常是在项目的前期，通过召开会议的形式进行规划。有效的风险管理规划有赖于建立科学的风险管理机制，灵活应用各种项目管理技术。风险规划制定过程中可借助风险管理图表、项目工作分解结构等技术进行研究。

复习思考题

1. 描述风险规划的目标，说明为什么每个目标都很重要，并为每个目标定义量化的成功标准。
2. "只有重要风险才需要制订风险计划"。你同意这一观点吗？请说明原因。
3. 描述以下风险设想中的事件和情况：开发过程被忽略，产品缺陷层出不穷。
4. 简述项目风险管理计划的重要性。
5. 项目风险管理规划的基本任务和内容有哪些？
6. 风险管理计划与风险应对计划有何区别？

第3章

项目风险分析过程

引导案例

NASA 的风险管理

2004年1月4日，美国"勇气"号火星车在火星表面成功着陆，并向地球发回第一条信息，标志着美国国家航空航天局（National Aeronautics and Space Administration，NASA）的火星登陆计划取得成功，也标志着人类太空科技发展的又一重大成就。火星登陆工程与当年的阿波罗登月工程一样，都是以大量航天高技术项目（也称为"高技术项目群"）的成功研发为支撑，而高技术项目研发成功的背后体现了 NASA 高技术项目的风险管理水平。

现代高科技科研开发项目一般具有技术复杂性和管理复杂性，其研发费用巨大。高技术项目的失败将带来比一般项目大得多的政治、社会、经济损失。因此，高技术项目的风险管理一直是项目管理的重要研究领域。

NASA "更快、更好、更便宜"的任务管理理念着眼于利用有限的资金发射更多的任务，但这一理念却使 NASA 在1999年的火星登陆任务中遭遇了失败的困境。两项针对火星探测任务的失败不仅使 NASA 遭受了巨额的财产损失，而且使 NASA 在公众面前声名狼藉，同时也促使 NASA 的专家开始对当前的风险管理产生质疑。为此，NASA 委托弗吉尼亚大学风险管理与系统工程研究中心等单位，组织风险管理专家对 NASA 承担的高技术项目展开风险管理框架的研究，评估各种风险管理方法对于制定风险管理规划的可行性。NASA 1998 年开始引入持续风险管理的理论与方法；1999 年 NASA 的管理专家在应用持续风险管理的基础上，引入概率风险评估（Probabilistic Risk Assessment，PRA）的理论与方法，并于 2002 年 3 月发行针对各项目经理的 PRA 手册；自 2001 年起，NASA 的研究人员又开始加强风险量化分析研究，并倾向于采取一体化定量化风险管理理论分析管理高技术项目研发过程中的风险。

NASA 认为风险是一个需要用两个维度即风险概率和风险后果来表征的变量，在数学上的含义是单位时间所遭受的损害，用数学公式可以表示为：

$$风险 = 概率 \times 损害程度$$

对于风险特征的刻画，NASA 用风险发生的概率、风险影响等级和风险造成的进度滞后三个维度来描述。由此，NASA 的管理专家提出了风险过滤、排序和管理（Risk Filtering, Ranking and Management，RFRM）框架，它将非常适合 NASA 开展项目管理的需要。RFRM 方法可以隔离 NASA 一项任务所面临的所有风险。该方法首先识别任务包含的各种形式的风险状态，然后过滤出对任务成功有着至关重要影响的风险状态。这些被过滤剩下的风险往往具有发生的高概率特性，并且一旦发生将造成非常严重的后果。针对每一种发生概率较高的风险提供多种可供选择的风险管理方法，最后形成的风险管理规划就可以用来开展有效的风险管理。通常 RFRM 框架共分为风险识别、风险初选、双准则风险过滤、风险排序、风险再过滤、风险降低规划（风险应对计划）、风险系统评估和风险管理及反馈八个步骤。NASA 还应用 RFRM 框架对近几年的发射任务进行了深入的案例研究。他们挑选的任务包括火星极地着陆者计划项目、火星气候探测器计划项目等。

NASA 应用较广的风险管理理论与方法还有持续风险管理理论和概率风险评估方法。

持续风险管理理论和方法最早是由卡耐基·梅隆大学软件工程研究所提出的，NASA 将该理论的应用领域从适用于软件项目管理扩展到适用于硬件项目和其他复杂系统管理领域。持续风险管理是一种将定性和定量相结合的风险动态管理理论，共包含六大模块，其中风险识别、风险分析、风险规划、风险跟踪和风险控制模块在风险过程上首尾相连，风险文档记录模块贯穿以上五大模块，共同构成了风险管理的基本内容。这一动态思想也是对风险进行全寿命分析与管理的思想方法。持续风险管理现已成为 NASA 项目管理培训的核心课程。

NASA 一体化风险管理的另一个重要方法支撑是概率风险评估 PRA。PRA 早期多用在核反应堆的风险管理领域，但是在 NASA 项目管理中，PRA 一直是最典型、应用最广的定量风险评价方法。PRA 主要针对复杂系统进行风险评价，在核工业、化工、航天领域的安全性工作中有着重要的地位。PRA 是一个综合的过程，是各种安全性分析方法的集成运用，它的主要工作包括风险模型建立和风险模型的定量化。风险模型包括描述危险事件发生可能性的模型和描述危险事件造成损失的模型，通常采用事件树分析与故障树分析相结合的方法建模。风险模型定量化主要是计算基本事件、危险事件发生概率的点估计和区间估计以及不确定性，在概率的意义上区分各种不同因素对风险影响的重要程度。PRA 常用的分析工具还有故障模式与影响分析、事件序列图、主逻辑图、可靠性框图。

当前，NASA 风险管理的思路是将持续风险管理和 PRA 结合起来，利用 PRA 估计风险发生的概率，估算风险等级和风险影响，力求用定性和定量化的手段把握高技术项目风险发生规律及其可能造成的影响；利用持续风险管理对高技术项目管理进行机构职能上的改造，构建动态风险管理的程序和组织。

（资料来源：参考文献[53]）

本章学习目标

通过对本章的学习，掌握项目风险分析的全过程及其主要步骤。一般而言，项目风险分析的主要步骤可分为风险识别、风险估计和风险评价。要求能够熟练掌握风险识别、风险估计和风险评价这三个方面的基本概念和过程，并掌握在项目风险分析中对单个风险进行分析的基本方法。

风险分析包括风险识别、风险估计和风险评价。

项目的风险分析可以在项目生命周期的任何一个阶段进行，是一个连续不断的过程。风险分析是项目风险管理的首要工作，是实施项目风险管理的重要内容，它主要用于确定项目的风险来源、风险的形成过程、风险潜在的破坏机制、风险的影响范围以及风险可能造成的破坏等级等问题。

如果在项目的概念阶段或规划过程中发现有风险，那么就应该首先谨慎地查明风险来源于何处，属何种类型，有哪些特点，并对风险进行评估，而不应该匆忙做出决策。也就是说，在决策之前要认真地考虑下列问题：

（1）项目到底有什么样的风险？
（2）这些风险造成损失的概率有多大？
（3）若发生损失，需要付出多大代价？
（4）如果出现最不利情况，最大的损失有多大？
（5）如何才能减少或者消除这些可能的损失？
（6）如果改用其他方案，是否会带来新风险？

回答以上问题实际上就是风险分析的内容。

如上所述，风险分析就是查明项目活动在哪些方面、哪些地方、什么时候可能会出现问题，哪些地方潜藏着风险；查明之后要对风险进行量化，确定各风险的大小以及轻重缓急顺序，并在此基础上提出为减少风险而供选择的各种行动路线和方案。其中，查明风险的过程称为项目的风险识别；对风险进行量化、估算风险事件发生的概率和其后果的过程称为项目的风险估计；对每一个风险和项目的总体风险进行评价、确定其严重程度的过程称为风险评价。

在实践中，风险识别、风险估计和风险评价常常是互相重叠的，需要反复交替进行。本章将分别介绍如何进行风险识别、风险估计和风险评价，以及风险分析常用的有关方法和工具。

3.1 项目风险识别

风险识别是项目风险分析的第一步。风险识别首先要弄清项目的组成、各种不确定因素的性质及其相互关系、项目与环境之间的关系等。在此基础之上利用系统的、有章可循的步骤和方法查明对项目可能形成风险的各种事件。在这个过程中还要调查、了解并研究对项目以及项目所需资源形成潜在威胁的各种因素的作用范围。风险一经识别，一般都要划分为不同的类型。

3.1.1 项目风险识别的依据

风险识别包括确定风险来源、风险产生的条件、描述其风险特征和确定哪些风险事件有可能影响本项目。风险识别不是一次就可以完成的事，应当在项目的自始至终定期进行。如表 3-1 所示是一个项目的风险识别的例子。

表 3-1 项目的风险识别表

项目风险识别

项目： 编号：
业主方：
项目经理： 日期：

编 号	风 险 事 项	是、不是、不确定	处 理 措 施
1	项目融资风险		
2	原材料涨价风险		
3	变更风险		
4	原材料及时供应的风险		
5	质量风险		
6	政府宏观政策变化的风险		
7	技术风险		
8	不可抗力风险		

下面的一些资料可以作为项目风险识别的依据。

(1) 项目风险管理计划。

(2) 项目规划。项目规划中的项目目标、任务、范围、进度计划、费用计划、资源计划、采购计划及项目承担方、业主方和其他利益相关者对项目的期望值等都是项目风险识别的依据。

(3) 风险种类。风险种类指那些可能对项目产生正负影响的风险源。一般的风险类型有技术风险、质量风险、过程风险、管理风险、组织机构风险、市场风险及法律法规变更等。项目的风险种类应能反映出项目所在行业及应用领域特征。

(4) 历史资料。项目的历史资料可以从项目及项目的历史文档和公共信息渠道中获取。

(5) 项目的制约因素和假定。

通过收集、分析这些资料，就可以进行项目风险的识别，下面将详细进行介绍。

3.1.2 项目风险识别过程

风险识别的过程是：首先收集资料，然后分析资料，最后根据分析结果将所有的风险识别出来，并以适当的形式输出。

在收集资料时，主要收集三个方面的资料。第一是收集有关项目本身情况的资料，如项目的可行性分析报告、项目的需求建议书、设计文件、技术报告、项目计划、项目执行情况的报告、变更报告等。第二是收集与项目所处的环境相关的一些信息资料，如相关的法律法规和规章制度、环保要求、原材料供应情况、国内外政治经济外交环境、水文气象信息等方面的资料。第三是收集历史上同类项目的有关风险管理资料，如同类项目的成败得失情况，遇到的风险及其主要症状、后果影响等。这些资料都能够为风险识别提供参考。

在收集了足够的相关信息之后，就需要对这些信息进行分析，从而找出潜在的风险源。一般来说，可以按照表 3-2 所示的内容来分析已有的资料，从而得出风险源。

表 3-2　风险识别的主要内容

分析的对象：项目相关材料、项目外部环境信息、历史上类似项目的风险资料等

1. 项目分析

（1）项目来源和项目的积极性来源是否存在不确定性

（2）项目经济的和非经济的目标是否合理

（3）项目的主要约束和机会是否客观存在

（4）在项目计划中的有关假设条件是否合理

2. 项目执行方案的外部环境分析

（1）项目执行方案的政治环境不确定性分析

（2）项目执行方案的经济环境不确定性分析

（3）项目执行方案的组织环境不确定性分析

（4）项目执行方案所需的各种资源是否能够满足要求

（5）项目执行方案是否缺乏信息资料

3. 分析项目计划执行过程中可能存在的风险源

（1）分析妨碍项目成功以及使项目计划执行发生偏差的各种主要风险源和风险事件

（2）类比历史同类项目的风险发生情况，分析历史上曾发生过的风险源和风险事件是否会在本项目中发生

在具体的分析资料、识别风险时，还可以利用一些具体的工具和技术。例如，可以采用德尔菲法、头脑风暴法或者专家面谈等信息收集技术来获取新的项目风险信息资源，或采取 SWOT 技术、风险核对表、工作分解结构、故障树分析法、敏感性分析等从已有的资料中识别出风险事件。风险识别的有关工具和技术将在第 4 章中进行介绍。

3.1.3 典型风险源

1. 技术风险源

（1）技术发展水平的进展速度。技术水平的进展速度低于或者高于预期的进展幅度，都有可能会对原计划的工程项目产生影响。

（2）缺少对技术发展水平进展的支持。预期从其他工程项目能得到的技术发展水平进展可能实现不了，因而可能对现在的工程项目产生明显的影响。

（3）系统过于复杂。由于系统的复杂性可导致管理难度增大和设计反复增多，因而预期的目标很难实现。

（4）不成熟的工艺。那些原计划采用的现代化工艺所预料不到的不成熟性可能对工程项目产生不利影响。

（5）工作环境。系统可能要在一般认为是最严酷的环境下工作（如在海上长期暴露的环境下工作，而项目研制一般是在陆地上进行的），这种环境差异有可能给工程项目造成问题。

（6）特有的要求。现有设计技术和新系统设计技术之间差异很大，可能造成偏离新系统的计划。

（7）物理特性。产品的材料特性、动力、应力、热力、振动以及抗辐射等物理特性要求与原预定要求不同，则原计划的工程项目有可能实现不了原定目标。

（8）建模正确性。进行数学和物理预测时使用的模型可能包含一些不精确的地方（这可能取决于很多因素），它们会影响工程项目。

（9）试验结果不一致。试验结果不一致可能导致技术风险增大并需要重新试验，从而带来更多的问题。

（10）试验设施相容性。在规定的时间内如无合适的试验设施可用，会造成严重的拖延进度等问题。

（11）外推要求。在工程项目进行期间，要求利用外场试验结果做大量的外推，可能会妨碍对实际部署条件下的工程项目的评估。

（12）综合/接口。新的或特有的设计适应性、兼容性、接口标准、互用性等可能形成与原计划的工程项目不相容的局面。

（13）生存性。对核防护、化学生存性等方面提出的新要求可能需要修改规划，以达到原定的或新的目标。

（14）软件设计。独特的软件测试要求和不能令人满意的软件测试结果可能会使基本的计划工程项目产生变化,并且使用不同的计算机语言也可能会改变原计划工程项目的整个前景。

(15)产品的可靠性、维修性和故障检测的设计。这些方面如果未能达到预计的要求,或预期的指标要求不切实际,就有可能使工程项目偏离其理想状况。

2. 管理风险源

(1)优先次序的变化。改变了原先指定给工程项目的优先次序,因而不能及时得到资金、设施保障、材料等原因所造成的问题,这些问题很可能对项目的原定费用和进度产生不利的影响;另外,项目优先级的提高,如对项目的需求突然变得紧迫起来,则会产生技术和费用方面的问题。

(2)决策延误。上级由于种种原因,拖延批准签订合同以及项目进入下一段等,造成项目的计划进度中断,会产生费用风险和进度风险。

(3)授权不充分。由于未授予项目直接管理人员充分的权力,从而造成工程项目的延误。这包括及时地做出费用、进度和性能权衡决策的授权,由此可能造成多种类型的风险。

(4)工程项目进度。若人为地要求项目延期或暂停,会造成费用等方面的问题;而如果对工程项目的进度要求过急,增加了对关键资源的需求,导致在后继项目实施过程中频繁的项目变更,项目久拖不决。

(5)工程项目更改。方案的无预见性变动,可能在项目的技术、进度、费用各方面产生不利的影响并造成混乱。

(6)人员变动。与工程项目有直接关系的管理、决策和技术人员的变动会给项目带来多方面的问题,可能导致原定计划的拖延、中断、费用增加甚至项目取消。此外,暂时性、过渡性的相关人员也会产生类似的问题。

(7)人员的能力。如果缺乏具备必要的管理、技术技能的人员,项目也会出现很多问题。此外,如果相关人员不熟悉设备的操作,或不具备技能方面的经验,则可能导致项目在各方面出问题。

(8)缺乏联系。如果管理部门与各承包单位、各分包单位等之间缺乏必要的联系,不能及时发现和通报现有的和潜在的问题,就会产生通常情况下联系不畅所带来的各种问题。

(9)分合同控制。如果项目总承包者对分合同的数量、进度、费用及履约情况不能保持充分的控制,项目就难以达到原定的目标。

(10)通用保障设备。如果通用保障设备对系统的使用和维护要求不适用,计划的工程项目将遇到费用和进度问题。

（11）资金不到位。如果因优先次序变化以外的其他原因不能及时收到原计划所期望的资金，就可能产生项目偏离原计划等多方面的问题。

3．政治经济风险源

（1）政治风险。由于政局、政策变化导致社会不稳定，造成罢工、战争、抢劫、经济封锁等现象，从而影响项目的完成。

（2）投标价过低。如果由于各种各样的原因承包单位的标价过低，又不能按预期的资源提供符合要求的产品，则项目可能会受到多方面的、严重的影响。

（3）物价指数。如果物价指数超出原先的预计，则会直接影响项目费用，对其他方面也会造成间接的影响。

4．自然风险源

自然风险主要是指气候与环境的变化造成的影响。天气的突然变化及自然灾害，如水灾、火灾、风灾、地震等可能会造成严重的进度拖延和费用问题。

3.1.4 风险识别的结果

风险识别之后要把结果整理出来，写成书面文件，为风险分析的其余步骤和风险管理做准备。风险识别的成果应包含下列内容。

1．风险来源表

表中应列出所有的风险。罗列应尽可能全面，不管风险事件发生的频率和可能性、收益或损失、损害或伤害有多大，都要一一列出。对于每一种风险来源，都要有文字说明。说明中一般要包括：

（1）风险事件的可能后果；

（2）对预期发生时间的估计；

（3）对该来源产生的风险事件预期发生次数的估计。

2．风险的分类或分组

风险识别之后，应该将风险进行分组或分类。分类结果应便于进行风险分析的其余步骤和风险管理。例如，对于常见的建设项目可将风险按项目建议书、可行性研究、融资、设计、设备订货和施工以及运营阶段分组。

3. 风险症状

风险症状就是风险事件的各种外在表现，如苗头和前兆等。项目管理班子成员不及时交换彼此间的不同看法，就是项目进度出现拖延的一种症状；施工现场混乱，材料、工具随便乱丢，无人及时回收整理就是安全事故和项目质量、成本超支风险的症状。

4. 对项目管理其他方面的要求

在风险识别的过程中可能会发现项目管理其他方面的问题，需要完善和改进。例如，利用项目工作分解结构识别风险时，可能会发现工作分解结构做得不够详细。因此，应该要求负责工作分解结构的成员进一步完善之。又如，当发现项目有超支的风险，但是又无人制定防止超支的措施时，就必须向有关人员提出要求，让他们采取措施防止项目超支。

3.2 项目风险估计

在对风险进行初步分类之后，就要对风险进行估计。风险估计的对象是项目的各单个风险。风险估计有如下几方面的目的：加深对项目自身和环境的理解，进一步寻找实现项目目标的可行方案；务必使项目所有的不确定性和风险都经过充分、系统而又有条理的考虑；明确不确定性对项目其他各个方面的影响；估计和比较项目各种方案或行动路线的风险大小，从中选择威胁最小、机会最多的方案或行动路线。

3.2.1 项目风险估计的基本概念

项目风险估计就是估计风险的性质、估算风险事件发生的概率及其后果严重程度，以明确项目的不确定性。风险估计时必须做到：

（1）确定项目变量的数值和计量这些变量的标度；

（2）查明项目进行过程中各种事件的各种各样后果，以及它们之间的因果关系；

（3）根据选定的计量标度确定风险后果的大小，考虑哪些风险有可能增加以及哪些潜在的威胁可能演变为现实的风险事件，如果潜在的威胁真的演变为现实，则须考虑后果的严重程度。

风险估计有主观的风险估计和客观的风险估计两种：客观的风险估计以历史数据和资料为依据；主观的风险估计无历史数据和资料可参照，靠的是人的经验和判断。一般情况下两种估计都要做。因为现实项目活动的情况并不总是泾渭分明、一目了然的。对于新技术项目，由于新技术发展飞快，以前项目的数据和资料往往已经过时，对于新项目失去了参考价值。如软件开发项目，因为很少有人发表软件开发项目的最新资料和数据，所以主观的风险估计尤其重要。

本节将主要讨论项目风险估计及与此相关的决策方法，在此之前需要简单地介绍一些相关的概念。

1. 风险估计和决策

风险估计要选定计量项目变数的标度，确定风险事件发生的概率，根据选定的计量标度计算风险事件各种后果的数值大小，还要考虑有哪些转化因素可能变潜在威胁为现实损失或损害及其概率，以及潜在威胁变为现实时其后果的严重性。

要确定估计数值的变化范围及其限定条件。避免项目有关各方产生误解，以为这些估计数值是准确无误、不会变动的。

使用概率分析方法衡量风险大小，需要知道风险事件的发生概率和后果大小。例如，修建核电站和火电站，哪一种环境风险大呢？核电站事故的后果虽然严重，但发生严重事故的概率很小；火电站排放烟尘和污水虽然短时间不会成灾，但是每天都排放，污染环境的概率是百分之百的。因此，衡量风险的大小，必须综合考虑风险事件发生的概率和后果大小。风险事件发生概率和后果大小的乘积叫作风险事件状态。因此，风险的大小可由风险事件状态来计量。风险事件状态大致有如图3-1所示的四种情况。

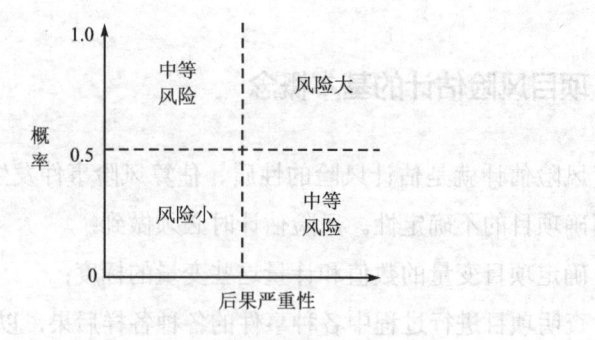

图3-1 风险事件状态

项目选择不同的方案或行动路线，就会有不同的风险。从中选择威胁最小、收益最多的过程实际上就是决策。

决策一般涉及以下几个方面：

（1）项目必须有一个或多个明确的目标；

（2）项目面临各种可能（或称风险状态）；

（3）各种风险状态出现或发生的概率；

（4）供选择的各种方案或行动路线；

（5）每种方案下，项目处于各个风险状态的后果（收益、损失的大小）。

2．计量标度

计量是为了取得有关数值或排列顺序。计量使用标识、序数、基数和比率四种标度。

（1）标识标度。标识标度是标识对象或事件的，可以用来区分不同的风险，但不涉及数量。不同的颜色和符号都可以作为标识标度。在尚未充分掌握风险的所有方面或同其他已知风险的关系时，使用标识标度。例如，项目班子如果感到项目进度拖延的后果非常严重，可用紫色表示进度拖延风险；如果感到很严重，用红色表示；如果感到严重，则用橘红色表示。

（2）序数标度。事先确定一个基准，然后按照与这个基准的差距大小将风险排出先后顺序，使之彼此区别开来。利用序数标度还能判断一个风险是大于、等于还是小于另一个风险。但是，序数标度无法判断各风险之间的具体差别。这里所说的基准可以是主观的，也可以是客观的。将风险分为已知风险、可预测风险和不可预测风险用的就是序数标度。

（3）基数标度。使用基数标度不但可以把各个风险彼此区别开来，还可以确定它们彼此之间差别的大小。例如，项目进度拖延 20 天造成 800 万元损失，用的是基数标度。

（4）比率标度。比率标度不但可以确定风险彼此之间差别的大小，还可以确定一个计量起点。风险发生的概率就是一种比率标度。

有些类型的风险，常常要用多种标度。正确地选用计量标度在风险估计中非常重要。此外，还需要知道对于已经收集在手的信息和资料应当选用哪一种标度。

定量估计风险时使用基数标度或比率标度。在这种情况下，用一个百分数或分数（即概率）表示风险发生的可能性。概率仍然只是一种信念，并不一定能提高风险估计的准确性。定量估计同定性估计相比，可以减少含混不清，更客观地估计有关风险的信息资料。另外，风险有了数值之后，就可以参与各种运算，就可以确定两个风险之间到底相差多少。记述性和定性计量无法进行计算。表3-3就是一个对风险进行定量比较的例子。

表3-3 风险定量评级

风 险 评 级	失 败 概 率	说　　　　明
极高	0.81～0.99	超过目前水平，极有可能出技术问题
很高	0.61～0.80	超过目前水平，很有可能出技术问题
高	0.50～0.60	最新技术，但未充分考验，有可能出技术问题
一般	0.25～0.49	最好的技术，不会出大技术问题
低	0.10～0.24	实用技术，不会出技术问题
很低	0.01～0.09	正在使用的系统

3．风险事件发生概率

概率分布是显示各种结果发生概率的函数。在风险估计中，概率分布用来描述由于某种原因导致各种损失发生的可能性大小的分布情况。

风险估计的首要工作是确定风险事件的概率分布。

（1）两种类型的随机变量。在对风险事件进行历史统计时，常常遇到两种不同类型的随机变量。当某随机变量全部可能取到的值是有限或可列无限多个时，称其为离散型随机变量。例如，在相同条件下抛掷同一枚硬币，其结果要么是硬币正面朝上，要么是反面朝上，只能有这两种结果；又如统计一个驾驶员在某一年中发生交通事故的次数的概率，0次的概率是0.65，1次的概率是0.20，2次的概率是0.05，一年内所发生的交通事故次数总是有限的。这些事件发生的结果都是可数的，都是离散型随机变量。

当某随机变量全部可能取到的值是一个区间，是无法按一定次序一一列举出来时，称其为连续型随机变量。例如，某种电器产品的使用寿命就是一个连续型随机变量，它的使用寿命在1 000～1 500小时这样一个范围内连续变化，也就是说，随机变量可以是在[1 000, 1 500]这样一个区间内的任何值，可能出现的结果是不可数的。

总之，可用随机变量来表示风险所致损失的结果，该随机变量的概率分布就是风险事件的概率分布。根据风险事件的概率分布可以得到诸如期望值、标准差、差异系数等信息，这些信息对于衡量风险是非常有用的。

（2）风险估计中常用的概率分布。下面介绍几种典型的概率分布。

① 均匀分布。均匀分布的密度函数为：

$$f(x) = \begin{cases} \dfrac{1}{b-a}, & a < x < b \\ 0, & 其他 \end{cases} \tag{3-1}$$

均匀分布概率密度图如图 3-2 所示。

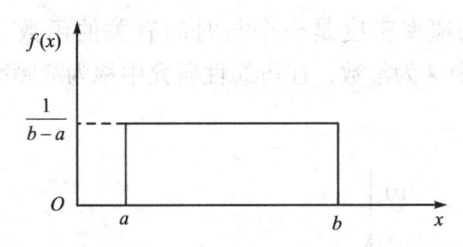

图 3-2 均匀分布概率密度图

均匀分布常用于描述概率变化不太大（即灵敏度不高）的事物。

均值：
$$E(x) = \frac{a+b}{2} \tag{3-2}$$

方差：
$$D(x) = \frac{(b-a)^2}{12} \tag{3-3}$$

② 三角分布。为获得此分布，只需知道最可能的数值及上下极限值。其概率密度函数为：

$$f(x) = \begin{cases} \dfrac{2}{c-a} \cdot \dfrac{x-a}{b-a}, & a < x \leqslant b \\ \dfrac{2}{c-a} \cdot \dfrac{c-x}{c-b}, & b < x \leqslant c \\ 0, & 其他 \end{cases} \tag{3-4}$$

三角分布概率密度图如图 3-3 所示。

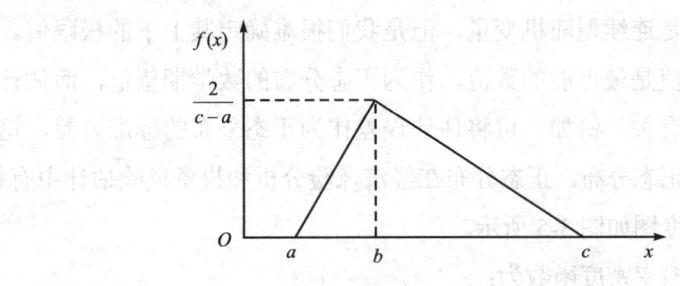

图 3-3 三角分布概率密度图

均值：
$$E(x) = \frac{1}{3}(a+b+c) \tag{3-5}$$

方差: $$D(x)=\frac{1}{18}(a^2+b^2+c^2-ab-bc-ca) \tag{3-6}$$

③ 指数分布。指数分布是一种常见的概率分布，它常用于描述电子产品、某些复杂系统的寿命，也常用于描述一些检测性工作的完成时间。它的最大特点在于：在描述产品寿命时具有"无记忆性"，也就是说当 t 时刻产品正常，则它在 t 以后的剩余寿命与新产品一样。

指数分布中的概率密度是一个与时间有关的函数，其概率密度函数表示为 $f(x)=\lambda e^{-\lambda x}$，式中 λ 为常数，在可靠性研究中称为故障率；x 为时间。其概率分布如图 3-4 所示。

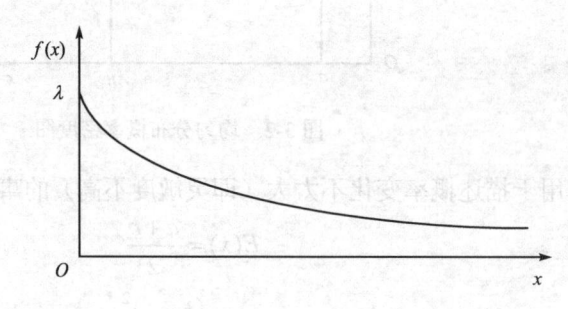

图 3-4 指数分布概率密度图

均值: $$E(x)=\frac{1}{\lambda} \tag{3-7}$$

方差: $$D(x)=\frac{1}{\lambda^2} \tag{3-8}$$

④ 正态分布。正态分布适用于许多随机现象，如测量误差、设计误差、零件尺寸、纤维强度、降雨量和气候温度等。正态分布在风险估计中还可用于当信息量不足时的近似估计。例如，在预测项目所消耗的费用时，受到估计误差和项目过程中的许多不确定因素的影响，实际费用值将在预测值附近波动；如果将这种波动看作随机变量，则它是连续型随机变量，但是我们很难确定其上下的极限值。因此，可近似地认为预测值是最可能的数值，作为正态分布的数学期望值，而估计误差则与正态分布的方差有关。例如，可将估计误差作为正态分布的标准方差，这样就可以得到一个完整的正态分布。正态分布在经济风险分析和投资风险估计中有很多应用。正态分布概率密度图如图 3-5 所示。

正态分布的概率密度函数为：

$$f(x)=\frac{1}{\sqrt{2\pi}\sigma}e^{-\frac{(x-\mu)^2}{2\sigma^2}} \tag{3-9}$$

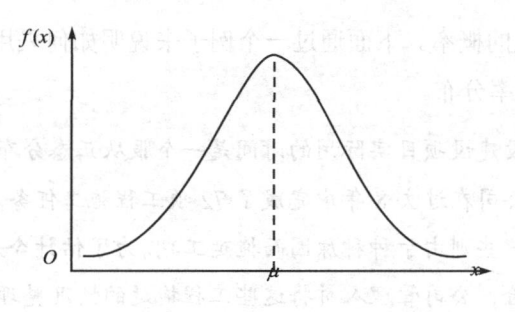

图 3-5　正态分布概率密度图

式中，$\sigma>0$，μ 与 σ 为常数。

均值：
$$E(x) = \mu \tag{3-10}$$

方差：
$$D(x) = \sigma^2 \tag{3-11}$$

在数学上，正态分布常常简记为 $N(\mu, \sigma^2)$。

⑤ 对数正态分布。对数正态分布的密度函数为：

$$f(x) = \begin{cases} \dfrac{1}{\sqrt{2\pi}\sigma x} e^{-\frac{1}{2}\left(\frac{\ln x - \mu}{\sigma}\right)^2}, & x > 0 \\ 0, & x \leqslant 0 \end{cases} \tag{3-12}$$

式中，$-\infty < \mu < \infty, \sigma > 0$。

对数正态分布的特点是：数值小的量概率密度大，而数值大的量概率密度小。在风险分析中可用于描述银行存款的分布及个人收入的分布等。

均值：
$$E(x) = e^{\mu + \frac{\sigma^2}{2}} \tag{3-13}$$

方差：
$$D(x) = e^{2\mu + \sigma^2}\left(e^{\sigma^2} - 1\right) \tag{3-14}$$

⑥ 二项分布。二项分布是一种离散型概率分布，适用于一次试验只能出现两种结果的情况。例如，在地质勘探风险估计中，每一口井或者见到油或者为干井，只有两种情况。

在 n 次相互独立的试验中，"成功"的次数 x 是一个随机变量，其概率分布为：

$$P(x=k) = \frac{n!}{(n-k)!k!} p^k (1-p)^{n-k}, \quad k = 0, 1, 2, \cdots, n \tag{3-15}$$

$P(x=k)$ 表示事件成功 k 次的概率。其中每次试验中，事件成功的概率为 p。

均值：
$$E(x) = np \tag{3-16}$$

方差：
$$D(x) = np(1-p) \tag{3-17}$$

以上介绍了一些常用的概率分布。在实际工作中，可假设某个风险事件发生的概率满足某种分布，并通过历史数据进行分析，得到其概率分布的表达式，最终求出风险事件发生的概率。下面通过一个例子来说明如何采用历史统计资料来确定一个风险事件的概率分布。

例 3-1 假设建设项目实际用的时间是一个服从正态分布的随机变量。例如，某建筑公司在过去 8 年中完成了 72 项工程施工任务。有些项目提前完成，而另一些则由于种种原因而拖延工期。为了估计今后承包工程时工期拖延的风险，公司管理人员将这些工程拖延的情况整理了出来，列在表 3-4 中。工期拖延的情况用拖延的时间占计划工期的百分比表示。负值表示提前竣工。

表 3-4 工程拖延情况统计

工程拖延情况（%）	组平均值 t_i（%）	频数（工程数目）	频率＝频数/样本个数	概率 p_i
−34～−30	−32.5	0	0	0
−29～−25	−27.5	2	2/72＝0.027 8	0.027 8
−24～−20	−22.5	1	1/72＝0.013 9	0.013 9
−19～−15	−17.5	3	3/72＝0.041 7	0.041 7
−14～−10	−12.5	7	7/72＝0.097 2	0.097 2
−9～−5	−7.5	10	10/72＝0.138 9	0.138 9
−4～0	−2.5	15	15/72＝0.208 3	0.208 3
1～5	2.5	12	12/72＝0.166 7	0.166 7
6～10	7.5	9	9/72＝0.125 0	0.125 0
11～15	12.5	8	8/72＝0.111 1	0.111 1
16～20	17.5	4	4/72＝0.055 6	0.055 6
21～25	22.5	0	0	0
26～30	27.5	1	1/72＝0.013 9	0.013 9
31～35	32.5	0	0	0
合计		72	72/72＝1	1

若把表 3-4 中的样本分布用图表示出来，可得图 3-6。图 3-6 叫作直方图。纵坐标表示工期拖延的频率，横坐标表示拖延的时间占计划工期的百分比。根据直方图，可以大致画出拖延时间的概率密度曲线，如图 3-6 中实线所示。

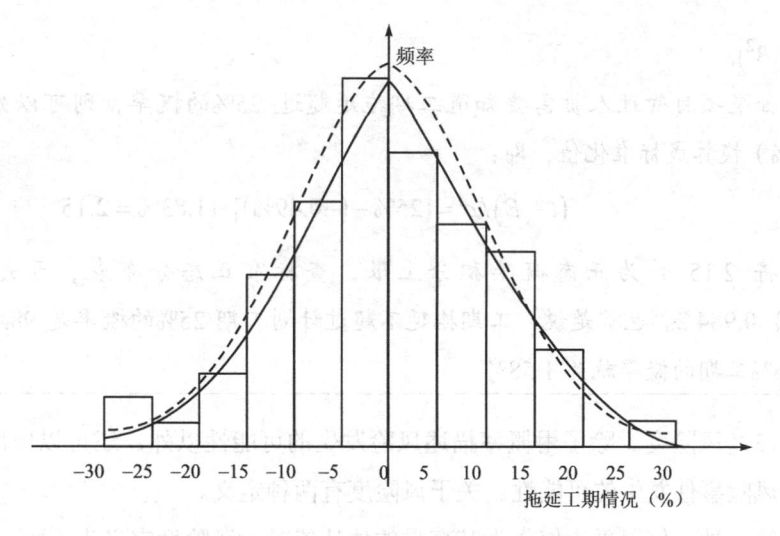

图 3-6 工期拖延的直方图

当样本个数足够多时,例如,把与该公司情况类似的其他公司过去 8 年中完成的工期数据也拿来,工期拖延时间的概率密度曲线的形状就接近于图 3-6 中的虚线。这条虚线表示的是正态分布。

于是可利用历史数据估计风险事件发生的概率,计算风险事件后果的数学期望和方差等。例如,在这个例子中,工期拖延的数学期望和方差的估计值分别用 E 和 σ^2 来表示,则:

$$E = \sum_{i=1}^{14} t_i p_i = -0.49\%$$

$$\sigma^2 = \sum_{i=1}^{14} (t_i - E)^2 p_i = 0.014$$

$$\sigma = 0.1183$$

假设公司有一个新工程要承包,计划工期是 16 个月,项目管理人员要了解工期拖延超过 4 个月的概率,则可先算出工期拖延的随机变量取值为 4/16×100%=25%。采用这些数据,可分别通过直方图和近似的正态分布曲线进行分析。

① 若采用直方图分析,则可根据表 3-4 中的数据计算工期拖延大于 25%的概率,即拖延工期为 26%~35%的概率。于是得到:

$$(0.013\ 9+0) \times 100\% = 1.39\%$$

于是工期拖延超过 4 个月的概率是 1.39%。

② 若采用正态分布,则首先需要知道正态分布的分布参数。在本例中,用数学期望和方差就能确定正态分布。于是可知,工期拖延的概率满足正态分布 $N(-0.49$,

$0.118\ 3^2$)。

如果项目管理人员需要知道工期拖延超过 25%的概率，则可以先将随机变量（25%）换算成标准化值，即：

$$(t-E)/\sigma = [25\% - (-0.49\%)]/11.83\% = 2.15$$

将 2.15 作为正态概率积分上限，查标准正态分布表，于是得到 $P\{t \leqslant 25\%\}=0.984\ 2$。也就是说，工期拖延不超过计划工期25%的概率是98.42%，于是超过25%工期的概率就为1.58%。

（3）风险度。除了用概率描述风险发生的可能性以外，还可以用风险度来描述一个风险事件发生的可能性。关于风险度有两种定义。

第一种，使用平均值作为某变量的估计值时，风险度定义为：

$$FD = \frac{\sqrt{D(x)}}{E(x)} \tag{3-18}$$

第二种，如果因为某种原因不采用平均值作为该变量的估计值，而使用一个估计值 x_0，则风险度的定义为：

$$FD = \frac{\sigma - [E(x) - x_0]}{E(x)} \tag{3-19}$$

风险度越大，表示不确定性越大，风险也越大。

由于项目活动独特性很强，项目风险来源彼此相差很远。所以，项目管理班子在许多情况下只能根据样本个数不多的小样本对风险事件发生的概率、风险事件后果的数学期望和方差进行估计。有时由于项目活动是前所未有的，根本就没有可以利用的数据，项目管理人员就要根据自己的经验猜测风险事件发生的概率或概率分布。这样得到的概率是主观概率。

（4）主观概率。所谓主观概率，就是在一定条件下，对未来风险事件发生可能性大小的一种主观相信程度的度量。

主观概率与客观概率的主要区别是，主观概率无法用试验或统计的方法来检验其正确性。主观概率的大小常常根据人们长期积累的经验、对项目活动及其有关风险事件的了解来估计。例如，前面的建筑公司过去完成的72项工程都是一般工业民用建筑。公司现在接到一项从未干过的核反应堆工程。要对该工程的工期风险进行估计，必须知道核反应堆工程工期的概率分布。但国内有关这方面的资料和数据甚少，承担此项合同的项目班子就不得不根据过去完成一般工业民用建筑的经验、核反应堆工程的特点和复杂程度，以及其他主、客观条件来估计核反应堆工程按时竣工的概率。人们的实践和大量的研究成果说明，这种估计是有效的。

（5）合成概率。介于主观估计和客观估计之间形成的概率，称为合成概率。它不直接由大量试验或计算分析得到，也不完全由主观判断或计算分析得出，而是介于两者之间。应用合成概率对项目风险进行估计称为行为估计。

4．效用和效用函数

有些风险事件的后果或损失大小很难计算。即使能够计算出来，同一数额的损失在不同人心目中的地位也不一样。为了反映决策者价值观念方面的差异，需要考虑效用和效用函数。

效用就是当一种有形或无形的东西使个人的需要得到一定程度的满足或失去时，个人给予这个有形或无形的东西的评价。这个评价值就是效用值。人不同，评价也不同。因此，效用值是一个相对的概念。

风险事件后果若能量化，则可换算成一定的金额，用变量 x 来表示。该变量被称为损益值，如果方案成功，则会产生收益，此时的损益值就为正值；如果方案失败，则会带来损失，此时的损益值就为负值。不同的方案成功或失败所带来的损益值是不同的。效用值是收益或损失大小 x 的函数，叫作效用函数，可用变量 $U(x)$ 来表示。经济学家和管理人员将效用作为指标，衡量人们对风险以及其他事物的主观评价、态度、偏好和倾向等。一般可规定：决策者最愿意接受的收益对应的效用值为 1，而最不愿意接受的损失对应的效用值为 0。

通常，求决策者效用函数及其曲线的过程可以按照如下步骤进行。

第一步，从决策问题的损益值表中选出最大和最小的损益值，将其分别与效用值 1 和 0 对应。损益值表的形式如表 3-5 所示。在表 3-5 中，效用值 1 对应的是 $\max\{A_1, B_1, \cdots\}$，而效用值 0 对应的是 $\min\{A_2, B_2, \cdots\}$。

表 3-5　损益值表

自 然 状 态	成功收益（达成事件 Q_1 的收益）	失败损失（达成事件 Q_2 的损失）
状态概率	$P(Q_1)$	$P(Q_2)$
方案 A	A_1	A_2
方案 B	B_1	B_2
⋮	⋮	⋮

第二步，由确定性等值的概念，求出与各损益值相对应的效用值。

第三步，评价所确定的效用值是否符合决策者的主观愿望，如果符合，则做出效用函数；如果不符，则重新评价。

在直角坐标系里，以横坐标表示收益或损失的大小（损益值）、纵坐标表示效用函数值，所得的曲线叫作效用曲线。图3-7画出了三类决策者的效用曲线，反映了他们对待风险的不同态度。一般可分为保守型、中间型和冒险型三种。具有中间型效用曲线的决策者对待风险后果的态度（即收益或损失的效用值）是与损益值的大小成正比的。具有保守型效用曲线的决策者对待风险不利后果的态度（即损失的效用值）特别敏感。也就是说，损失稍微增加一点儿，效用值就下降很多；相反，他对有利后果所抱的态度（即收益的效用值）比较迟钝。也就是说，当收益增加很多时，效用值才增加一点儿。保守型的决策者难以接受风险的不利后果，对追求高的收益兴趣不大。具有冒险型效用曲线的决策者对待风险损失的效用值比较迟钝。也就是说，损失尽管已增加了很多，但效用值减少不多；相反，他对待有利后果的态度，即收益的效用值特别敏感。也就是说，当收益仅仅增加一点儿时，效用值就增加了很多。冒险型的决策者可以接受风险的不利后果，愿意追求高收益。

效用、效用函数和效用曲线在情报价值的计算中考虑决策者的主观因素时是很有用的。不同的人有不同的效用曲线。

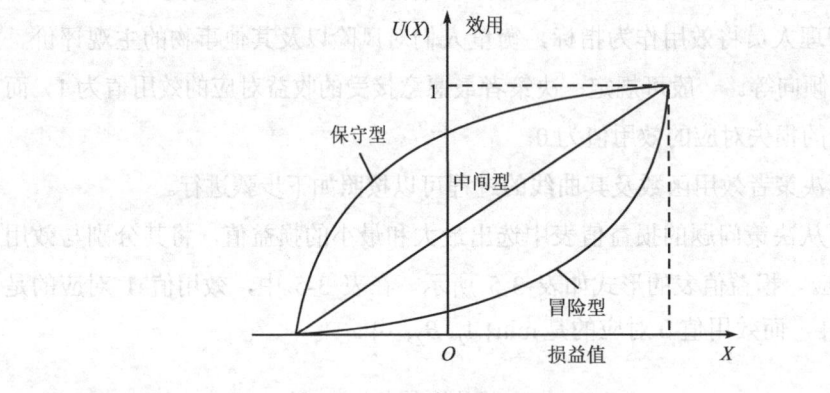

图 3-7 三类效用曲线

3.2.2 项目风险估计过程

在前面已经介绍过，风险估计包括事件发生的概率估计和事件后果的估计两个方面。在风险事件后果估计中也有三种估计，即主观后果估计、客观后果估计和行为后果估计。以某一个人或某一集体的价值观为主要判断形式的估计称为主观后果估计；直接进行观测并进行客观全面的显性描述后果的估计称为客观后果估计；而在考虑主、客观后果估计的同时，对特定风险主体的行为加以研究和观测并对主、客观后果估计进行修正的估计称为行为后果估计。

下面就分别对风险估计中的概率估计和事件后果估计的主要过程进行介绍。

1. 风险概率估计

风险概率估计就是估计出风险发生的概率。一般有以下几种方法。

（1）概率分布法

用概率分布来求风险发生的概率。若对某一风险，其概率分布未知，则需通过历史数据的分析，推断出其概率分布。在已知或通过分析得到概率分布后，根据风险发生的条件，用概率分布函数可方便地求出风险发生的概率。典型的概率分布有均匀分布、三角分布、正态分布、指数分布、二项分布等。在前文例3-1中已经举出一个关于正态分布的风险估计的例子。

当概率分布很难得到时，也可以请有经验的专家，根据历史经验对风险事件的发生给出主观概率或者合成概率。

（2）贝叶斯概率法。如果项目风险事件的概率估计是在没有客观数据或者在历史数据不足的情况下做出的，则称这种概率估计为先验概率。先验概率具有较强的不确定性，需要通过各种途径和手段（如试验、调查和统计分析等）来获得更为准确、有效的补充信息，以修正和完善先验概率。这种通过对项目进行更多、更广泛的调查研究或统计分析，再对项目风险进行评估的方法即称为贝叶斯概率法。

贝叶斯概率法利用概率论中的贝叶斯公式来改善概率估计，这种改善后的概率估计称为后验概率。按照贝叶斯公式，风险后果 B_i 出现的后验概率为：

$$P\{B_i|A\} = \frac{P\{A|B_i\}P\{B_i\}}{\sum P\{A|B_i\}P\{B_i\}} \qquad (3-20)$$

下面举例对贝叶斯概率法进行说明。

例 3-2 某新型发动机要求其平均寿命为 5 000 小时，试验方案是：抽取 11 台进行试验，每台运转 1 000 小时，如果只有 4 台或者 4 台以下发生故障，则认为该发动机合格，应予以通过。试预测当该型发动机试验获得通过时，发动机寿命（H）达到 5 000 小时的概率，并进而论证试验方案的可行性。

解：该型发动机只有类似发动机的大量历史数据资料可供参考。假设该类发动机的寿命服从指数分布，寿命达到 5 000 小时的概率为 0.8，仅能达到 2 500 小时的概率为 0.15，仅达到 1 000 小时的概率为 0.05。根据贝叶斯公式，可建立发动机寿命

分布的后验概率公式:

$$P(H_i|A) = \frac{P(A|H_i)P(H_i)}{\sum P(A|H_i)P(H_i)} \tag{3-21}$$

式中：H——发动机寿命；

A——试验获得通过的事件；

$P(H_i)$——发动机寿命为 H_i 的概率，它可根据历史统计资料得出，本例中为已知；

$P(H_i|A)$——试验获得通过条件下，发动机寿命为 H_i 的概率；

$P(A|H_i)$——发动机寿命为 H_i 时，试验获得通过的概率。

计算分析过程如下。

（1）确定试验中出现 i 台故障的概率分布模型。每台发动机能否正常运转到 1 000 小时只有两种可能性，且每台发生故障的概率相同。因此，本试验属于重复独立试验，服从二项分布。11 台发动机有 i 台故障的概率为：

$$P(X=i) = C_{11}^i p^i (1-p)^{11-i} \tag{3-22}$$

式中：p——发动机工作 1 000 小时发生故障的概率。

已知发动机寿命服从指数分布，有 $p = 1 - e^{-\frac{1000}{H_i}}$。

（2）确定发动机寿命 H_1=5 000 小时条件下试验获得通过的概率 $P(A|H_1)$。

H_1=5 000 时：

$$p = 1 - e^{-\frac{1000}{5000}} = 0.181\,3$$

试验中，11 台发动机出现 0，1，2，3 和 4 台故障的概率分别为：

$$P(X=0) = C_{11}^0 p^0 (1-p)^{11} = 0.110\,8\,^1$$

$$P(X=1) = C_{11}^1 p^1 (1-p)^{10} = 0.269\,8$$

$$P(X=2) = C_{11}^2 p^2 (1-p)^9 = 0.298\,7$$

$$P(X=3) = C_{11}^3 p^3 (1-p)^8 = 0.198\,5$$

$$P(X=4) = C_{11}^4 p^4 (1-p)^7 = 0.087\,9$$

试验获得通过的概率是上述 5 个事件发生概率之和，因此：

---

1 本书所有计算结果保留到小数点后 2~4 位，方便起见，全书均以"="表示。——出版者注

$$P(A|H_1) = \sum_{i=0}^{4} P(X=i) = 0.97$$

（3）确定发动机寿命 H_2=2 500 和 H_3=1 000 小时条件下试验获得通过的概率。按照（2）中同样的方法，可得：

$$P(A|H_2) = 0.71$$

$$P(A|H_3) = 0.10$$

（4）确定发动机寿命为 H_1=5 000 小时条件下试验获得通过的概率。根据贝叶斯公式：

$$P(H_1|A) = \frac{P(A|H_1)P(H_1)}{\sum_{i=1}^{3} P(A|H_i)P(H_i)} = \frac{0.8 \times 0.97}{0.8 \times 0.97 + 0.15 \times 0.71 + 0.05 \times 0.1} = 0.874$$

同理还可以算出试验获得通过的条件下，发动机寿命为 2 500 小时的概率为 0.12，发动机寿命为 1 000 小时的概率为 0.006。

根据上述计算结果分析，当试验获得通过时有相当大的把握认为该型发动机的寿命达到 5 000 小时，因此该试验方案是可行的。

此例表明，贝叶斯概率法对减少项目活动中的不确定性、改善风险概率估计、提高风险估计质量和决策的准确性具有一定的作用和意义。

2. 风险事件后果估计

风险事件造成的损失大小要从三方面来衡量：损失性质、损失范围和损失的时间分布。

损失性质指损失是属于政治性的、经济性的还是技术性的。损失范围包括严重程度、变化幅度和分布情况。严重程度和变化幅度分别用损失的数学期望和方差表示，而分布情况是指有哪些项目参与者的损失。时间分布指风险事件是突发的还是随着时间的推移逐渐致损；该损失是很快就能感受到，还是随着时间的推移逐渐显露出来。

损失的时间分布对于项目的成败关系极大。金额很大的损失如果一次就落到项目头上，项目很有可能因为流动资金不足而破产，永远失去了项目可能带来的机会；而同样数额的损失如果是在较长的时间内分几次发生的，则项目班子容易设法弥补，使项目能够坚持下去。

损失这三个方面的不同组合使得损失情况千差万别。因此，任何单一的标度都无法准确地对风险进行估计。

在估计风险事故造成的损失时,描述性标度最容易用,费用最低;定性的次之;定量标度最难、最贵、最耗费时间。

对风险事件后果的估计,可以用于比较各种方案在风险事件影响下的可能结果,从而选择出最为有利的方案,或者为决策提供比较准确的依据。在风险事件后果的估计中,通常分为三种情况。

(1)假定项目各种状态出现的概率为1,即一定会出现,只计算和比较各种方案在不同状态下的后果,进而选择出风险不利后果最小、有利后果最大的方案。其中有些方法也用于项目管理其他方面,如项目经济评价使用的盈亏平衡分析、敏感性分析等。

盈亏平衡分析研究项目产品或服务数量、成本和利润三者之间的关系,以收益与成本平衡,即利润为零时的情况为基础,测算项目的生产负荷状况,计量项目的风险承受能力。盈亏平衡点越低,表明项目适应市场变化的能力越强,承受风险的能力越大。

敏感性分析是指通过分析、测算一些因素发生变化时评价指标变化的幅度。有些因素的微小变化会引起评价指标较大的变化,进而影响到原来的决策,这些因素称为敏感性因素;反之,有些因素在较大的数值范围内变化却只能引起评价指标很小的变化,甚至不发生变化,这些因素被称为不敏感因素。敏感性分析实质上就是在诸多的不确定因素中确定哪些是敏感性因素,哪些是不敏感因素,并分析敏感性因素对评价指标的影响程度。

敏感性分析一次只让一个变数变动。但实际情况一般是几个变数同时变动。为了反映这种现实,可以让几个变数同时变动,各变数的变动幅度可以取不同的组合,然后计算它们共同变动时项目性能的变化。这种做法叫作组合分析(也称多因素敏感性分析,相应地,前文所述的敏感性分析也称为单因素敏感性分析)。不难想象,如果项目变数多,则组合方式将数不胜数。在实际应用时,可以根据经验,选择有限的几种最不利的组合进行计算。

盈亏平衡分析、敏感性分析和组合分析都不考虑变数变动的概率。它们虽然能够回答哪些变数或假设对项目性能影响大,但不能回答哪些变数或假设最有可能发生变化及变化的概率,这是它们在风险估计方面的缺点。

(2)风险事件出现的各种状态已知,而且这些状态发生的概率也已知。这种情况下一般按照期望收益最大原则或期望效用值最大原则来估计。

下面举例说明效用理论在这种情况下的项目风险估计中的应用。

例3-3 某工厂欲生产A和B两种产品,但是由于资金的限制,只能选择其中之一进行生产和销售。若两种产品销路好的概率均为0.7,销路不好的概率均为 0.3，两种产品的年度收益值如表 3-6 所示。假定两种产品生产期均为 10 年，A 产品需要投资 30 万元，B 产品需要投资 16 万元，管理决策人员的效用曲线如图 3-8 所示。问究竟投产哪一种产品更为有利。

表 3-6　两种新产品的年度收益情况

方　案	销 路 好	销 路 差
A	10	−2
B	4	1

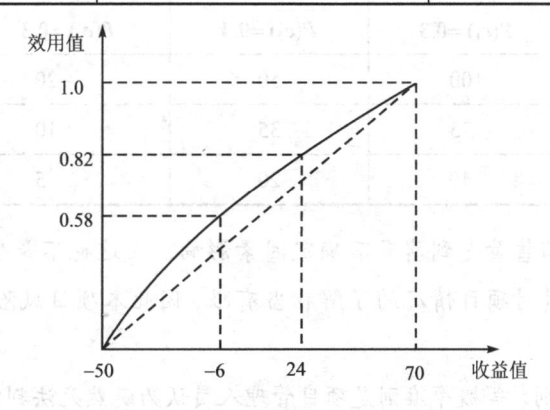

图 3-8　项目管理决策者的效用曲线

解：① 根据已知信息，计算两种产品在 10 年内的收益。

产品 A：销路好 $P_{A好}$=10×10−30=70（万元）

　　　　销路差 $P_{A差}$=−2×10−30=−50（万元）

产品 B：销路好 $P_{B好}$=4×10−16=24（万元）

　　　　销路差 $P_{B差}$=1×10−16=−6（万元）

② 计算两种产品的期望效用值（效用函数的期望值）。由图 3-8 可得：

新产品 A 的效用期望值为：$U_A(x)$ =0.7×1.0+0.3×0=0.7

新产品 B 的效用期望值为：$U_B(x)$ =0.7×0.82+0.3×0.58=0.748

由该结果可知，若以期望效用值为管理决策准则，则生产 B 的方案为更有利的方案。

（3）不但风险出现的各种状态发生的概率未知，而且究竟会出现哪些状态也不能完全确定，这种情况下人们只能通过主观判断来进行估计。人们在长期的管理实践中，总结归纳了一些公认的原则供参考，如等概率准则、乐观准则、悲观准则、最小后悔值准则等。下面通过一个例子对如何运用各种准则进行风险估计。

例 3-4 为生产某高科技新产品，有三种建设方案：建大型厂、中型厂或小型厂。产品利润不仅和生产规模有关，而且和产品销售量有关，产品可能会畅销，也可能销售情况一般，甚至滞销。上述三种方案的获利情况、三种结局可能发生的概率以及各备选方案期望值的计算结果如表3-7所示。问选择哪一种方案最为有利？

表 3-7 项目方案的损益　　　　　　　　　　　　　　　　　单位：万元

	c_1（畅销） $P(c_1)=0.3$	c_2（销售一般） $P(c_2)=0.4$	c_3（滞销） $P(c_3)=0.3$	$U(a_i)$
A_1：大型厂	100	50	−20	43.33
A_2：中型厂	75	35	10	40
A_3：小型厂	40	20	5	21.67

解：产品的销售量受到诸多不确定因素影响，而这也不是生产方所能决定的，因为项目管理人员对项目情况的了解相当有限，因此本项目风险的状态和概率均是未知的。

① 等概率准则。等概率准则是项目管理人员认为既然无法判定各自然状态（项目后果）出现的概率，则假定某一状态比其他状态更可能出现是没有意义的，因此可视每个状态出现的概率是相等的，即：

$$P(c_j) = \frac{1}{n}, \quad j = 1, \cdots, n \tag{3-23}$$

$$U(a_i) = \frac{1}{n}\sum_{j=1}^{n} u(a_i, c_j), \quad i = 1, \cdots, m \tag{3-24}$$

式中：$P(c_j)$——项目后果的发生概率；

a_i——项目方案；

c_j——项目后果；

$U(a_i)$——第 i 个项目方案的期望效用值；

$u(a_i, c_j)$——第 i 个项目方案在第 j 种项目后果情况下收益的期望值；

n——自然状态（项目后果）的个数；

m——项目方案个数。

因此可得：

$$U(a_1) = (100+50-20)/3 = 43.33（万元）$$

$$U(a_2) = (75+35+10)/3 = 40（万元）$$

$$U(a_3) = (40+20+5)/3=21.67（万元）$$

按照期望效用最大的决策准则，应选择项目方案 a_1。

② 乐观准则（又称大中取大）。选择该准则的项目管理人员对项目前景比较乐观，愿争取一切获得最好结果的机会。

$$U(a_i) = \max_{a_i \in A}\left\{\max_{1\leqslant j\leqslant n} u(a_i,c_j)\right\} \tag{3-25}$$

式中各符号的含义同前。

由该式可得 $U(a_1)=\max\{100, 75, 40\}=100$，故应当选择项目方案 a_1。

③ 悲观准则（又称小中取大）。选择该准则的项目管理人员对项目的前景比较悲观，小心谨慎，从最坏处着想。一般从各备选项目方案中选择最坏的结局，然后再从这些结局中选择损失最小（或收益最大）的方案作为最优方案。

$$U(a_i) = \max_{a_i \in A}\left\{\min_{1\leqslant j\leqslant n} u(a_i,c_j)\right\} \tag{3-26}$$

式中各符号的含义同前。

由该式可得 $U(a_2)=\max\{-20, 10, 5\}=10$，故应当选择项目方案 a_2。

④ 折中准则（又称悲观、乐观混合准则）。选择该准则的项目管理人员对项目前景的态度介于乐观和悲观之间，主张折中平衡。因而引入一个折中系数 α，即：

$$U^*(a_i) = \alpha \cdot \max_{1\leqslant j\leqslant n} u(a_i,c_j) + (1-\alpha)\min_{1\leqslant j\leqslant n} u(a_i,c_j) \tag{3-27}$$

$$U(a_i) = \max_{a_i \in A}\{U^*(a_i), i=1,\cdots,m\} \tag{3-28}$$

式中 $U^*(a_i)$ 为折中的期望效用值，其他各符号的含义同前。

很显然，若 $\alpha=1$，即为乐观准则；若 $\alpha=0$，则为悲观准则，故 α 取值介于 0~1。假设 $\alpha=0.7$，则：

$$U(a_1) = 0.7 \times 100 + 0.3 \times (-20) = 64（万元）$$

$$U(a_2) = 0.7 \times 75 + 0.3 \times 10 = 55.5（万元）$$

$$U(a_3) = 0.7 \times 40 + 0.3 \times 5 = 29.5（万元）$$

根据这些计算结果，应选择项目方案 a_1。

⑤ 遗憾原则（又称最小后悔值准则）。由于项目的复杂性和动态性，以及项目管理人员风险观念的不同，其最终选择的项目备选方案不一定是最优的，即最后的项目收益不一定是最好的。项目各方案收益与项目理想收益之间存在着一个差值，

这个差值就称为后悔值，一般用 $R(a_i)$ 表示，即：

$$R(a_i) = \max_{1 \leqslant j \leqslant n}\left\{\max_{1 \leqslant i \leqslant m} u(a_i,c_j) - u(a_i,c_j)\right\} \quad i=1,\cdots,m \tag{3-29}$$

按照项目备选方案最小后悔值原则，有

$$U(a_i) = \min_{a_i \in A}\{R(a_i)\} \tag{3-30}$$

根据以上公式，首先求出各备选方案的后悔值，如表3-8所示。

表3-8 项目各备选方案的后悔值

	C_1	C_2	C_3	$R(a_i)$
a_1	0	0	30	30
a_2	25	15	0	25
a_3	60	30	5	60

根据表3-8中的计算分析结果，应当选择项目方案 a_2。

上面讨论的那些方法考虑问题的重点与角度各不相同，反映了项目管理人员的风险意识和对项目、项目风险的基本认识。"大中取大"表现了项目管理人员倾向于冒险型的效用观念，敢于承担较大风险，且决策环境十分有利；"小中取大"表现了项目管理人员倾向于保守型的效用观念，害怕承担风险；遗憾原则主要表示项目管理人员对于风险后果看得比较重要。

这里介绍的方法也适用于多种后果、多种方案的复杂情况。项目风险的估计方法，应以项目问题所处的客观条件为基础，可同时应用多个方法和决策准则，以保障估计的有效性。

（4）其他风险估计方法。项目管理以及一般管理的许多技术都可以用来进行风险估计，如决策树、PERT、GERT和随机模拟法等。这些方法有时也可以用于风险评价，在后文中还有详细的介绍。

3.3　项目风险评价

项目风险评价就是对单个风险事件和项目的总体风险进行评价的过程。风险估计的重点是估计单个风险事件发生的概率和后果的严重程度（风险事件的后果常用效用来描述），而风险评价就可以对单个风险的大小给出评价，并对项目中所有的风险按大小进行排序。同时，项目风险评价还能够系统分析和权衡项目风险的各种因素，综合评定项目风险的整体水平。

有关项目风险估计和风险评价之间的界定，目前在学术界有不同的观点，总体来看是比较模糊的。笔者认为，风险估计的重点是对项目各阶段单个风险进行概率估计和后果的量化，而没有从系统角度来考虑项目风险影响，也没有系统考虑这些风险能否影响项目的主要目标。而项目风险评价则是在风险估计的基础上，评价出单个风险事件的大小，对这些风险事件按其大小进行排序，选出主要影响因素；然后考虑项目所有阶段的整体风险、所有风险对项目的总体影响以及项目对于这些风险的承受能力等重要问题。

3.3.1 项目风险评价的基本概念

项目风险评价是对项目风险进行评价的过程。前面已经讲过，风险评价实际上既有对单个风险事件的评价，也有对项目或项目方案风险的总体评价。

对单个风险事件进行评价时，将根据风险对项目目标的影响程度进行排序。各种风险的可接受或危害程度互不相同，因此就产生了哪些风险应该首先或者是否需要采取措施的问题。在项目风险估计中已估算出各风险发生的概率及其可能导致的损失大小，通过这些成果可以对风险的大小进行判断，从而对各风险事件进行排序，从中找出该项目的主要风险因素，为如何应对这些风险提供科学依据，以保证项目的顺利进行。

对项目或方案的总体风险进行评价时，应考虑到项目总体的风险是由若干单因素的风险事件综合影响而成的，因此必须研究各风险之间的相互影响、相互作用及其后果对项目总体目标的影响。常用于衡量这种影响的项目目标有费用目标、进度目标、功能目标和质量目标等。而从另一个角度来说，多个风险因素对项目总体目标的影响也不是一个确定的结果，也可以用概率来进行描述，这样又可以按照对单个风险事件进行评价的方法，对项目总体的风险水平进行判断。

项目风险评价主要依据以下一些资料进行。

（1）风险管理规划。

（2）风险识别和估计的成果。用于对已识别的项目风险及风险对项目的潜在影响进行评价。

（3）项目进展状况。风险的不确定性常常与项目所处的生命周期阶段有关。在项目初期，项目风险症状往往表现得不明显，随着项目的进程，项目风险及发现风险的可能性会增加。

（4）项目类型。一般来说，普通项目或重复率比较高的项目的风险程度比较低，技术含量高或复杂性强的项目的风险程度比较高。

3.3.2 项目风险评价标准

风险评价过程是依据项目目标和评价标准，将风险识别和估计的结果进行系统分析，明确项目风险之间的因果关系，确定项目风险整体水平和风险等级等。风险评价过程活动主要包括以下内容。

（1）系统研究项目风险背景信息。

（2）确定风险评价基准。风险评价基准是针对项目主体每一种风险后果确定的可接受水平。

（3）使用风险评价方法确定项目整体风险水平。项目整体风险水平是综合了所有单个风险之后确定的。

（4）使用风险评价工具对项目各风险严重度进行排序，确定关键风险。

（5）做出项目风险的综合评价，确定项目风险状态。

进行项目风险评价的方法可分为定性、定量、定性与定量相结合三类，常用的方法有层次分析法、决策树法、模糊综合评价法、故障树分析法、随机模拟法等。这些方法将在后文中详细介绍。

1. 风险矩阵

风险概率及影响程度可以用定性的方式进行评估，如非常高、高、一般、低和非常低。风险概率的高低描述的是风险发生可能性的高低。风险影响程度的高低描述的是如果风险发生，风险对项目目标影响程度的高低。风险概率和风险影响程度评估的对象既可以是单个风险，又可以是整个项目。

例如，在武器装备的研制项目中，常采用如表3-9所示的概率等级划分方式来进行分级。

表3-9 风险的发生概率等级

描　　述	等　　级	发生概率
频繁	A	0.9
很可能	B	0.7
有时	C	0.5
极少	D	0.3
不可能	E	0.1

而对于单个风险事件的影响程度,也根据其后果的严重性进行分级,如表 3-10 所示。

表 3-10 风险的严重性等级

描 述	等 级	风险严重性	定 义
灾难的	I	1.0	工程项目失败,全系统失效,一等事故
严重的	II	0.7	工程部分主要项目失败,主要系统损伤,二等事故
轻度的	III	0.4	工程部分项目失败,轻度系统损伤,三等事故
轻微的	IV	0.1	低于轻度系统损伤,或工程部分项目失误,易挽回

在这两个分级标准的基础上,将单个风险事件进行风险等级的划分。通常项目的单个风险按照"高、中、低"的风险等级来进行评价,评价标准如表 3-11 所示。

表 3-11 风险矩阵(风险等级划分)

风险等级 \ 风险严重性 风险可能性	灾难的(I)	严重的(II)	轻度的(III)	轻微的(IV)
频繁(0.9)	高	高	中	中
很可能(0.7)	高	高	中	低
有时(0.5)	高	中	中	低
极少(0.3)	高	中	低	低
不可能(0.1)	中	低	低	低

假设该项目中某一个风险事件的发生概率为 0.3,一旦发生将造成二等事故,我们就可以从以上的等级划分标准中得出:该风险发生概率等级为 D(极少发生),它的严重性等级为 II,因此它的风险等级为"中"。

如果对项目中各个风险因素都进行以上的定性评估,就能够得到如表 3-12 所示的一个评价表。

表 3-12 ××项目风险评价量化表

风险事项	发生概率	风险严重性	风险等级
⋮	⋮	⋮	⋮

2. 风险发生概率与影响程度评价

（1）风险对项目主体目标影响度评价如表 3-13 所示。

表 3-13 风险对项目主体目标影响度评价

项目目标	很低（0.05）	低（0.1）	一般（0.2）	高（0.4）	很高（0.8）
费用	不明显的费用增加	<5%的费用增加	5%～10%的费用增加	10%～20%的费用增加	>20%的费用增加
进度	不明显的进度拖延	进度拖延<5%	总体项目拖延<（5%～10%）	总体项目拖延<（10%～20%）	总体项目拖延>20%
功能	很难发现的功能减弱	影响到一些次要功能	影响到一些主要功能	功能降低到客户无法接受的程度	项目完成的产品没有实际用途
质量	很难发现的品质降低	只有在要求很高时应用才会受到影响	质量的下降应得到客户的认可	质量下降到客户无法接受的程度	项目完成的产品没有实际用途

（2）风险发生概率与影响程度评价如表 3-14 所示。

表 3-14 风险发生概率与影响程度评价

（风险值=风险概率×风险影响度）

风险值 概率 \ 影响度	0.05	0.10	0.20	0.40	0.8
0.9	0.045	0.09	0.18	0.36	0.72
0.7	0.035	0.07	0.14	0.28	0.56
0.5	0.025	0.05	0.10	0.20	0.40
0.3	0.015	0.03	0.06	0.12	0.24
0.1	0.005	0.01	0.02	0.04	0.08

3. 项目整体风险评价

考虑多个风险因素对项目总体目标的影响，通过 PERT、GERT、概率树等方法来进行研究，给出风险影响的可能后果及其概率，然后就可以采用风险矩阵或风险发生概率与影响程度评价的方法，对项目整体风险给出评价。在这里着重介绍概率树法用于风险评价的例子。

概率树是一种用来分析和进行风险评价的方法，它能帮助我们探索风险之间的联系，简化问题并确定各种风险对项目方案的影响，进而可以进行各种概率计算和决策。下面以一个例子说明概率树在风险评价中的应用。

例 3-5 甲公司正在考虑研制一种新的洗涤剂，目前甲公司拥有 30%的洗涤剂市场，它的主要竞争对手乙公司将推出新产品的概率为 0.6。如果这种情况发生，则甲公司占有 70%市场份额的可能性是 0.3，占有 50%市场份额的可能性为 0.4，占有 40%市场份额的可能性为 0.3。如果乙公司未能开发新产品进行对抗，则甲公司占有 80%市场份额的可能性是 0.8，而占有 50%与 40%市场份额的可能性都是 0.1。如果甲公司决定不开发新产品，则将仍然保持现有的 30%市场份额。

这一问题可用概率树来描述，如图 3-9 所示。

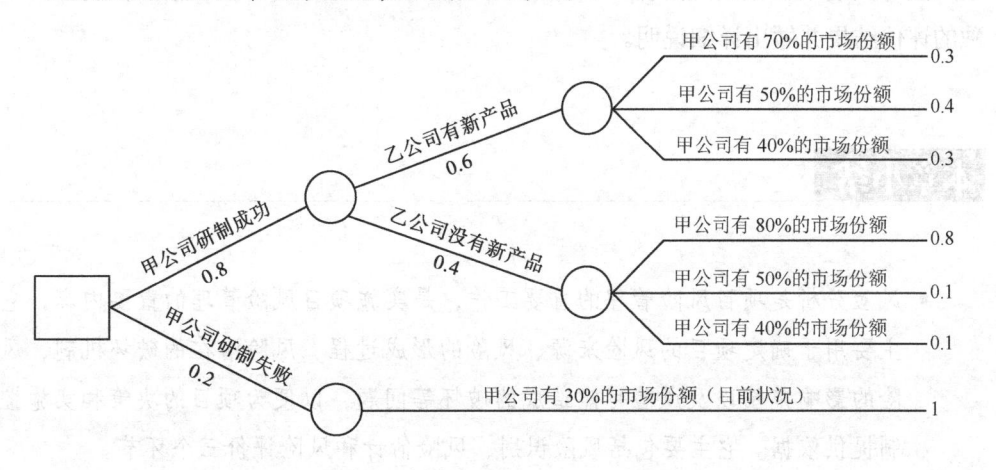

图 3-9 甲公司开发新产品的概率树

从图中可以方便地求出在各种条件下出现的各种可能结果的条件概率，从而可以为决策提供依据。例如，如果甲公司的经理非常关心能否至少占有 50%的市场份额，如果不能占有 50%的市场份额，则被认为是一个严重的风险后果。可以通过概率树求出甲公司至少占有 50%的市场份额的概率为：

$$P = (0.8 \times 0.6 \times 0.3) + (0.8 \times 0.6 \times 0.4) + (0.8 \times 0.4 \times 0.8) + (0.8 \times 0.4 \times 0.1)$$
$$= 0.144 + 0.192 + 0.256 + 0.032 = 0.624$$

因此甲公司不能占有 50%的市场份额的概率为：

$$1 - P = 0.376$$

由此可知，由于各种风险因素的影响，导致严重风险后果的概率为 0.376，根据表 3-9，可以认为风险的发生概率等级为 C，再查表 3-11 风险矩阵可知该项目的总体风险等级为"中"。

应用概率树计算的结果和风险评价结果，就可以对该项目是否上马进行决策。

风险评价的成果包括如下内容。

（1）项目整体风险等级。通过比较项目间的风险等级，对该项目的整体风险程度做出评价。项目的整体风险等级将用于支持各项目资源的投入策略即项目进行或取消的决策。

（2）风险评价量化表。风险评价量化表将按照高、中、低类别的方式对风险和风险状况做出详细的表示，风险评价量化表可以表述到 WBS 的最低层。风险评价量化表还可以按照项目风险的紧迫程度、项目的费用风险、进度风险、功能风险和质量风险等类别单独做出风险排序和评估。对重要风险的风险概率和影响程度要有单独的评估结果并做出详细说明。

本章小结

- 风险分析是项目风险管理的首要工作，是实施项目风险管理的重要内容，它主要用于确定项目的风险来源、风险的形成过程、风险潜在的破坏机制、风险的影响范围以及风险可能造成的破坏等问题，以便为项目的决策和实施控制提供依据。它主要包括风险识别、风险估计和风险评价三个环节。
- 风险识别是项目风险分析的第一步，其主要工作包括确定风险来源、确定风险产生的条件、描述其风险特征和确定哪些风险事件有可能影响本项目。通过收集资料、分析资料，然后就可以根据直接或间接的特征将潜在的风险识别出来。所有识别出来的风险可以通过风险来源表进行汇总，分析其各种外在表现，也可以对这些风险事件进行分组或分类，便于进行监控。
- 风险估计就是估计风险的性质、估算风险事件发生的概率及其大小，以便于决策者对项目的各种方案进行定量的分析与决策。一般而言，是对单一的风险事件逐一进行估计。对风险的估计首先是对其发生概率的估计，可以采用概率分布法、贝叶斯概率法等；其次是对风险事件后果的估计，可根据决策者掌握的信息和效用函数原理进行分析。

- 风险评价就是对单个风险事件和项目的总体风险进行评价的过程。项目风险评价不仅要对单个风险的大小给出评价，并对各风险事件进行排序，从而找到该项目的主要风险因素，而且要系统地分析和权衡项目风险的各种因素，综合评定项目的整体风险水平。项目风险评价常采用定性与定量相结合的评价方法。

复习思考题

1．项目风险管理的全过程包括哪两个阶段？这两个阶段都包含哪些工作？

2．什么是风险分析？风险分析主要的作用是什么？

3．项目风险识别的相关概念。

（1）为什么说项目风险识别是一个连续过程？

（2）项目风险识别的依据与项目风险规划的依据有何不同？

（3）简述项目风险识别的过程。

（4）定量风险识别技术有哪些？

（5）定性风险识别工具有哪些？

4．项目风险估计的相关概念。

（1）什么是风险估计？风险估计的主要内容有哪些？

（2）描述风险估计的基本过程，并简要阐述其过程活动。

5．项目风险评价的相关概念。

（1）描述风险评价过程的目标。为什么每个目标都重要？并为每个目标定义量化的标准。

（2）风险评价准则有哪些？

（3）何时应做定性的风险评价？请举例说明。

（4）何时应做定量的风险评价？请举例说明。

（5）许多风险是相互关联的。分析以下复合风险：需求不稳定和预算紧张可能导致项目被取消，讨论这两个风险之间的依赖性。

6．某制造公司得到一份一次性合同，设计和生产某种新产品 10 000 件。在建议阶段，管理层认为可以以较低的成本完成这份合同。生产该产品需要一种小部件，该小部件可在市场上享受数量折扣之后以 60 元购得。因此购买和加工这一部件的预算额为650 000元，其中考虑到可能有一些部件不能使用。

在设计阶段，工程设计组发现，最后的设计对这种部件的要求比原计划高，因而购买所需的部件在享受数量折扣之后价格为72元，新价格比预算要高出许多，成本也因此超支。

在和制造组商量是否能用比在外面购买低的价格自己制造这种部件时，制造组认为，他们最多可以生产10 000件，恰好满足合同需要，生产用的设备成本为100 000元，每个部件的原材料费是40元。由于该公司以前从未制造过这种产品，专家预计制造过程中的缺陷及可能发生的概率如表3-15所示。

表3-15 制造过程中的缺陷及可能发生的概率

缺陷（%）	0	10	20	30	40
发生概率（%）	10	20	30	25	15

所有有缺陷的部件必须去除并以每个120元的成本修理。

问题：

（1）按照期望值，制造这种部件和购买这种部件哪种办法更经济？

（2）从长远考虑，管理层为什么可能不选择最经济的方法？

7．某生产企业的损益值如表3-16所示。

表3-16 某企业损益值表　　　　　　　　　　　　　　　单位：万元

项目方案	自然状态		
	需求好 C_1	需求一般 C_2	需求差 C_3
D_1：扩建原厂	100	80	−20
D_2：建设新厂	140	50	−40
D_3：转包外厂	60	30	10

问题：

（1）以等概率为标准选择一个项目方案；

（2）如果$P(C_1)=0.3$，$P(C_2)=0.5$，$P(C_3)=0.2$，以期望值为标准选择一个项目方案。

8．何谓盈亏平衡分析？如何进行项目风险估计的盈亏平衡分析？

9．什么是敏感性分析？为什么要进行敏感性分析？

10．什么是效用？在项目风险估计中引入效用的概念有何意义？

11．什么是先验概率？什么是后验概率？如何应用贝叶斯概率法进行风险估计？

12．软件研制项目的主要风险有哪些？

13．某工程局承担了越南某水电站建设项目，试分析该项目的主要风险源。

14．大型会议项目管理的风险源有哪些？

15．培训项目管理的风险有哪些？

16．国防科研项目的主要风险有哪些？

17．设备采购的主要风险有哪些？

18．房地产开发项目的最大风险是什么？

19．在国家"一带一路"倡议的指导下，某企业承担了相关国家的建设项目，请对该项目的建设内容、地理环境、政治环境、投融资等进行假定，在此基础上分析该项目的风险。

第 4 章

项目风险分析技术与方法

引导案例

工程建设项目进度的不确定性

大型工程建设项目具有高复杂、高协同以及并行工作等特征，需要耗费巨额资金和人力、物力，因此需要事先对整个建设流程进行组织和协调。工程建设项目一般具有以下特点：施工工艺复杂多样；各工序之间有严格确定的因果衔接和时间先后关系；项目执行过程中影响工作时间的因素复杂，有些影响因素具有未知的属性，因此不能得到确定的工作时间，进而不能通过网络计划准确地估算系统的费用。

大型工程建设项目通常受到技术、设备、材料、施工组织、管理、水文、地质、气象、国民经济与政治环境等因素的影响，导致工程进度和费用存在一定的不确定性。例如，2000年9月3日下午，三峡工程位于三峡大坝泄洪坝段的三号美国产罗泰克塔带机，在检修状态下突然发生坍塌事故，造成伤亡34人（其中3人死亡）的重大伤亡事故。于是在三峡工地运转的所有塔带机、顶带机全部停产并进行检修和加固，直至10月中旬才陆续恢复正常生产。因塔带机停产，仅施工单位葛洲坝集团一家，每天损失2 000立方米的混凝土浇筑进度，整个工程在停产期间损失20万~30万立方米的混凝土浇筑产量，使得施工单位在事后不得不采取紧急措施来保证项目按计划完工。

又如,我国某工程集团公司在非洲某国承建一项由世界银行贷款的公路建设项目,合同额为981万美元,工期24个月。在实施过程中,项目所在国与邻国在贸易协定上突发争端,邻国因此而单方面关闭了两国边境,停止向此内陆国家提供燃油,造成主体工程停工9个半月,为合同工期的39.58%,属于重大风险,造成进度拖延和施工经费的损失。后该公司依据合同有关条款,据理力争,最终获得了索赔,但是其工期不得不顺延29个月。

作为项目的决策者,必须对诸如此类的风险事件进行预计和处理。通常认为实际工期具有随机性,而网络计划中的进度风险通常定义为实际工期超过规定工期的概率。通过随机模拟的办法,可以计算这种风险的大小。

(资料来源:http://news.sohu.com/feature/sanxia_dam0903.html)

本章学习目标

本章主要介绍一些用于对项目风险进行定性与定量分析的常用技术和方法。通过本章的学习,使读者掌握一些定性分析技术的实施步骤和要点,如德尔菲法、头脑风暴法、风险核对表、SWOT 等;掌握一些主要的定量风险分析技术的数学原理和建模的方法,如决策树法、层次分析法、模糊综合评价法、敏感性分析、故障树分析法、随机模拟法、基于网络计划的风险分析技术 PERT 和 GERT 等。通过本章的学习,要能够熟练地应用这些技术来对实际的工程项目进行风险分析。

在项目风险的识别、估计和评价过程中一般都需要借助一些技术和工具,这样在整个风险分析过程中就能够提高效率,减少差错,获得较为准确的结果。根据项目的不同情况,可能需要采用不同的风险分析工具和技术。表 4-1 详细列出了风险分析过程中常用的分析工具和技术。

在实际项目的风险管理中,风险识别、风险估计和风险评价是一个持续不断的过程,而且这三个过程常常是互相重叠在一起的。同样,有些技术也是可以在这三个过程中公用的。例如表 4-1 所示,决策树法可在风险估计和风险评价中都得到应用。

在前文中已经对表 4-1 中的一些方法进行了介绍。本章将介绍其他的一些常用方法。

表 4-1 风险分析中常用的分析工具和技术

风险分析过程	常采用的分析工具和技术
风险识别	德尔菲法
	头脑风暴法
	风险核对表
	SWOT 分析法
	项目工作分解结构
	敏感性分析
	故障树分析
风险估计	概率分布法
	数据精度分析
	贝叶斯后验概率法
	盈亏平衡分析
	敏感性分析
	决策树法
风险评价	主观评分法
	决策树法
	层次分析法
	模糊综合评价法
	故障树分析法
	随机模拟法
	概率树分析
	风险影响度分析
	GERT
	PERT

4.1 德尔菲法

德尔菲法利用专家的智慧和经验来预测"可能出现的结果",这对于识别项目的风险、判断风险可能产生的后果都很有帮助。德尔菲法在项目风险识别、风险估计中都有广泛应用，特别适合于无前人经验可供借鉴和参考的高技术开发项目。

4.1.1 德尔菲法的基本特征

德尔菲法本质上是一种反馈匿名函询法。其做法是，在对所要预测的问题征得专家的意见之后，进行整理、归纳、统计，再匿名反馈给各专家，再次征求意见，再集中，再反馈，直至得到稳定的意见。其过程如下：匿名征求专家意见→归纳、统计→匿名反馈→归纳、统计……若干轮后，停止。

总之，它是一种利用函询形式的集体匿名思想交流过程。它具有区别于其他专家预测方法的三个明显的特点：匿名性、多次反馈、小组的统计回答。

（1）匿名性。匿名性是德尔菲法的极其重要的特点，从事预测的专家彼此互不知道有其他哪些人参加预测，他们是在完全匿名的情况下交流思想的。

（2）多次反馈。小组成员的交流是通过回答组织者的问题来实现的。一般要经过若干轮反馈才能完成预测。

（3）小组的统计回答。以往，一个小组最典型的预测结果是反映多数人的观点。少数人的观点至多概括地提及一下，但是这并没有表示出小组的不同意见的状况。

统计回答却不是这样，它报告一个中位数和两个四分点，其中一半落在两个四分点内，一半落在两个四分点之外。这样，每种观点都包括在这样的统计中了，避免了专家会议法的又一个缺点。

中位数和上下四分点的意义可由下例说明。

若存在 n 个回答者，对某事件发生时间的预测结果从小到大排列为：

$$x_1, x_2, x_3, \cdots, x_n$$

则中位数 $x_{中}$ 的确定方法为：

当 $n=2k+1$ 时，$x_{中} = x_{k+1}$，k 为整数。

当 $n=2k$ 时，$x_{中} = (x_k + x_{k+1})/2$。

而下四分点 $x_{下}$ 的确定方法与此类似，即：

当 $k=2r+1$ 时，$x_{下} = x_{r+1}$，r 为整数。

当 $k=2r$ 时，$x_{下} = (x_r + x_{r+1})/2$。

同理，在 $x_k, x_{k+1}, \cdots, x_n$ 序列中选择中位数，即为上四分点。

举例来说，若有 13 名回答者，将他们对某事件发生年份的预测结果从小到大排列，如表 4-2 所示。

表 4-2 中位数和两个四分点的确定方法

序号	1	2	3	4	5	6	7	8	9	10	11	12	13
预测年份	1985	1987	1990	1990	1990	1990	1992	1995	1995	1997	1997	2000	永不发生

       ↑   ↑   ↑
      下四分点   中位数   上四分点

于是可知，第 7 个预测结果为中位数，而第 3 个与第 4 个预测结果的平均数为下四分点，两结果均为 1990 年，因此下四分点也为 1990 年；同理第 10 个与第 11 个预测结果的平均数为上四分点，可求得上四分点为 1997 年。

4.1.2 德尔菲法的程序

以下介绍德尔菲法的程序。

首先注意，德尔菲法中的调查表与通常的调查表有所不同。通常的调查表只向被调查者提出问题，要求回答。而德尔菲法的调查表不仅提出问题，还兼有向被调查者提供信息的责任。它是专家们交流思想的工具。

在德尔菲法过程中，始终有两方面的人在活动：一是预测的组织者；二是被选出来的专家。

德尔菲法的程序是以轮来说明的。在每一轮中，组织者与专家都有各自不同的任务。

第一轮：由组织者发给专家的第一轮调查表是开放式的，不带任何框框，只提出预测问题，请专家围绕预测主题提出预测事件。如果限制太多，则会漏掉一些重要事件。预测组织者要对专家填好的调查表进行汇总整理，归并同类事件，排除次要事件，用准确术语提出一个预测事件一览表，并作为第二轮调查表发给专家。

第二轮：专家对第二轮调查表所列的每个事件做出评价。例如，说明事件发生的时间，叙述争论的问题和事件或迟或早发生的理由。预测组织者收到第二轮专家意见后，对专家意见做统计处理，整理出第三张调查表。第三张调查表包括事件、事件发生的中位数和上下四分点，以及事件发生时间在四分点外侧的理由。

第三轮：把第三张调查表发下去后，请专家做以下事情：重审争论；对上下四分点外的对立意见做一个评价；给出自己新的评价（尤其在上下四分点外的专家应重述自己的理由）；专家如果修正观点，也请叙述为何改变，原来的理由错在哪里，或者说明哪里不完善。专家的新评论和新争论返回到组织者手中后，组织者的工作与第二轮十分类似：统计中位数和上下四分点；总结专家观点，重点在争论双方的意见。形成第四张调查表。

第四轮：请专家对第四张调查表再次评价和权衡，做出新的预测。是否要求做出新的论证与评价，取决于组织者的要求。当第四张调查表返回后，组织者的任务与上一轮的任务相同：计算每个事件的中位数和上下四分点，归纳总结各种意见的理由以及争论点。

注意：并不是所有被预测的事件都要经过四轮。可能有的事件在第二轮就达到统一，而不必在第三轮中出现。在第四轮结束后，专家对各事件的预测也不一定都达到统一。不统一也可以用中位数和上下四分点来做结论。事实上，总会有许多事件的预测结果都是不统一的。

德尔菲法的程序如图 4-1 所示。

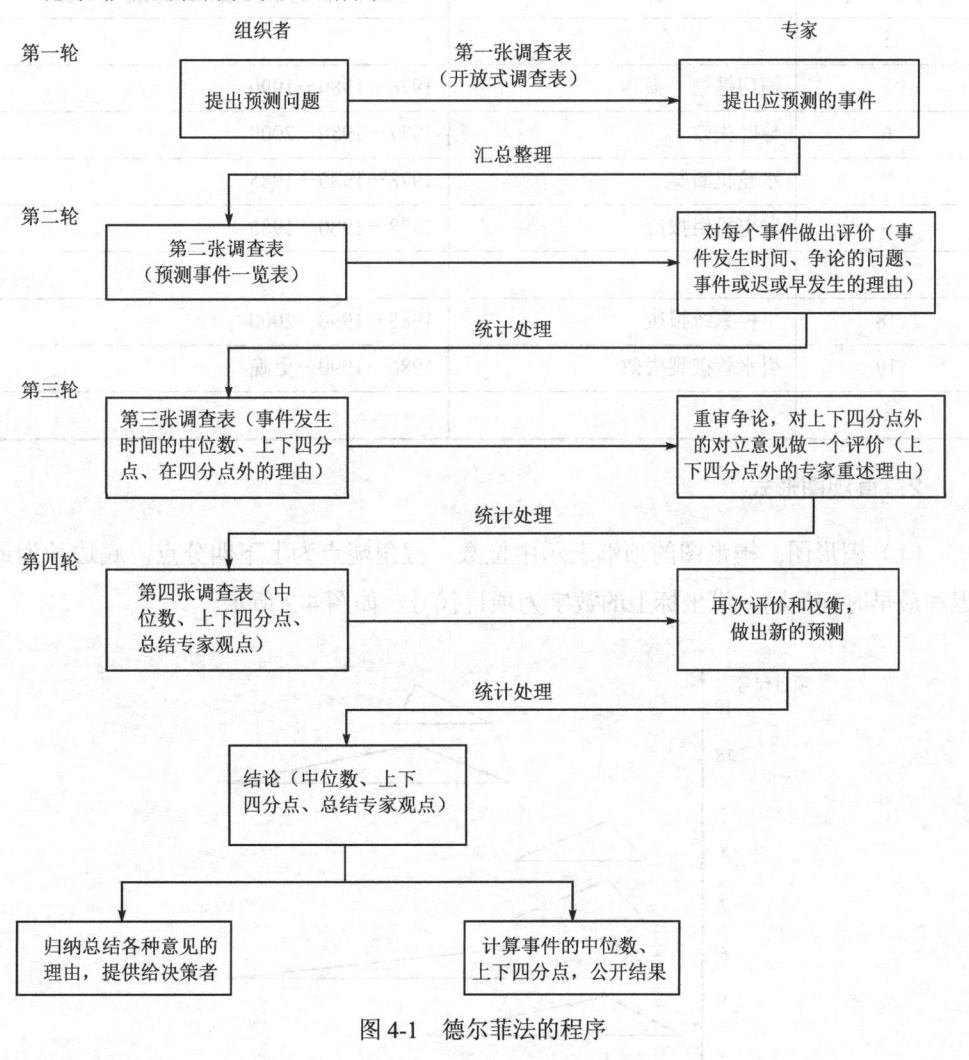

图 4-1 德尔菲法的程序

4.1.3 预测结果的表示

德尔菲法的预测结果可用表格、直观图或文字叙述等形式表示。

1. 表格形式

表中只需列出事件的名称、相应的中位数和四分点。表 4-3 是关于某水电站使用寿命的一部分技术预测结果。参加该项预测的有 40 人。

表 4-3 德尔菲预测结果表（部分）

序 号	项 目	预测年份的中位数和四分点（年份）
⋮	⋮	⋮
5	闸门锈蚀、损坏	1976—1980—1990
6	导叶失效	1977—1980—2000
7	水轮机断桨	1978—1980—1985
8	发电机组报废	1978—1980—1985
⋮	⋮	⋮
18	电控系统报废	1985—1990—2000
19	引水管破裂失效	1986—1990—更晚
⋮	⋮	⋮

2. 直观图形式

（1）楔形图。楔形图的顶端表示中位数，截角端点为上下四分点。底边长为最迟和最早时间间隔。纵坐标上的数字为项目代号，如图 4-2 所示。

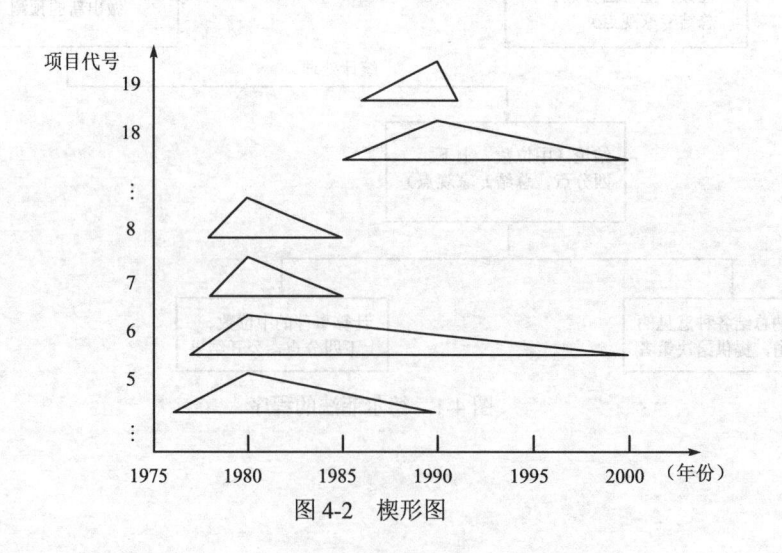

图 4-2 楔形图

（2）截角楔形图。截角楔形图的顶点表示中位数，截角端点为上下四分点。底边长表示四分点间隔。截角楔形图上的号码为所代表的事件的号码，如图4-3所示。

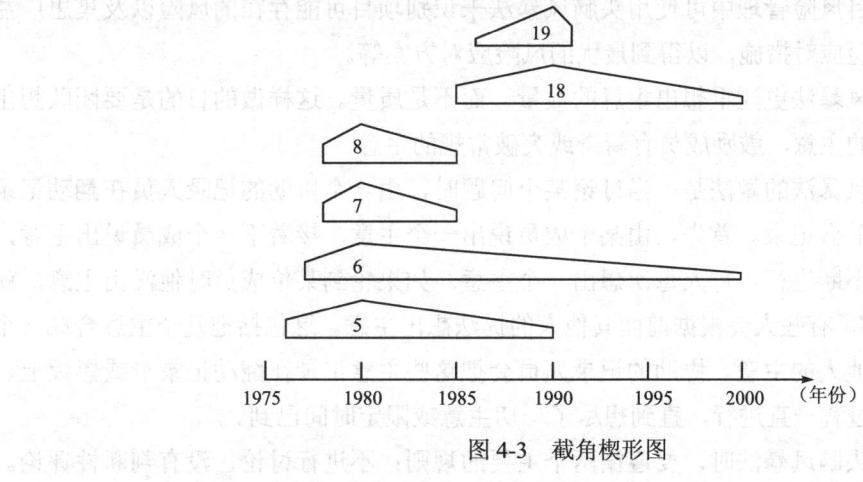

图 4-3　截角楔形图

（3）直方图。德尔菲法评估结果也可用直方图表示。直方图的横坐标表示不同时间段，纵坐标表示赞同事件发生在相应时间段的专家的比例。图4-4表示了估计某事件在不同时间段发生的专家比例。例如，有51.2%的专家估计该事件将在2000—2010年发生。这是不考虑专家权重的情形，或者说，所有的专家都具有相同的权重。如果不同的专家具有不同的权重，只需在计算人数时，按每位专家的归一化的权重来统计不同意见的专家。

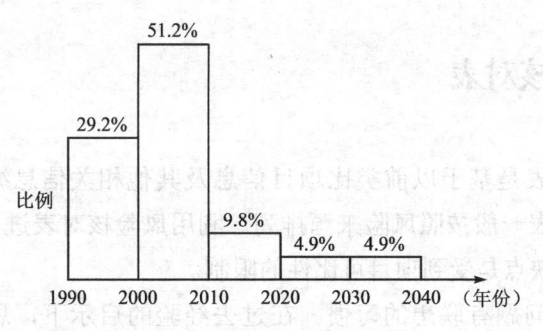

图 4-4　统计专家意见的直方图

4.2　头脑风暴法

头脑风暴法是在解决问题时常用的一种方法，具体来说就是团队的全体成员自发地提出主张和想法。团队成员在选择问题的方案之前，一定要得出尽可能多的方案和意见。利用头脑风暴法可以想出许多主意，能产生热情的、富有创造性的更好的方案。

在项目风险管理中可使用头脑风暴法来识别项目可能存在的风险以及集思广益地收集风险应对措施，以得到最优的风险应对方案等。

头脑风暴法更注重想出主意的数量，而不是质量。这样做的目的是要团队想出尽可能多的主意，鼓励成员有新奇或突破常规的主意。

头脑风暴法的做法是：当讨论某个问题时，由一个协助的记录人员在翻动记录卡或黑板前做记录。首先，由某个成员说出一个主意，接着下一个成员说出主意，这个过程不断进行，每人每次想出一个主意。如果轮到某位成员时他没出主意，就说"通过"。有些人会根据前面其他人的提法想出主意。这包括把几个主意合成一个或改进其他人的主意。协助的记录人员会把这些主意记录在翻动记录卡或黑板上。这一循环过程一直进行，直到想尽了一切主意或限定时间已到。

应用头脑风暴法时，要遵循两个主要的规则：不进行讨论，没有判断性评论。一名成员说出他的主意后，紧接着下一名成员说。人们只需要说出一个主意，不要讨论、评判，更不要试图宣扬。其他参加人员不允许做出任何支持或判断的评论，也不要向提出主意的人进行提问。像"那绝不会起作用"、"这是一个愚蠢的做法"或"老板不会那么做"等这类扼杀性的评论是不允许的。同时，也要明确参加人员不要使用身体语言，例如皱眉、咳嗽、冷笑或叹气来表达评判意见。头脑风暴法在帮助解决问题、团队获得最佳可能方案时，是很有效的。

4.3 风险核对表

风险核对表是基于以前类比项目信息及其他相关信息编制的风险识别核对图表。风险核对表一般按照风险来源排列。利用风险核对表进行风险识别的主要优点是快而简单，缺点是受到项目可比性的限制。

人们考虑问题有联想的习惯。在过去经验的启示下，思想常常变得很活跃，浮想联翩。风险识别实际是关于将来风险事件的设想，是一种预测。如果把人们经历过的风险事件及其来源罗列出来，写成一张风险核对表。那么，项目管理人员看了就容易开阔思路，容易想到本项目会有哪些潜在的风险。风险核对表可以包含多种内容，例如，以前项目成功或失败的原因，项目产品或服务的说明书，项目班子成员的技能，项目可用的资源，项目其他方面规划的结果，如范围、成本、质量、进度、采购与合同、人力资源与沟通等计划成果，等等。还可以到保险公司去索取资料，认真研究其中的保险例外，这些东西能够提醒还有哪些风险尚未考虑到。

例如，近些年来项目融资作为建设基础产业基础设施项目筹集资金的方式越来越受到人们的重视。但是项目融资是风险很大的一种项目活动。因此，项目融资的风险管理也变得越来越重要。国际上一些有项目融资经历的专家和金融机构从以往这类业务活动中总结出了丰富的经验和教训。表4-4中列出的就是其中一部分。显然，这些经验和教训对于识别今后项目融资及其他活动中的风险将发挥重要作用，它们的价值是难以估量的。

表4-4 项目融资风险核对表

项目失败原因（潜在的威胁）
工期延误，因而利息增加，收益推迟
成本、费用超支
技术失败
承包商财务失败
政府过多干涉
未向保险公司投保人身伤害险
原材料涨价或供应短缺，供应不及时
项目技术陈旧
项目产品或服务在市场上没有竞争力
项目管理不善
对于担保物（如油、气储量和价值）的估计过于乐观
项目所在国政府无财务清偿力
项目成功的必要条件
项目融资只涉及信贷风险，不涉及资本金
切实地进行了可行性研究，编制了财务计划
项目要用的产品或材料的成本要有保障
价格合理的能源供应要有保障
项目产品或服务要有市场
能够以合理的运输成本将项目产品运往市场
要有便捷、通畅的通信手段
能够以预想的价格买到建筑材料
承包商富有经验，诚实可靠

续表

项目成功的必要条件
项目管理人员富有经验,诚实可靠
不需要未经实际考验过的新技术
合营各方签有令各方都满意的协议书
稳定、友善的政治环境,已办妥有关的执照和许可证
不会有政府没收的风险
国家风险令人满意
主权风险令人满意
对于货币、外汇风险事先已有考虑
主要的项目发起者已投入足够的资本金
项目本身的价值足以充当担保物
对资源和资产已进行了满意的评估
已向保险公司缴纳了足够的保险费,取得了保险单
对不可抗力已采取了措施
成本超支的问题已经考虑过
投资者可以获得足够高的资金收益率、投资收益率和资产收益率
对通货膨胀已进行了预测
利率变化预测现实可靠

4.4　SWOT 技术

　　SWOT 是英文 Strength(优势)、Weakness(劣势)、Opportunity(机遇)和 Threat(威胁)的缩写。SWOT 分析法是一种环境分析方法,作为一种系统分析工具,其主要目的是对项目的优势与劣势、机会与威胁各方面,从多角度对项目风险进行分析识别。

　　从管理的角度来说,风险是与机遇并存的,SWOT 技术能够辩证地分析项目的机遇与风险,主要适合于在项目的立项时进行风险分析时使用。

　　项目环境中面临的劣势和威胁都是潜在的风险源,通过 SWOT 技术可将它们识别出来,在项目前期分析它们的危害性和可能的后果。

SWOT 分析的作用在于：

（1）把外界的条件和约束同组织自身的优缺点结合起来，分析项目或企业所处的位置；

（2）可随环境变化做动态分析；

（3）是一种定性分析工具，可操作性强；

（4）可以针对机遇、威胁、优势、劣势为各战略决策打分。

SWOT 一般分为以下五步进行。

（1）列出项目的优势和劣势、可能的机会与威胁，填入道斯矩阵的 I，II，III 和 IV 区，如表 4-5 所示。

表 4-5 道斯矩阵

优势与劣势 策略选择 机会与威胁	III 优势（S） （列出自身优势）	IV 劣势（W） （具体列出弱点）
I 机会（O） （列出现有的机会）	V SO 策略 抓住机遇、发挥优势策略	VI WO 策略 利用机会、克服劣势策略
II 威胁（T） （列出正面临的威胁）	VII ST 策略 利用优势、减少威胁策略	VIII WT 策略 弥补缺点、规避威胁策略

（2）将内部优势与外部优势组合，形成 SO 策略，制定抓住机会、发挥优势的策略，填入道斯矩阵的 V 区。

（3）将内部劣势与外部优势组合，形成 WO 策略，制定利用机会、克服弱点的策略，填入道斯矩阵的 VI 区。

（4）将内部优势与外部威胁相结合，形成 ST 策略，制定利用优势、减少威胁的策略，填入道斯矩阵的 VII 区。

（5）将内部劣势与外部威胁相结合，形成 WT 策略，制定弥补缺点、规避威胁的策略，填入道斯矩阵的 VIII 区。

例 4-1 表 4-6 是某公司进行的 SWOT 分析的实例。该公司为境外的一家电子产品生产厂家，主要生产显示器、电子监控设备等产品。该公司为投产某种视频监控系统并打入中国市场的项目而进行战略分析，以识别出该项目的风险。

表4-6 某公司SWOT分析要点

优势与劣势 策略选择 机会与威胁	优 势 • 资金 • 进入中国市场较早 • 有比较完整的销售网络 • 统计技术比较先进 • 居于市场领先地位，占有投资咨询业相当大的份额 • 知名度比较高	劣 势 （项目本身存在的缺陷） • 监控系统是模拟式的 • 成本较高 • 一次性投入大
机会 • 中国市场化进程向纵深延伸 • 电视台商业化进程不断提高 • 其他市场需求也在扩大	SO策略 应该以市场主导者的地位力争扩大市场供给以满足日益增大的市场需求	WO策略 应该努力降低成本，以便以更低的价格抢占市场
威胁（潜在的风险） • 由于地方保护主义，致使有些分市场难以进入 • 竞争者的实力相对较强 • 日记形式的检测系统因为成本低将依然占有一定的市场空间	ST策略 应该首先进入市场化程度比较高的沿海大城市 应该用较快的速度抢占市场，使得在竞争中处于更加有利的地位	WT策略 应该先用模拟式的监控设备抢占市场，然后根据电视数字化的进程逐步更新设备

SWOT分析的要点在于：

（1）SWOT分析重在比较，特别是项目（或企业）的优势、劣势要着重比较竞争对手的情况，另外与行业平均水平的比较也非常重要；

（2）SWOT分析形式上很简单，但实际上是一个长期积累的过程，只有准确地认识项目自身和所处行业才能对项目（或企业）的优劣势和外部环境的机会与威胁有一个准确的把握；

（3）SWOT分析必须要承认现实、尊重现实，特别是对项目（或企业）自身优势和劣势的分析，要基于实施，要量化，而不是靠个别人的主观臆断。

4.5 等级全息建模法

等级全息建模法（Hierarchical Holographic Modeling，HHM）是一种全面的思想和方法论，它的可从不同的方面、视角、观点、维度和层级来研究系统的特征和本质。HHM 方法是由 Haimes 于 1981 年提出的，它用一组不同层级的模型描述一个主题的不同方面，通过 HHM 可以从系统的不同维度和视角来理解系统。"全息的"指从多个视角来观察系统。不同视角的风险包括：经济的、健康的、技术的、政治的、社会的等。此外，风险可能与地理环境和时间相关。为了获取一个全息的结果，风险分析团队必须具有广泛的经验和知识。

"等级"指的是希望了解在系统等级的不同层面出什么问题。HHM 指出为了完成风险识别和评估，人们必须认识到一个组织的高层管理者所了解的宏观风险不同于较低管理层所观察到的微观风险。在特殊情况下，微观风险可能变成使系统出问题的关键因素。为了实施一个完整的 HHM 分析，风险分析团队必须包括各个层级的人。

HHM 在对大规模的、复杂的、等级结构的系统进行建模方面非常有用。HHM 的多视角、多方位使风险分析变得更加全面。HHM 的前提是在大规模复杂系统建模的过程中，可能需要多个数学模型或概念模型，每一个模型采用一个具体的观点，但是所有的模型都是用来描述系统的。通过 HHM，可以开发出众多的模型，将它们进行综合协调，从而获取系统的多维、多平面、多视角的本质描述。

HHM 最有价值和最关键的方面之一就是该方法可以更便利地评估子系统的风险及其对整个系统风险的影响。在计划、设计或运作阶段，对每一子系统风险建模和量化，使风险确定、量化和评估变得更加方便。特别是 HHM 也能对不同子系统间错综复杂的关系进行建模，并能考虑与风险和不确定性所有有关的和重要的因素。这使建模过程变得更加容易，风险评估过程更具有操作性。

应有一个整体的思想来统一考虑模型中的所有元素，为了达到这一点，HHM 方法涉及组织一个具有广泛经验和知识的专家团队。确定潜在风险情景的知识领域越广，对 HHM 的理解就越透彻。HHM 过程的结果就是大量的等级组成和子组成的风险情景的产生，任意等级层面的情景集合都会接近一个"完备集合"。HHM 最终的结果就是组成备选情景模型。

HHM方法的特点如下：一是对一个已经建模的系统提供一个全息的视角，这可以更好地辨别风险和不确定性的主要来源；二是通过获得系统的不同方面和其他社会因素，增加模型的稳定性和可靠性；三是在建模过程中，针对可用的数据，它提供了更详细的解释，使不同的全息建模可使用不同的数据；四是由于认识到复杂系统仅使用一个模型是不够的，一个复杂系统的建模需要对系统的各个方面进行描述，因此HHM方法的建模过程更加具有现实意义；五是HHM方法对系统目标（众多目标和子目标）和决策者内在的众多等级具有更高的响应度。

HHM方法的核心是一个特殊的图表形式。例如，我们通过图4-5来表示重要物资远程运输风险的识别结果。图表中的不同列代表整个系统的不同"视角"。HHM的风险识别可以看作构建系统不同维度的情景确定的过程，现在将HHM图表看成是成功情景的一个刻画，也可以将其看成是该情景变成很多不同部分和片段的一个分解。图表中的每一个方框都可被看成是系统所要求的一系列行为或结果的定义，可作为"成功情景"的一部分。相反，每一个方框同样定义了一系列风险情景，这一系列风险情景中存在着一个故障情景，其可达成一个或多个由那个方框定义的行为或结果。所有这些风险情景集的结合都是完备的，但并不一定是分离的。HHM将不分离性质或分解后的部分或片段的"重叠"看成一种有用的特征，因为其反映了系统的不同视角。

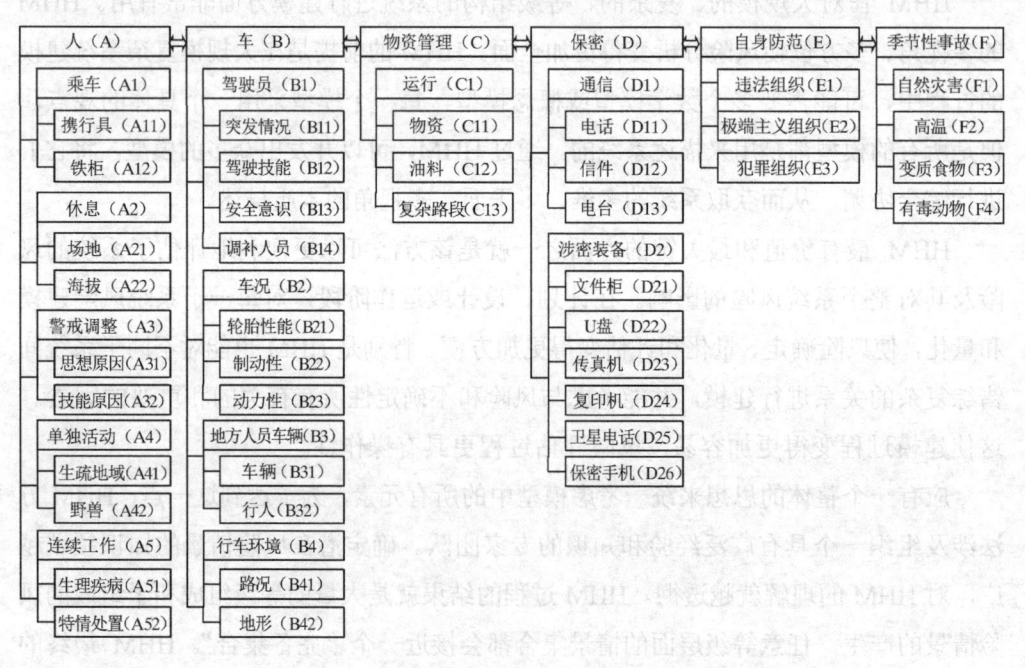

人（A）	车（B）	物资管理（C）	保密（D）	自身防范（E）	季节性事故（F）
乘车（A1）	驾驶员（B1）	运行（C1）	通信（D1）	违法组织（E1）	自然灾害（F1）
携行具（A11）	突发情况（B11）	物资（C11）	电话（D11）	极端主义组织（E2）	高温（F2）
铁柜（A12）	驾驶技能（B12）	油料（C12）	信件（D12）	犯罪组织（E3）	变质食物（F3）
休息（A2）	安全意识（B13）	复杂路段（C13）	电台（D13）		有毒动物（F4）
场地（A21）	调补人员（B14）		涉密装备（D2）		
海拔（A22）	车况（B2）		文件柜（D21）		
警戒调整（A3）	轮胎性能（B21）		U盘（D22）		
思想原因（A31）	制动性（B22）		传真机（D23）		
技能原因（A32）	动力性（B23）		复印机（D24）		
单独活动（A4）	地方人员车辆（B3）		卫星电话（D25）		
生疏地域（A41）	车辆（B31）		保密手机（D26）		
野兽（A42）	行人（B32）				
连续工作（A5）	行车环境（B4）				
生理疾病（A51）	路况（B41）				
特情处置（A52）	地形（B42）				

图4-5 重要物资远程运输风险等级全息模型

对风险评估和管理来说，HHM 的贡献之一是其确定风险情景的能力，这些风险情景源自真实系统的多重叠层级，并在这些层级中传播。在计划、设计和运作模式中，对每一子系统所含风险进行建模和量化的能力有助于理解、量化和评估整个系统的风险。特别地，对不同子系统间错综复杂的关系进行建模，并考虑与风险和不确定性所有有关的和重要的因素，这使建模过程变得更加容易处理、风险评估过程更具有代表性。

HHM 模型也可以理解为确定风险评估范围与边界后的一个采集风险信息的指导性框架，如图 4-6 所示，即解决"采集什么信息"的问题。框架中的每一子项即为一系列风险情景，按此框架采集的信息才具有完整性与系统性。

HHM 采取了反复迭代的方法来确定风险结构。例如通过各种方法收集的信息，若发现某类风险情景在当前框架中无法确定其来源，则可定义一个新的分解来扩展模型，使其包含此类风险。如此循环，即可使框架更加完善，不会遗漏重要的风险情景，并最终捕获所有的风险情景。

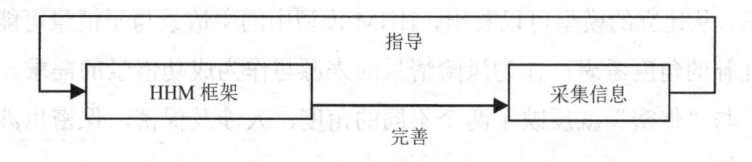

图 4-6　HHM 框架完善过程图

这里仍然以重要物资远程运输风险为例来分析。影响重要物资远程运输安全的因素由众多定性元素和错综复杂的定量元素组成，这些元素间又有着复杂的关系。通过研究本单位物资远程运输准备情况、友邻单位组织远程运输经验材料、对照相关制度规定、查阅历史数据和专家头脑风暴法等方式进行分析，基本可以将影响重要物资远程运输安全的要素分解为人、车、物资管理、保密、自身防范和季节性事故预防等 6 种主要的类别，这些类别多角度地描述了在组织远程运输时可能遇到的各种风险情景，包括可能性、根源、结果、直接影响或间接影响。通过采用 HHM 思想和情景构建理论，继续对 6 种类别进行分解划分，最终建立重要物资远程运输风险等级全息模型，如图 4-5 所示。因考虑到模型的通用性，部分识别出的风险情景未做更加具体的细分，有待于结合具体的机动任务进行细致的分析。为研究方便，这里采取情景编号方式，并标注在模型中。下面以人这一因素为例具体介绍对风险的识别。

人是安全、圆满完成远程运输任务的主体，也是风险产生的最直接原因。对于物资远程运输来讲，参与运输（包括押运）的人员一般是事先确定的，因此可抛却人的年龄、性别、知识水平等对人的影响，而依据其职责及岗位，在不同时间、不同地点所遇风险情景进行分类。

①乘车。运输途中装载不规范，铁柜、携行具等可能导致人员擦伤、压伤。

②休息。运输途中组织休息，人员超越警戒线活动，可能被其他路过车辆擦刮致伤；休息时随着地形、坡度的变化，人员上下车的方式也直接影响着自身的安全。

③警戒调整。押运人员站位不当、处置情况不灵活，可能发生被车辆撞伤、与其他人员发生争执或肢体冲突等问题。

④单独活动。人员夜间在生疏地域执行任务或单独活动，可能发生坠崖、被野兽袭击等问题。

⑤连续工作。人员特别是驾驶员身心疲惫、反应能力下降，对意外情况处置不当，可能发生事故。

这样我们选择HHM法作为风险识别的方法工具，并利用该方法建立了重要物资远程运输风险的等级全息模型，该模型从六个视角对物资远程运输可能的风险情景进行了辨识。从建立的模型可以看出，HHM模型中的主情景与子情景可能会从两个不同却又互补的角度考虑：作为风险情景的来源与作为成功情景的需求。例如主情景的"人"与"保密"就反映了两个不同的角度，人涉及保密，保密也涉及人，不是彼此独立的。

4.6 决策树法

根据项目风险问题的基本特点，项目风险的评价要能反映项目风险的背景环境，同时又要能描述项目风险发生的概率、后果以及项目风险的发展动态。决策树这种结构模型既简明又符合上述两项要求。采用决策树法来评价项目风险，往往比其他评价方法更直观、清晰，便于项目管理人员思考和集体探讨，因而是一种形象化和有效的项目风险评价方法。

决策树又称为决策图，它是一种树枝形状的结构，用以表示连续的决策，开始于一个起始点，每一个节点的直线分支代表了一个独立决策及其概率的事件。它是常用来分析和进行风险估计、风险评价的方法，它能帮助我们探索问题之间的联系，简化问题并比较各方案的优劣。决策树一般包括以下几个部分。

（1）决策节点，从这里引出的分支叫作方案分支，分支数量与备选方案数量相同。决策节点表明从它引出的方案要进行分析和决策,在分支上要注明方案名称。

(2) 状态节点,也称之为机会节点。从它引出的分支叫作状态分支或概率分支,在每一分支上注明自然状态名称及其出现的主观概率。状态数量与自然状态数量相同。

(3) 结果节点,将不同方案在各种自然状态下所取得的结果(如收益值)标注在结果节点的右端。

在项目风险的评价中,决策树法是利用树状结构模型来表述项目风险评价问题,使得项目风险评价可通过决策树来进行,其评价准则可以是收益期望值、效用期望值或其他指标。期望值又叫作数学期望值、平均数。它是反映随机变量平均水平的数。其计算公式为:

$$E(x) = \sum_{i=1}^{n} x_i P(x_i) \tag{4-1}$$

式中:$E(x)$——随机变量 x 的期望值;

x_i——随机变量 x 的取值,$i=1,2,\cdots,n$;

$P(x_i)$——x 取 x_i 的概率。

下面举例说明决策树法的应用。

例 4-2 某光学仪器厂生产照相机,现有两种方案可供选择:一种方案是继续生产原有的全自动型老产品,另一种方案是生产一种新产品。据分析测算,如果市场需求量大,生产老产品可获利 30 万元,生产新产品可获利 50 万元。如果市场需求量小,生产老产品仍可获利 10 万元,生产新产品将亏损 5 万元,以上损益值均指一年的情况。另据市场分析可知,市场需求量大的概率为 0.8,需求量小的概率为 0.2。试分析和确定哪一种生产方案可使企业年度获益最多?

解:(1) 绘制决策树,如图 4-7 所示。

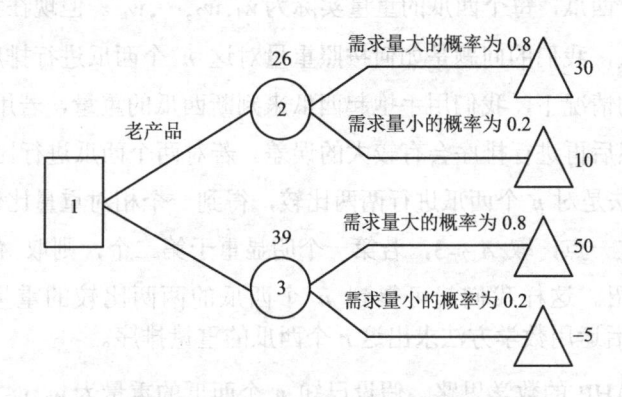

图 4-7 某光学仪器厂建设项目决策树

（2）计算各节点的期望损益值，期望损益值的计算是从右至左进行。

节点 2：30×0.8+10×0.2=26（万元）

节点 3：50×0.8+(−5)×0.2=39（万元）

（3）决策。比较新老产品决策枝的数学期望，显然，新产品方案获利最多。因此合理的生产方案应为生产新产品。

4.7 层次分析法

层析分析法（Analytical Hierarchy Process，AHP）是美国匹兹堡大学 T. L. Saaty 教授于 20 世纪 70 年代中期提出的一种定性与定量相结合的系统分析方法。它本质上是一种决策思维方式。AHP 把复杂的问题分解为各个组成因素，将这些因素按支配关系分组形成有序的递阶层次结构，通过两两比较的方式确定层次中诸因素的相对重要性，然后综合人的判断以决定决策诸因素相对重要性的顺序。AHP 体现了人们决策思维的基本特征，即分解、判断、综合。

AHP 是分析多目标、多准则的复杂风险管理问题的有力工具，它具有思路清晰、方法简便、系统性强等特点，便于普及推广。将 AHP 引入决策是决策科学化的一大进步，它已广泛应用于航空、航天、电子、核、机械、建筑等领域。在项目风险管理中，它适宜解决那些难以完全用定量方法进行分析的项目风险决策问题。

4.7.1 层次分析法的基本原理

为了说明 AHP 的基本原理，首先分析下面这个简单的事例。

假定有 n 个西瓜，每个西瓜的重量实际为 $w_1, w_2, \cdots, w_n$。但现在我们没有秤去称每个西瓜的重量，我们的问题是如何按照重量对这 n 个西瓜进行排序。在没有秤去称西瓜的重量的情况下，我们用手抱起西瓜来判断西瓜的重量，若用手去判断 n 个西瓜的重量，然后再进行排序会有较大的误差。若对两个西瓜进行比较则容易得多。AHP 提供的方法是对 n 个西瓜进行两两比较，得到一个相对重量比值矩阵，如第一个比第二个稍重一点，取 $A_{12}=3$，若第一个明显重于第二个，则取 $A_{12}=5$，取值方法后面会详细介绍。这样我们就可得到 n 个西瓜的两两比较的重量关系判断矩阵 $A=\left(a_{ij}\right)_{n\times n}$。然后运用数学方法求出这 n 个西瓜的重量排序。

下面介绍 AHP 的数学思路。假设已知 n 个西瓜的重量为 $w_1, w_2, \cdots, w_n$，先对西瓜进行两两比较得到 n 个西瓜相对重量关系的判断矩阵 A。

$$A = \begin{bmatrix} \dfrac{w_1}{w_1} & \dfrac{w_1}{w_2} & \cdots & \dfrac{w_1}{w_n} \\ \dfrac{w_2}{w_1} & \dfrac{w_2}{w_2} & \cdots & \dfrac{w_2}{w_n} \\ \vdots & \vdots & \ddots & \vdots \\ \dfrac{w_n}{w_1} & \dfrac{w_n}{w_2} & \cdots & \dfrac{w_n}{w_n} \end{bmatrix} = (a_{ij})_{n \times n} \qquad (4\text{-}2)$$

式中：$a_{ij} = \dfrac{w_i}{w_j}$，显然 $a_{ii} = 1$，$a_{ij} = \dfrac{1}{a_{ji}}$，$a_{ij} = \dfrac{a_{ik}}{a_{jk}}$，$i, j, k = 1, 2, \cdots, n$。

且

$$AW = \begin{bmatrix} \dfrac{w_1}{w_1} & \dfrac{w_1}{w_2} & \cdots & \dfrac{w_1}{w_n} \\ \dfrac{w_2}{w_1} & \dfrac{w_2}{w_2} & \cdots & \dfrac{w_2}{w_n} \\ \vdots & \vdots & \cdots & \vdots \\ \dfrac{w_n}{w_1} & \dfrac{w_n}{w_2} & \cdots & \dfrac{w_n}{w_n} \end{bmatrix} \begin{bmatrix} w_1 \\ w_2 \\ \vdots \\ w_n \end{bmatrix} = \begin{bmatrix} nw_1 \\ nw_2 \\ \vdots \\ nw_n \end{bmatrix} = NW \qquad (4\text{-}3)$$

即 N 是 A 的一个特征根，每个西瓜的重量是 A 对应于特征根 N 的特征向量的各个分量，将 W 归一化，即用 $\sum_{i=1}^{n} w_i$ 去除 W 的每一个分量得到的向量，仍记为 W，即 n 个西瓜的相对重量，根据各分量的大小，可得各西瓜的排序。当西瓜的重量未知，我们通过手抱来比较两个西瓜的重量时，是没法得到西瓜的准确重量的，即人为判断得到的 a_{ij} 不一定等于实际的 $\dfrac{w_i}{w_j}$。在判断矩阵 $A = (a_{ij})_{n \times n}$ 具有完全一致性的条件下，可以通过解特征值问题：

$$AW = \lambda_{\max} W \qquad (4\text{-}4)$$

求出归一化特征向量（假设西瓜总重量为1）W，从而得到 n 个西瓜的重量排序。这里，判断矩阵的一致性是指当：

$$a_{ij} = \dfrac{a_{ik}}{a_{jk}}, \quad i, j, k = 1, 2, \cdots, n \qquad (4\text{-}5)$$

完全成立时，称判断矩阵具有完全一致性。此时矩阵的最大特征根 $\lambda_{\max} = n$，其余特征根均为零。一般情况下，可以证明判断矩阵的最大特征根为单根，且 $\lambda_{\max} \geqslant n$。当判断矩阵具有满意的一致性时，$\lambda_{\max}$ 稍大于矩阵阶数 n，其余特征根接近于零。这时基于 AHP 得出的结论才基本合理。但由于客观事物的复杂性和人的认识上的多样性，要求所有判断都有完全的一致性是不可能的，但我们要求一定程度上的判断一致，因此对构造的判断矩阵需要进行一致性检验。

4.7.2 层次分析法的步骤

用 AHP 分析问题大体要经过以下五个步骤：建立层次结构模型；构造判断矩阵；层次单排序；层次总排序；一致性检验。其中后三个步骤在整个过程中需要逐层地进行。

（1）建立层次结构模型。运用 AHP 进行系统分析，首先要将复杂问题分解为称之为元素的各组成部分，把这些元素按属性不同分成若干组，每一组作为一个层次，以形成不同层次。按最高层、若干有关的中间层和最低层的形式排列起来。同一层次的元素作为准则，对下一层次的某些元素起支配作用，同时它又受上一层次元素的支配。这种从上至下的支配关系形成了一个递阶层次。如图4-8所示为一个层次结构模型。

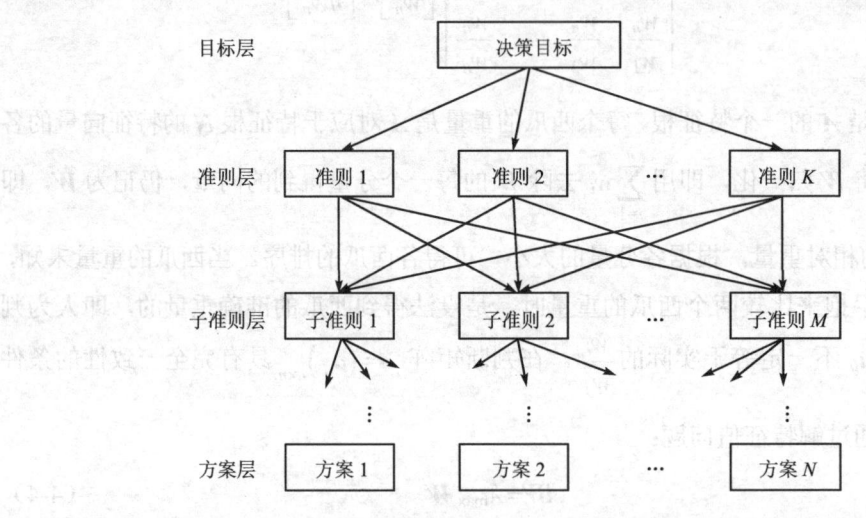

图 4-8 一个层次结构模型

图 4-8 中，最高层表示解决问题的目标，即应用 AHP 所要达到的目标；中间层表示采用某种措施和政策来实现预定目标所涉及的中间环节，一般分为准则层、子准则层等；最低层表示解决问题的方案。层次数与问题的复杂程度和所需要分析的详尽程度有关。每一层次中的元素一般不超过九个，因为一层中包含数目过多的元素会给构造两两判断矩阵带来困难。

（2）构造判断矩阵。任何系统分析都以一定的信息为基础。AHP 的信息基础主要是人们对每一层次各因素的相对重要性给出的判断，这些判断用数值表示出来，写成矩阵形式就是判断矩阵。判断矩阵是 AHP 工作的出发点，构造判断矩阵是 AHP 的关键一步。

判断矩阵表示针对上一层某因素而言，本层次与之有关的各因素之间的相对重要性。假设 A 层中因素 A_k 与下一层次中因素 $B_1, B_2, \cdots, B_n$ 有联系，则我们构造的判断矩阵如表 4-7 所示。

表 4-7　判断矩阵

A_k	B_1	B_2	$\cdots$	B_j	$\cdots$	B_n
B_1	B_{11}	B_{12}	$\cdots$	B_{1j}		B_{1n}
B_2	B_{21}	B_{22}	$\cdots$	B_{2j}		B_{2n}
$\vdots$			$\vdots$			
B_i	B_{i1}	B_{i2}	$\cdots$	B_{ij}		B_{in}
$\vdots$			$\vdots$			
B_n	B_{n1}	B_{n2}	$\cdots$	B_{nj}		B_{nn}

表 4-7 中，B_{ij} 是对于 A_k 而言的 B_i 对 B_j 的相对重要性的数值表示，通常 B_{ij} 取 1, 2, 3, $\cdots$, 9 及它们的倒数。其含义为：

$B_{ij}=1$，表示 B_i 与 B_j 一样重要；

$B_{ij}=3$，表示 B_i 比 B_j 重要一点（稍微重要）；

$B_{ij}=5$，表示 B_i 比 B_j 重要（明显重要）；

$B_{ij}=7$，表示 B_i 比 B_j 重要得多（强烈重要）；

$B_{ij}=9$，表示 B_i 比 B_j 极端重要（绝对重要）。

它们之间的数 2, 4, 6 和 8 及各数的倒数具有相应的类似意义。

采用 1～9 的比例标度的依据是：心理学的试验表明，大多数人对不同事物在相同属性上差别的分辨能力在 1～9 之间，采用 1～9 的标度反映了大多数人的判断能力；大量的社会调查表明，1～9 的比例标度早已为人们所熟悉和采用；科学考察和实践表明，1～9 的比例标度已完全能区分引起人们感觉差别的事物的各种属性。

显然，任何判断矩阵都应满足：

$$B_{ii}=1, \quad B_{ij}=\frac{1}{B_{ji}}, \quad i, j=1, 2, \cdots, n \tag{4-6}$$

因此，对于 n 阶判断矩阵，我们仅需对 $n\times(n-1)/2$ 个矩阵元素给出数值。

（3）层次单排序。所谓层次单排序，是指根据判断矩阵计算对于上一层某因素而言本层次与之有联系的因素的重要性次序的权值。它是本层次所有因素相对于上一层次而言的重要性进行排序的基础。

层次单排序可以归结为计算判断矩阵的特征根和特征向量问题，即对判断矩阵 B 计算满足式（4-7）的特征根与特征向量。

$$BW = \lambda_{\max} W \tag{4-7}$$

式中：$\lambda_{\max}$ 为 B 的最大特征根；W 为对应于 $\lambda_{\max}$ 的正规化特征向量；W 的分量 W_i 为相应因素的单排序的权值。

为了检验矩阵的一致性，需要计算它的一致性指标 CI。

$$CI = \frac{\lambda_{\max} - n}{n - 1} \tag{4-8}$$

显然，当判断矩阵具有完全一致性时，CI=0。$\lambda_{\max} - n$ 越大，CI 越大，矩阵的一致性越差。为了检验判断矩阵是否具有满意的一致性，需要将 CI 与平均随机一致性指标 RI 进行比较。对应于 1～9 阶矩阵，RI 分别如表 4-8 所示。

表 4-8　1~9 阶矩阵的平均随机一致性指标

阶数	1	2	3	4	5	6	7	8	9
RI	0.00	0.00	0.58	0.90	1.12	1.24	1.32	1.41	1.45

对于 1 阶、2 阶判断矩阵，RI 只是形式上的，按照我们对判断矩阵所下的定义，1 阶、2 阶判断矩阵总是完全一致的。当阶数大于 2 时，判断矩阵的一致性指标 CI，与同阶平均随机一致性的指标 RI 之比称为判断矩阵的随机一致性比例，记为 CR。当 CR=CI/RI<0.1 时，判断矩阵具有满意的一致性，否则就需要对判断矩阵进行调整。

（4）层次总排序。利用同一层次中所有单排序的结果，就可以计算针对上一层次而言本层次所有因素重要性的权值，这就是层次总排序。层次总排序需要从上到下逐层顺序进行，对于最高层下面的第二层，其层次单排序即为总排序。假设上一层次所有因素 $A_1, A_2, \cdots, A_i, \cdots, A_m$ 的总排序已完成，得到的权值分别为 $a_1, a_2, \cdots, a_i, \cdots, a_m$，则与 a_i 对应的本层次因素 $B_1, B_2, \cdots, B_j, \cdots, B_n$ 单排序的结果为：

$$b_1^{(i)}, b_2^{(i)}, \cdots, b_j^{(i)}, \cdots, b_n^{(i)}$$

这里，若 B_j 与 A_i 无关，则 $b_j^{(i)} = 0$。B 层次总排序如表 4-9 所示。

显然：

$$\sum_{j=1}^{n}\sum_{i=1}^{m}a_i b_j^{(i)} = 1 \qquad (4-9)$$

表 4-9 B 层次总排序

层次A 层次B	A_1 a_1	A_2 a_2	...	A_i a_i	...	A_m a_m	B 层次的总排序
B_1	$b_1^{(1)}$	$b_1^{(2)}$	...	$b_1^{(i)}$	...	$b_1^{(m)}$	$\sum_{i=1}^{m} a_i b_1^{(i)}$
B_2	$b_2^{(1)}$	$b_2^{(2)}$	...	$b_2^{(i)}$	...	$b_2^{(m)}$	$\sum_{i=1}^{m} a_i b_2^{(i)}$
⋮	⋮	⋮	⋮	⋮	⋮	⋮	⋮
B_j	$b_j^{(1)}$	$b_j^{(2)}$	...	$b_j^{(i)}$	...	$b_j^{(m)}$	$\sum_{i=1}^{m} a_i b_j^{(i)}$
⋮	⋮	⋮	⋮	⋮	⋮	⋮	⋮
B_n	$b_n^{(1)}$	$b_n^{(2)}$	...	$b_n^{(i)}$	...	$b_n^{(m)}$	$\sum_{i=1}^{m} a_i b_n^{(i)}$

即层次总排序仍然是归一化正规向量。

（5）一致性检验。为了评价层次总排序的计算结果的一致性如何，需要计算与单排序类似的检验量。

CI 为层次总排序一致性检验指标；RI 为层次总排序平均随机一致性指标；CR 为层次总排序随机一致性比例。它们的表达式分别为：

$$CI = \sum_{i=1}^{m} a_i CI_i \qquad (4-10)$$

式中：CI_i——与 A_i 对应的 B 层次中判断矩阵的一致性指标。

$$RI = \sum_{i=1}^{m} a_i RI_i \qquad (4-11)$$

式中：RI_i——与 A_i 对应的 B 层次中判断矩阵的平均随机一致性指标。

$$CR = \frac{CI}{RI}$$

当 CR ≤ 0.1 时，我们认为层次总排序的计算结果具有满意的一致性。

4.7.3 层次分析法的计算方法

AHP 法计算的根本问题是如何计算判断矩阵的最大特征根 λ_{max} 及其对应的特征向量 W。下面简要介绍常用的三种计算方法。

1. 幂法

计算特征根的幂法使我们有可能利用计算机得到任意精度的最大特征根 λ_{max} 及其对应的特征向量 W。这一方法的计算步骤为：

（1）取与判断矩阵 B 同阶的正规化的初始向量 $W^{(0)}$。

（2）计算 $\overline{W}^{(k+1)} = BW^{(k)}$，$k=0, 1, 2, \cdots$。

（3）令 $\beta = \sum_{i=1}^{n} \overline{W}_i^{(k+1)}$，计算 $W^{(k+1)} = \frac{1}{\beta} \overline{W}^{(k+1)}$，$K=0, 1, 2, \cdots$。

（4）对于预先给定的精度 ε，当 $\left| \overline{W}_i^{(k+1)} - W_i^{(k)} \right| < \varepsilon$ 对所有 $i=1, 2, \cdots, n$ 成立时，$W = W^{(k+1)}$ 为所求特征向量。λ_{max} 可由下式求得：

$$\lambda_{max} = \sum_{i=1}^{n} \frac{W_i^{(k+1)}}{nW_i^{(k)}} \tag{4-12}$$

式中：N——矩阵阶数；

$W_i^{(k)}$——向量 $W^{(k)}$ 的第 i 个分量。

2. 和积法

为了简化计算，可采用近似方法——和积计算，它使得我们可以仅使用小型计算器在保证足够精确度的条件下运用 AHP。其具体计算步骤如下。

（1）判断矩阵每一列归一化。

$$\overline{b}_{ij} = \frac{b_{ij}}{\sum_{k=1}^{n} b_{kj}}, \quad i, j=1, 2, \cdots, n \tag{4-13}$$

（2）每一列经归一化后的判断矩阵按行相加。

$$\overline{W}_i = \sum_{j=1}^{n} \overline{b}_{ij}, \quad i=1, 2, \cdots, n \tag{4-14}$$

（3）对向量归一化。

$$W = \frac{\overline{W}_i}{\sum_{j=1}^{n} \overline{W}_j}, \quad i=1, 2, \cdots, n \tag{4-15}$$

（4）所得到的 $W = [W_1, W_2, \cdots, W_n]^T$ 即为所求特征向量，T 表示向量的转置。

（5）计算判断矩阵最大特征向量。

$$\lambda_{\max} = \sum_{i=1}^{n} \frac{(AW)_i}{nW_i} \tag{4-16}$$

式中：$(AW)_i$——向量 AW 的第 i 个分量。

例 4-3 用和积法计算下述判断矩阵的最大特征根及其对应的特征向量。判断矩阵列于表 4-10。

表 4-10 判断矩阵

B	C_1	C_2	C_3
C_1	1	1/5	1/3
C_2	5	1	3
C_3	3	1/3	1

解：按上述和积法的计算步骤（1），得到按列正规化后的判断矩阵为：

$$\begin{bmatrix} 0.111 & 0.130 & 0.077 \\ 0.556 & 0.652 & 0.692 \\ 0.333 & 0.217 & 0.231 \end{bmatrix}$$

按上述步骤（2），按行相加，得：

$$\overline{W}_1 = \sum_{j=1}^{n} \overline{b}_{ij} = 0.111+0.130+0.077=0.318$$

$$\overline{W}_2 = 0.556+0.652+0.692=1.900$$

$$\overline{W}_3 = 0.333+0.217+0.231=0.781$$

然后将向量 $\overline{W} = \begin{bmatrix} 0.318 & 1.900 & 0.781 \end{bmatrix}^T$ 正规化，得：

$$\sum_{j=1}^{3} \overline{W}_j = 0.318+1.900+0.781=2.999$$

$$W_1 = \frac{\overline{W}_1}{\sum_{j=1}^{3} \overline{W}_j} = \frac{0.318}{2.999}=0.106$$

$$W_2 = \frac{1.900}{2.999}=0.634$$

$$W_3 = \frac{0.781}{2.999}=0.260$$

则所求特征向量 $W = \begin{bmatrix} 0.106 & 0.634 & 0.260 \end{bmatrix}^T$。

计算判断矩阵的最大特征根 λ_{max}。

$$AW = \begin{bmatrix} 1 & 1/5 & 1/3 \\ 5 & 1 & 3 \\ 3 & 1/3 & 1 \end{bmatrix} \begin{bmatrix} 0.106 \\ 0.634 \\ 0.260 \end{bmatrix}$$

$$(AW)_1 = 1 \times 0.106 + 1/5 \times 0.634 + 1/3 \times 0.260 = 0.319$$

$$(AW)_2 = 5 \times 0.106 + 1 \times 0.634 + 3 \times 0.260 = 1.944$$

$$(AW)_3 = 3 \times 0.106 + 1/3 \times 0.634 + 1 \times 0.260 = 0.789$$

$$\lambda_{max} = \sum_{i=1}^{n} \frac{(AW)_i}{nW_i} = \frac{(AW)_1}{3W_1} + \frac{(AW)_2}{3W_2} + \frac{(AW)_3}{3W_3}$$

$$= \frac{0.319}{3 \times 0.106} + \frac{1.944}{3 \times 0.634} + \frac{0.789}{3 \times 0.260} = 3.040$$

3. 方根法

为简化计算，AHP 也可采用另一种近似方法——方根法计算。其计算步骤如下。

（1）B 的元素按行相乘。

$$\bar{u}_i = \prod_{j=1}^{n} b_{ij} \tag{4-17}$$

（2）所得的乘积分别开 n 次方。

$$u_i = \sqrt[n]{\bar{u}_i} \tag{4-18}$$

（3）将方根向量归一化，即得特征向量 W 的第 i 个分量。

$$W_i = \frac{u_i}{\sum_{i=1}^{n} u_i} \tag{4-19}$$

（4）计算判断矩阵最大特征根。

$$\lambda_{max} = \sum_{i=1}^{n} \frac{(AW)_i}{nW_i} \tag{4-20}$$

式中：$(AW)_i$——向量 AW 的第 i 个分量。

4.7.4　层次分析法在项目风险管理中的应用

例 4-4　某公司拟分别向我国周边两个国家的甲、乙施工项目投标，该公司根据具体情况，拟在这两个标中投一个标。投标前，该公司对不同施工标进行风险评价，以确定投标对象。投标人首先进行调查研究，进行风险识别。认为主要风险因素如下。

（1）政治方面。这两个工程与我国接壤，国家关系较好；工程所在国的政局虽有小的波动，但大的动乱的可能性不大，经济政策较连贯，政治对其经济的影响不大；从军事角度看，发生战争的可能性也较小，因此政治风险较小。

（2）经济方面。工程所在国有不同程度的通货膨胀；在外汇方面，虽均为实行垄断，但资金转移困难较大；税收等方面的风险因素在这两方面也略有不同。

（3）自然环境和投标竞争环境方面。自然条件均较差；两个标的竞争均较激烈，但程度不一。

（4）工程技术方面。两工程的规模有所不同，施工技术的复杂等距离也有差别。在供水、供电方面的条件总体较差，不同程度上得不到保障。

总体而言，其投标的主要风险有通货膨胀、税收、汇率、供水能力、供电能力、气候条件、公司企业竞争和法规制约 8 个方面，其可归纳为经济风险、技术风险和环境风险三大类。经济风险包括通货膨胀、税收和汇率；技术风险包括供水能力和供电能力；环境风险包括气候条件、公司企业竞争和法规制约。

经分析后，可以建立起如图 4-9 所示的层次结构分析图。显然系统分 A、B、C 和 D 四个层次。

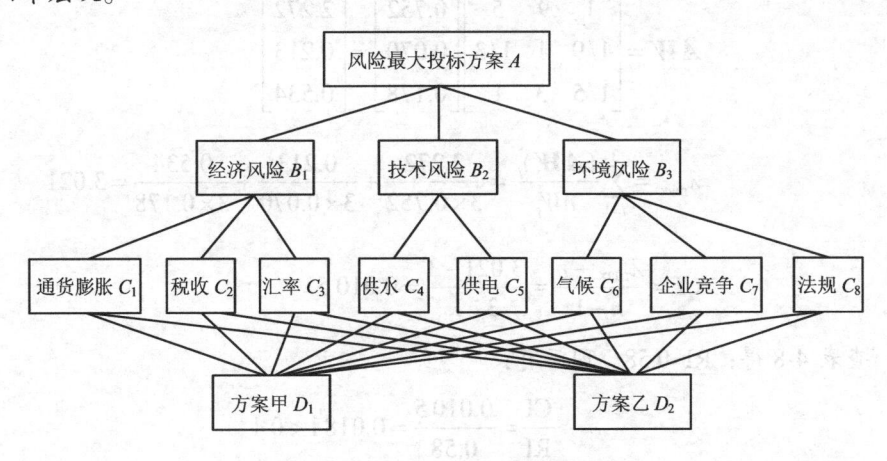

图 4-9　层次结构分析图

在调查分析研究的基础上，采用对不同因素两两比较的方法，构造不同层次的判断矩阵，并分别计算它们的最大特征根、与此相对应的特征向量、各层次的单排序以及进行判断矩阵的一致性检验。

设 X—Y 为 X 层下属 Y 层的多个因素的判断矩阵。下面首先分析计算各判断矩阵。

（1）A—B 层次判断矩阵计算。A—B 层次判断矩阵如表 4-11 所示。

表 4-11 A—B 层次判断矩阵

A	B_1	B_2	B_3
B_1	1	9	5
B_2	1/9	1	1/3
B_3	1/5	3	1

A—B 层次判断矩阵的相关参数计算如下。

① 求判断矩阵每行所有元素几何平均值。

$$\overline{W}_1 = \sqrt[3]{1 \times 9 \times 5} = 3.557, \quad \overline{W}_2 = 0.333, \quad \overline{W}_3 = 0.843$$

② 将 $\overline{W}$ 归一化，并计算 W_i。

$$W_1 = \frac{\overline{W}_1}{\sum_{j=1}^{3} \overline{W}_j} = \frac{3.557}{3.557 + 0.333 + 0.843} = 0.752$$

$$W_2 = 0.070$$

$$W_3 = 0.178$$

③ 计算判断矩阵的最大特征根 $\lambda_{\max}$。记 A—B 层次判断矩阵为 A，则有：

$$\boldsymbol{AW} = \begin{bmatrix} 1 & 9 & 5 \\ 1/9 & 1 & 1/3 \\ 1/5 & 3 & 1 \end{bmatrix} \begin{bmatrix} 0.752 \\ 0.070 \\ 0.178 \end{bmatrix} = \begin{bmatrix} 2.272 \\ 0.213 \\ 0.534 \end{bmatrix}$$

$$\lambda_{\max} = \sum_{i=1}^{3} \frac{(\boldsymbol{AW})_i}{nW_i} = \frac{2.272}{3 \times 0.752} + \frac{0.213}{3 \times 0.070} + \frac{0.534}{3 \times 0.178} = 3.021$$

$$CI = \frac{\lambda_{\max} - n}{n - 1} = \frac{3.021 - 3}{3 - 1} = 0.010\,5$$

查表 4-8 得：RI=0.58。因而有：

$$\frac{CI}{RI} = \frac{0.010\,5}{0.58} = 0.018\,1 < 0.1$$

因此，A—B 层次判断矩阵满足一致性检验要求。

（2）B_1—C 层次判断矩阵计算。B_1—C 层次判断矩阵如表 4-12 所示。

表 4-12 B_1—C 层次判断矩阵

B_1	C_1	C_2	C_3
C_1	1	1/5	1/7
C_2	5	1	1/3
C_3	7	3	1

与 A—B 层次判断矩阵的计算方法类似，根据判断矩阵，通过求各元素几何平均值、归一化处理后，可求得 B_1—C 层次的权重：

$$W_1=0.071\,9,\ W_2=0.279,\ W_3=0.649\,1$$

进行判断矩阵的一致性检验。计算出判断矩阵的最大特征根 $\lambda_{\max}=3.064\,9$，求出 B_1—C 层次总排序一致性检验指标 $\text{CI}_{B_1-C}=0.032\,4$，$B_1$—$C$ 层次总排序平均随机一致性指标 $\text{RI}_{B_1-C}=0.58$，从而求出 B_1—C 层次总排序随机一致性比例 $\text{CI}/\text{RI}=0.055\,9<0.1$，于是可认为层次总排序的计算结果满足一致性。

（3）B_2—C 层次判断矩阵计算。B_2—C 层次判断矩阵如表 4-13 所示。

表 4-13 B_2—C 层次判断矩阵

B_2	C_4	C_5
C_4	1	3
C_5	1/3	1

通过求各元素几何平均值和归一化处理，与 B_2—C 层次判断矩阵相对应的参数计算结果为：

$$W_1=0.750,\ W_2=0.250$$

此为二阶判断矩阵，易知它满足一致性检验。

（4）B_3—C 层次判断矩阵计算。B_3—C 层次判断矩阵如表 4-14 所示。

表 4-14 B_3—C 层次判断矩阵

B_3	C_6	C_7	C_8
C_6	1	1/3	1/5
C_7	3	1	1/3
C_8	5	3	1

通过求各元素几何平均值和归一化处理，与 B_3—C 层次判断矩阵相对应的参数计算结果为：

$$W_1=0.116,\ W_2=0.287,\ W_3=0.597$$

然后计算出判断矩阵的最大特征根 λ_{max}=2.928 3，求出该层次总排序一致性检验指标 CI=0.035 8，该层次总排序平均随机一致性指标 RI=0.58，于是该层次总排序随机一致性比例 CI/RI=0.061 8<0.1。显然，B_3—C 层次总排序的计算结果也满足一致性。

（5）各层次判断矩阵。C_1—D，C_2—D，C_3—D，C_4—D，C_5—D，C_6—D，C_7—D 和 C_8—D 层次判断矩阵及权重计算结果具体如下：

C_1	D_1	D_2
D_1	1	1/9
D_2	9	1

W_1=0.100，W_2=0.900

C_2	D_1	D_2
D_1	1	1
D_2	1	1

W_1=0.500，W_2=0.500

C_3	D_1	D_2
D_1	1	1
D_2	1	1

W_1=0.500，W_2=0.500

C_4	D_1	D_2
D_1	1	1/5
D_2	5	1

W_1=0.167，W_2=0.833

C_5	D_1	D_2
D_1	1	7
D_2	1/7	1

W_1=0.875，W_2=0.125

C_6	D_1	D_2
D_1	1	1
D_2	1	1

W_1=0.500，W_2=0.500

C_7	D_1	D_2
D_1	1	1/3
D_2	3	1

W_1=0.250，W_2=0.750

C_8	D_1	D_2
D_1	1	1/5
D_2	5	1

W_1=0.167，W_2=0.833

（6）C 层次的排序。根据前面的计算结果，可对 C 层次进行总排序，排序结果如表4-15所示。

表4-15 C层次的排序结果

层次B 层次C	B_1 0.752	B_2 0.070	B_3 0.178	C层次的总排序 （W）
C_1	0.071 9	0	0	0.054
C_2	0.279	0	0	0.210
C_3	0.649 1	0	0	0.488

续表

层次 B / 层次 C	B_1 0.752	B_2 0.070	B_3 0.178	C 层次的总排序 (W)
C_4	0	0.750	0	0.052 5
C_5	0	0.250	0	0.017 5
C_6	0	0	0.116	0.021
C_7	0	0	0.287	0.051
C_8	0	0	0.597	0.106

C 层次排序一致性检验：

$$CI=\sum_{j=1}^{3}B_j CI_{B_j-C}=0.752\times0.032\ 4+0.070\times0+0.178\times0.035\ 8=0.030\ 7$$

$$RI=\sum_{j=1}^{3}B_j RI_{B_j-C}=0.752\times0.58+0.070\times0+0.178\times0.58=0.539\ 4$$

$$CI/RI=\frac{0.030\ 7}{0.539\ 4}=0.057<0.1$$

显然，其满足一致性检验要求。

（7）D 层次的排序。根据前面的计算结果，可对 D 层次进行总排序，结果如表 4-16 所示。

表 4-16 D 层次的排序结果

层次 C / 层次 D	C_1 0.054	C_2 0.210	C_3 0.488	C_4 0.052 5	C_5 0.017 5	C_6 0.021	C_7 0.051	C_8 0.106	D 层次的总排序 (W)
D_1	0.10	0.50	0.50	0.167	0.875	0.50	0.25	0.167	0.408
D_2	0.90	0.50	0.50	0.833	0.125	0.50	0.75	0.833	0.581

判断矩阵 C_1—D，C_2—D，C_3—D，C_4—D，C_5—D，C_6—D，C_7—D 和 C_8—D 的 CI 均为零，易知它们的总排序满足一致性检验要求。

层次 D 的总排序表明，方案乙 D_2 所对应的 W 大于方案甲 D_1 对应的 W，即方案乙的投标风险较大。

4.8 模糊综合评价法

模糊综合评价可以用来对人、事、物进行全面、正确而又定量的评价,因此它是提高领导者决策能力和管理水平的一种有效方法。一些领导者在面对多种而又复杂的方案、褒贬不一的人才、众说纷纭的成果时,常常会感到不知所措,以致由于主观决策失误,给工作带来损失,但是,此时若能运用模糊综合评价方法,就有可能避免上述情况发生。

对于方案、人才、成果的评价,人们的考虑往往是从多种因素出发的,而且这些考虑一般只能用模糊语言来描述。例如,评价者从考虑问题的诸因素出发,参照有关的数据和情况,根据他们的判断对复杂问题分别做出"大、中、小";"高、中、低";"优、良、中、劣";"好、较好、一般、较差、差"等程度的模糊综合评价。然后通过模糊数学提供的方法进行运算,就能得出定量的综合评价结果,从而为正确决策提供依据。

在项目的风险评估中运用模糊综合评价法,可以对单个风险或者整个项目的风险等级进行综合评价,为项目的风险管理提供决策支持。

4.8.1 模糊综合评价的数学模型

对某一个事物进行评价,若评价的指标因素为 N 个,分别记为 $U_1, U_2, U_3, \cdots, U_N$,则构成一个评价因素的有限集合:

$$U=\{U_1, U_2, U_3, \cdots, U_N\}$$

若根据实际需要将评语划分为 M 个等级,分别记为 $V_1, V_2, V_3, \cdots, V_M$,则又构成一个评语的有限集合:

$$V=\{V_1, V_2, V_3, \cdots, V_M\}$$

例如,对某教材进行评价,假如可以从"科学性"(U_1)、"实践性"(U_2)、"适应性"(U_3)、"先进性"(U_4)、"专业性"(U_5)等方面着眼,则其评价因素集合便为:

$$U=\{U_1, U_2, U_3, U_4, U_5\}$$

若将评价结果划分为"很好"(V_1)、"好"(V_2)、"一般"(V_3)、"差"(V_4)4个等级,则其评语集合便为:

$$V=\{V_1, V_2, V_3, V_4\}$$

若只着眼于"科学性"（U_1）一个因素来评定该教材，采用"民意测验"的办法，结果16%的人说它"很好"，42%的人说它"好"，39%的人说它"一般"，3%的人说它"差"，则这个结果可用模糊向量 B_1 来描述。

$$B_1=0.16/\text{很好}+0.42/\text{好}+0.39/\text{一般}+0.03/\text{差}$$

B_1 也可以简记为向量形式：

$$B_1 = [0.16, 0.42, 0.39, 0.03]$$

评价结果 B_1 是评语集合 V 这一论域上的模糊子集。B_1 就是对被评对象所做的单因素评价。

然而，一般往往需要从几个不同方面来综合地评价某一事物，从而得到一个综合的评价结果，该结果仍是评语集合 V 这一论域上的一个模糊子集 B，这便是综合评价问题。

通常，V 为一有限集合，则 B 也为相应的有限模糊集合：

$$B = b_1/v_1 + b_2/v_2 + \cdots + b_m/v_m \qquad (4\text{-}21)$$

也可简记为一个 M 维的模糊向量形式：

$$B = [b_1, b_2, \cdots, b_m]$$

其论域为 V，b_j 为 B 中相应元素的隶属程度（也称隶属度），且

$$b_j \in [0,1] \quad j=1,2,\cdots,m$$

在实际评价工作中，各个评价因素的重要程度往往是不相同的，考虑到这个客观存在的事实，评价因素集合实际上也是因素集合 U 这一论域上的一个模糊集合 A，实际上也为一有限集，即因素集合也为一相应的有限模糊集合：

$$A = a_1/u_1 + a_2/u_2 + \cdots + a_n/u_n \qquad (4\text{-}22)$$

同样可以用一个 n 维模糊向量来表示：

$$A = [a_1, a_2, \cdots, a_n]$$

其论域为 U，a_i 为 A 中相应元素的隶属程度，且 $a_i \in [0,1]$，$i=1,2,\cdots,n$；并应满足 $\sum_{i=1}^{n} a_i = 1$。

一个模糊综合评价问题，就是将评价因素集合 U 这一论域上的一个模糊集合 A 经过模糊关系 R 变换为评语集合 V 这一论域上的一个模糊集合 B，此为模糊综合评

价的数学模型，即：

$$B = A \circ R \tag{4-23}$$

式中：B——模糊综合评价的结果，是 m 维的模糊行向量；

　　　A——模糊评价因素权重集合，是 n 维的模糊行向量；

　　　R——从 U 到 V 的一个模糊关系，是一个 $n \times m$ 的矩阵，$R = (r_{ij})_{n \times m}$，其元素 $r_{ij}(i=1,2,\cdots,n;\ j=1,2,\cdots,m)$ 表示从第 i 个因素着眼，做出第 j 种评语的可能程度；

　　　$\circ$——一种模糊向量的运算，运算规则见式（4-24）。

式（4-23）为模糊矩阵的乘积，其中 B 的元素为：

$$b_j = \bigvee_{i=1}^{n}(a_i \wedge r_{ij}) = \max\{\min(a_1, r_{1j}), \min(a_2, r_{2j}), \cdots \min(a_n, r_{nj}),\},\ j=1,2,\cdots,m \tag{4-24}$$

多因素评价比较困难，因为要同时综合考虑的因素较多，而各因素的重要程度又不相同，这些都使问题变得很复杂，若用经典数学方法来解决综合评价问题，就显得很困难，而模糊数学则为解决模糊综合评价问题提供了理论依据，从而找到一种有效而简单的方法。

由式（4-24）可知，当评价因素增加时，并不增加问题的复杂性，只是增加计算量而已。

在评价问题时，通常是让模糊向量 A 中各元素满足 $\sum_{i=1}^{n} a_i = 1$，其中 a_i 是 u_i 重要程度的度量，也即因素 u_i 的权重，故 A 表征了评价因素的权重分配。

4.8.2　模糊综合评价的主要步骤

通过前面介绍的模糊综合评价的数学模型，可以得出模糊综合评价方法的主要步骤如下。

（1）设定因素集 U。"因素"是指人们考虑问题时的着眼点。评价一个项目的风险，人们主要关心的是它的技术风险、进度风险等方面。在因素集 $U=\{U_1, U_2, U_3, \cdots, U_N\}$ 中，应该尽量用最少的因素来概括和描述问题，以达到简化计算的目的。

（2）设定评价集 V。人们根据具体情况的需要，对单一因素做出不同的评价。一般情况下，评价集有如下几种：

　　$V=\{$大，中，小$\}$ 或 $V=\{$高，中，低$\}$

　　$V=\{$优，良，可，劣$\}$

　　$V=\{$好，较好，一般，较差，差$\}$

（3）确定权重集 $\underset{\sim}{A}$。在实际评价工作中，各个评价因素的重要程度往往是不相同的，这种重要程度就是权重。模糊综合评价是因素权重和单因素评价的复合作用，因此，权重集（权重分配）的确十分重要。一般用如下的几种方法来确定权重集：①评价专家共同讨论确定；②两两对比法；③层次分析法；等等。

（4）专家进行评价打分。在介绍问题的有关背景、数据和情况的基础上，由专家们对反映问题因素进行模糊评价。通常可采用"民意测验"的办法来收集专家们的评价意见。

（5）建立评价矩阵 $\underset{\sim}{R}$。某一个因素的评价结果 $r_{ij}(i=1,2,\cdots,n;j=1,2,\cdots,m)$ 表示从第 i 个因素出发，对被评价问题做出第 j 种评语的可能程度。多个评价因素的评价结果就构成了一个评价矩阵 $\underset{\sim}{R}$。

（6）进行综合评价。对每一个评价对象，模糊综合评价的结果为 $\underset{\sim}{B}=\underset{\sim}{A}\circ\underset{\sim}{R}$。

（7）归一化处理，得出具有可比性的综合评价结果。归一化处理是将 $\underset{\sim}{B}$ 转化为 $\underset{\sim}{B}^{*}=[b_1^*,b_2^*,\cdots,b_m^*]$，使得 $\sum_{j=1}^{m}b_j^*=1$，由此可得到归一化之后的各方案的评价值。根据这一评价结果，就可以对各方案进行比较，选择评价值最优的方案。

下面，通过一个风险评价的例子来说明模糊综合评价方法是如何应用的。

4.8.3 模糊综合评价的应用

例4-5 某研发项目有甲、乙、丙三个备选方案，为了简化问题，现仅从该项目的费用风险、进度风险和技术风险三个方面进行讨论，要从项目风险的角度从中选出风险较小的备选方案来。下面就以该项目的风险评价为例，对模糊综合评价的应用予以说明。

（1）设定因素集 U。

在该例子中，将因素集设为 $U=\{$费用风险，进度风险，技术风险$\}$。

（2）设定评价集 V。

在对风险进行评价时，我们定义评价集 $V=\{$高，中，低$\}$来表示该风险的严重程度。

（3）确定权重集 $\underset{\sim}{A}$。

在本例中，在专家讨论，统一认识后，得出权重集 $\underset{\sim}{A}=\{0.2,0.3,0.5\}$。

（4）专家进行评价打分。

专家评价的结果如表4-17所示，表中的数字系指赞成此种评价的专家人数与专家总人数的比值。

表4-17 专家评价结果

方案 \ 评价	费用风险 高	费用风险 中	费用风险 低	进度风险 高	进度风险 中	进度风险 低	技术风险 高	技术风险 中	技术风险 低
甲	0.7	0.2	0.1	0.1	0.2	0.7	0.3	0.6	0.1
乙	0.3	0.6	0.1	1	0	0	0.7	0.3	0
丙	0.1	0.4	0.5	1	0	0	0.1	0.3	0.6

（5）建立评价矩阵 $\underset{\sim}{R}$。

在本例中，由表中的结果可以得到评价矩阵。

对备选方案甲：
$$\underset{\sim}{R}_{甲} = \begin{bmatrix} 0.7 & 0.2 & 0.1 \\ 0.1 & 0.2 & 0.7 \\ 0.3 & 0.6 & 0.1 \end{bmatrix}$$

对备选方案乙：
$$\underset{\sim}{R}_{乙} = \begin{bmatrix} 0.3 & 0.6 & 0.1 \\ 1 & 0 & 0 \\ 0.7 & 0.3 & 0 \end{bmatrix}$$

对备选方案丙：
$$\underset{\sim}{R}_{丙} = \begin{bmatrix} 0.1 & 0.4 & 0.5 \\ 1 & 0 & 0 \\ 0.1 & 0.3 & 0.6 \end{bmatrix}$$

（6）进行综合评价。

根据公式（4-23），例子中三个备选方案的评价值为：

$$\underset{\sim}{B}_{甲} = \underset{\sim}{A} \circ \underset{\sim}{R}_{甲} = [0.2, 0.3, 0.5] \circ \begin{bmatrix} 0.7 & 0.2 & 0.1 \\ 0.1 & 0.2 & 0.7 \\ 0.3 & 0.6 & 0.1 \end{bmatrix} = [0.3, 0.5, 0.3]$$

$$\underset{\sim}{B}_{乙} = \underset{\sim}{A} \circ \underset{\sim}{R}_{乙} = [0.5, 0.3, 0.1]$$

$$\underset{\sim}{B}_{丙} = \underset{\sim}{A} \circ \underset{\sim}{R}_{丙} = [0.3, 0.3, 0.5]$$

（7）归一化处理，得出具有可比性的综合评价结果。

通过归一化处理，可得到各方案的评价值：

$$\underset{\sim}{B}_{甲}^{*} = [0.27, 0.46, 0.27]$$

$$\underset{\sim}{B}_{乙}^{*} = [0.56, 0.33, 0.11]$$

$$\underset{\sim}{B}_{丙}^{*} = [0.27, 0.27, 0.46]$$

以上的三个向量表示了三个备选方案在评语集合 V 上的评价值。以方案甲为例，它的评价值向量表明该方案的风险评价值为"高"的可能性为 27%，风险评价值为"中"的可能性为 46%，风险评价值为"低"的可能性为 27%。

按照隶属原则，对于备选方案的综合评价是取其最大值所对应的评语等级。从归一化后的各方案评价值来看，甲方案的风险评价评语为"中"；乙方案的风险评价评语为"高"；丙方案的风险评价评语为"低"。因此从项目风险的角度来看，丙方案为最优。

4.9 敏感性分析

在项目的整个生命周期内，存在着各种不确定因素，而且这些因素对项目的影响程度也是不一样的，有些因素很小的变化就会引起项目指标较大的变化，甚至变化超过了临界点。所谓临界点，是指在该点处，所分析的因素使某项目备选方案从被接受转向被否决，直接影响到原来的项目管理决策。这些因素被称之为敏感性因素。有些因素即使在较大的数值范围内变化，但只引起项目评价指标很小的变化甚至没有变化，这些因素就被称为不敏感因素。敏感性分析就是指论证备选方案中一个或多个因素发生变化时，对整个项目经济评价指标所带来的变化程度的预测分析。

项目管理活动一般处在动态的复杂环境中，所以一般要进行敏感性分析。敏感性分析通过分析各种因素的变化对实现预期目标的影响程度，找出项目中的敏感性因素，从而确认项目对各种风险的承受能力。

进行敏感性分析时要考虑资金的时间价值，采用现值分析法，所以是一种动态分析法。敏感性分析是风险分析中常用的一种不确定分析方法，其目的是了解各种不确定因素，为风险决策提供依据。具体而言，其作用主要体现在以下几个方面：

(1) 了解项目的风险水平；
(2) 找出影响项目效果的主宰因素；
(3) 解释敏感性因素可承受的变动幅度；
(4) 比较分析各备选方案的风险水平，实现方案优选；
(5) 预测项目变化的临界条件或临界数值，确定控制措施或寻求可替代方案。

敏感性分析可以是对项目中的单一因素进行分析，即假设项目活动其他因素不变，只分析一个敏感性因素的变化对项目活动的影响，这称为单因素敏感性分析；敏感性分析也可以是对项目中的多个因素进行分析，即同时分析多个因素变化对项目活动的影响，这称为多因素敏感性分析。

4.9.1 主要步骤和内容

1. 确定分析指标

一般而言，敏感性分析采用指标要与经济评价指标一致。通常采用的评价值为备选方案的净现值和内部收益率。

净现值（NPV）是该项目收益现值的总额减去投资和生产成本现值总额的余额。其计算公式为：

$$\text{NPV} = \sum_{k=1}^{n} \frac{P_k}{(1+i)^k} - \sum_{k=1}^{n} \frac{A_k}{(1+i)^k} \tag{4-25}$$

式中：P_k——第 k 年的收益；

A_k——第 k 年的投资成本；

n——项目持续时间（年）；

i——贴现率。

净现值用绝对数表示，以大于、等于、小于零来判断项目在经济上是否可行。如果净现值大于零，说明该项目可以获利，且数值越大表明获利越多；如果净现值小于零，则说明该项目投资成本大于收益，项目不能获利，从而在经济上是不可行的。

内部收益率（IRR）也称为内部报酬率，是项目效益净现值总额等于投资成本现值总额即 NPV=0 时的贴现率。计算内部收益率的计算方法通常采用内推法。

内推法是在试算的基础上，利用两个最接近零的正负净现值所对应的贴现率进行推算。其计算公式为：

$$\text{IRR} = R_1 + (R_2 - R_1) \frac{\text{NPV}_1}{\text{NPV}_1 + |\text{NPV}_2|} \tag{4-26}$$

式中：R_1——低贴现率；

R_2——高贴现率；

NPV_1——与 R_1 对应的净现值；

NPV_2——与 R_2 对应的净现值。

2. 选定分析因素及其变化范围

常选的因素有投资额、项目建设年限、项目寿命期、生产成本、产品价格、产销量、投产期限和产出水平、达产期、基准折现率等。选定分析因素的原则如下。

（1）选取因其变化而将较大幅度影响经济评价指标的因素。

（2）选取在项目论证时数据准确性把握不大或今后变动幅度大的因素。

（3）单因素敏感性分析。假设只有一个因素变化而其他因素不变时考察评价指标的变化大小对项目或方案取舍的影响。

（4）多因素敏感性分析。计算多个因素同时变化的情况下的评价指标值的变化对项目取舍的影响大小。

（5）对整个项目的敏感性分析进行汇总、对比，从中确定各个因素的敏感程度和影响大小的先后次序，以便决策项目是否可行或实施时应重点防范的因素。

4.9.2 应用示例

下面以一个具体的生产性投资项目为例，说明如何进行敏感性分析。

例 4-6 某城市拟新建一座大型化工企业，计划投资 3 000 万元，建设期 3 年，考虑到机器设备的有形损耗与无形损耗，生产期定为 15 年，项目结束时，残值与清理费正好相等。投资者的要求是，项目的投资收益率不低于 12%，试通过敏感性分析决策该项目是否可行以及应采取的措施。

该项目的敏感性分析可以分为六步进行。

（1）预测正常年份的各项收入与支出，以目标收益率为基准收益率，计算出基本情况下的净现值和内部收益率，如表 4-18 所示。

表 4-18 某化工企业新建项目基本情况表　　　　　　　单位：万元

年份	投资成本 ①	销售收入 ②	生产成本 ③	净现金流量 ④=②-①-③	12%贴现系数 ⑤	净现值 ⑥=④×⑤
1	500			−500	0.892 9	−446.45
2	1 500			−1 500	0.797 2	−1 195.80
3	1 000	100	70	−970	0.711 8	−690.45
4		4 000	3 600	+400	0.635 5	+254.20
5		5 000	4 300	+700	0.567 4	+397.18
6~15		6 300×10	5 400×10	+900**	3.205 9*	+2 885.31
合计	3 000	72 100	61 970	+7 130		+1 203.99

注：① *为贴现率为 12%时第 6~15 年的年金现值系数，下同。根据资金的时间价值理论，在某一特定时期内相同时间间隔发生的一系列等额资金被称为年金。将这一时期内的年金折算到某一时间点的净现值时，用于折算的系数即为年金现值系数。在本例中，需要将第 6~15 年发生的等额年金（即表中的净现金流量）折算为第 0 年的净现值，其计算公式为：净现值=每年发生的等额年金值×年金现值系数。

② ** 为单年数值，下同。

从基本情况表中可以看出,该项目正常情况下的净现值为正值,且数值较大,运用内推法确定基本情况下的内部收益率,计算过程省略。

当贴现率为18%时,净现值为+188.86万元;当贴现率为20%时,净现值为-28.84万元。选择靠近零的两级数据计算内部收益率。

$$内部收益率 = 18\% + (20\% - 18\%) \times \frac{188.86}{188.86 + |-28.84|} = 19.73\%$$

从计算结果得知,正常情况下内部收益率19.73%高于投资者期望收益率,具有较大吸引力。对此类项目成本效益影响较大的因素是投资成本、建设周期、生产成本和价格波动。需分别对这些因素进行敏感性分析。

（2）进行投资成本增加的敏感性分析。假定该项目由于建筑材料涨价,导致投资成本上升15%,原来3 000万元的投资额增加为3 450万元；进行敏感性分析时,首先在基本情况表中对投资成本一栏加以调整,算出净现值,然后再计算内部收益率,如表4-19所示。

从表中可见,其余条件不变,仅仅由于第一年投资增加 450 万元,净现值已由原来的 1 203.99 万元降为802.18 万元,其内部收益率也相应下降。

当贴现率为16%时,净现值为 69.91 万元；当贴现率为18%时,净现值为-192.52万元。

表4-19　某化工厂投资成本增加15%时的敏感性分析表　　　　单位：万元

年份	投资成本	销售收入	生产成本	净现金流量	12%贴现系数	净现值
1	500+450			-950	0.892 9	-848.26
2	1 500			-1 500	0.797 2	-1 195.80
3	1 000	100	70	-970	0.711 8	-690.45
4		4 000	3 600	+400	0.635 5	+254.20
5		5 000	4 300	+700	0.567 4	+397.18
6～15		6 300×10	5 400×10	+900**	3.205 9*	+2 885.31
合计	3 450	72 100	61 970	+6 680		+802.18

$$内部收益率 = 16\% + (18\% - 16\%) \times \frac{69.91}{69.91 + |-192.52|} = 16.53\%$$

分析表明,在其他条件不变,投资成本上升15%时,该项目内部收益率由19.73%降为16.53%,但仍高于投资者期望收益率,项目仍可实施。

（3）进行项目建设周期延长的敏感性分析。假定该项目施工过程中,由于台风暴雨，造成部分工程返工停工，建设周期延长一年，并由此导致投资增加100万元，试生产和产品销售顺延一年，预测数据如表4-20所示。

表4-20 某化工厂建设周期延长一年的敏感性分析表　　　　单位：万元

年份	投资成本	销售收入	生产成本	净现金流量	12%贴现系数	净现值
1	500			−500	0.892 9	−446.45
2	1 400			−1 400	0.797 2	−1 116.08
3	900			−900	0.711 8	−640.62
4	300	100	70	−270	0.635 5	−171.59
5		5 000	4 300	+700	0.567 4	+397.18
6~15		6 300×10	5 400×10	+900**	3.205 9*	+2 885.31
合计	3 100	68 100	58 370	+6 630		+907.75

当贴现率为16%时，净现值为206.98万元；当贴现率为18%时，净现值为−42.31万元。

$$内部收益率 = 16\% + (18\% - 16\%) \times \frac{206.98}{206.98 + |-42.31|} = 17.66\%$$

计算表明，该项目对工期延长一年的敏感度不高，内部收益率在17%以上，项目可以进行。

（4）进行生产成本增加的敏感性分析。假定由于原材料和燃料调价，使该项目投产后，生产成本上升5%，其他条件不变，基本情况表中的数据调整后，如表4-21所示。

表4-21 某化工厂生产成本上升5%的敏感性分析表　　　　单位：万元

年份	投资成本	销售收入	生产成本	净现金流量	12%贴现系数	净现值
1	500			−500	0.892 9	−446.45
2	1 500			−1 500	0.797 2	−1 195.80
3	1 000	100	73.5	−973.5	0.711 8	−692.94
4		4 000	3 780	+220	0.635 5	+139.81
5		5 000	4 515	+485	0.567 4	+275.19
6~15		6 300×10	5 670×10	+630**	3.205 9*	+2 019.72
合计	3 000	72 100	65 068.5	+4 031.5		+99.53

当贴现率为 12%时净现值仅为 99.53 万元，当贴现率为 13%时，净现值为–38.16 万元。

$$内部收益率 = 12\% + (13\% - 12\%) \times \frac{99.53}{99.53 + |-38.16|} = 12.72\%$$

计算表明，生产成本上升对项目效益影响较大，生产成本上升 5%，导致内部收益率下降 7 个百分点，但由于仍高于 12%的期望收益率，并可获 99.53 万元净现值，所以在控制成本不再上升的条件下，此方案仍可行。

（5）进行价格下降的敏感性分析。在市场经济条件下产品价格若呈上升趋势，当然对项目效益有利，但也不能排除价格下降的可能性。假定，经过市场预测后得知，项目投产以后前两年按计划价格销售，第三年开始，由于市场需求减少，产品价格下降 8%，才能薄利多销，保证生产的产品全部售出。在其他条件不变的情况下，销售收入也随之下降 8%，基本情况表将做相应调整，如表 4-22 所示。

表 4-22 某化工厂产品价格下降 8%的敏感性分析表　　　　　　　单位：万元

年份	投资成本	销售收入	生产成本	净现金流量	12%贴现系数	净现值
1	500			–500	0.892 9	–446.45
2	1 500			–1 500	0.797 2	–1 195.80
3	1 000	100	70	–970	0.711 8	–690.45
4		4 000	3 600	+400	0.635 5	+254.20
5		4 600	4 300	+300	0.567 4	+170.22
6~15		5 796×10	5 400×10	+396**	3.205 9*	+1 269.54
合计	3 000	66 660	61 970	+1 690		–638.74

当贴现率为 12%时，净现值已为负值，为–638.74 万元；当贴现率为 6%时，贴现值为 97.96 万元。

$$内部收益率 = 6\% + (12\% - 6\%) \times \frac{97.96}{97.96 + |-638.74|} = 6.80\%$$

计算数字清晰地警告投资者，该项目对销售价格因素非常敏感，必须千方百计地提高产品质量，控制价格下降幅度。否则无法实现投资者的期望收益率。假如通过努力，仍不能控制价格下降的幅度，此项目不可行。

（6）对整个项目的敏感性分析进行汇总、对比，如表 4-23 所示。

表 4-23　某化工厂四个主要因素敏感性分析汇总表

敏感因素	净现值（万元）	与基本情况差异（万元）	内部收益率（%）	与基本情况差异（百分点）
基本情况	+1 203.99	0.73	19.73	0.73
销售价格下降8%	−638.74	−1 842.73	6.80	−12.99
生产成本增加5%	+99.53	−1 104.46	12.72	−7.01
投资成本增加15%	+802.18	−401.81	16.53	−3.23
建设周期延长一年	+907.75	−296.24	17.66	−2.07

从汇总表中可以得知，某化工厂新建项目对分析的四类影响因素的敏感程度顺序为：销售价格下降8%、生产成本增加5%、投资成本增加15%、建设周期延长一年。后三个因素发生时净现值仍为正值，仍能实现投资者期望收益率。当第一个因素发生时，净现值降为负值，不能实现投资者需要，在财务评价和社会经济评价时，必须提出切实措施，以确保方案有较好的抗风险能力，否则就另行设计方案。

敏感性分析是不确定性分析中的一个重要方法，在充分肯定其作用的同时，也必须注意它的局限性：① 这种分析是将几个影响因素割裂开，逐个分析的，如果几个因素同时作用，则不能单独依靠敏感性分析进行决策，还应配合其他方法进行；② 每种影响因素的变化幅度是由分析人员主观确定的，如果是事先未做认真的调查研究或收集的数据不全、不准，敏感性分析得出的预测可能带有较大的片面性，甚至导致决策失误。例如，分析人员预测价格下降幅度为8%，实际只会在5年后才下降5%，敏感性分析的结果可能就有较大变化。因此，运用敏感性分析方法时，必须注意各种影响因素之间的相互关系，广泛开展调查研究，尽量使收集的数据客观、完整，才能克服预测中的主观片面性，为决策者提供可靠的依据。

4.10　故障树分析法

故障树分析（Fault Tree Analysis，FTA）是用于大型复杂系统可靠性、安全性分析和风险评价的一种方法。1961年美国贝尔实验室首先应用FTA在民兵导弹的发射控制系统可靠性研究中获得成功；1965年波音公司在系统安全年会上正式发表了上述成果报告并引起科技人员的重视和应用；1974年美国原子能委员会发表的核电站安全评价报告（WASH-1400）中，主要的分析技术就是可靠性工程中的事件树分析与故障树分析；WASH-1400 报告在以后的核电站概率风险评估（PRA）技术的发展中起到了里程碑的作用。FTA 分析技术已形成了完整的理论、工程分析程序和方法，并广泛应用于核、航空、航天、机械、电子、兵器、船舶、化工等工业领域。我国于 1989 年颁布了进行故障树分析的国家军用标准（GJB 768），并于 1994 年由全国军事技术装备可靠性标准化技术委员会组织编写了 GJB 768 的实施指南。

故障树分析方法可用于项目的技术风险分析，分析项目的技术风险源，特别是工程项目的设计制造中可能存在的隐患和潜在故障，即风险事件，可以做定性分析及定量分析，可计算系统及其各层次风险事件发生的概率和系统风险发生的模式，是风险管理的一种有效方法。

4.10.1 故障树分析法的特点

在故障树分析中，所研究系统的各类故障状态或不正常工作情况皆称为故障事件，各种完好状态或正常工作情况皆称为成功事件，两者均称为事件。故障树分析中所关心的结果事件称为顶事件，它是故障树分析的目标，位于故障树的顶端。仅导致其他事件发生的原因事件称为底事件，它是可能导致顶事件发生的基本原因，位于故障树底端。位于顶事件和底事件之间的中间结果事件称为中间事件。用各种事件的代表符号和描述事件间逻辑因果关系的逻辑门符号组成的倒立树状逻辑因果关系图称为故障树。以故障树为工具对系统的故障进行分析的方法称为故障树分析法。

故障树分析法一般按如下步骤进行：建立故障树；建立故障树数学模型；进行系统可靠性的定性分析；进行系统可靠性的定量分析。

FTA 法之所以日趋发展，是因为它具有以下特点。

（1）故障树分析是一种图形演绎法，是故障事件在一定条件下的逻辑推理方法。它不局限于对系统做一般性的可靠性分析，它可以围绕一个或一些特定的失效状态，做层层追踪分析。因而在清晰的故障树图形下表达了系统故障事件的内在联系并指出了单元故障与系统故障之间的逻辑关系。

（2）由于故障树能将系统故障的各种可能因素联系起来，因此有利于提高系统的可靠性，找出系统的薄弱环节和系统的故障谱。

（3）故障树可以作为管理及维修人员的一个形象的管理、维修指南，因此可用来培训长期使用大型复杂系统的人员。

（4）通过故障树可以定量地计算复杂系统的失效概率及可靠性参数，为改进和评估系统可靠性提供定量数据。

(5) 故障树分析的发展与计算机技术的发展紧密相关，计算程序已是故障树分析中不可缺少的一部分，国内外已经有了一些通用的 FTA 软件。

(6) 故障树分析的理论基础，除概率论和数理统计外，布尔代数及可靠性数学中用到的数学基础同样可应用于故障树分析的定量分析。

故障树分析方法一般可用于以下几个方面：系统的风险分析及安全性分析；系统的可靠性分析，可以做定性分析及定量分析；利用故障树可以在系统设计时，帮助判明系统的隐患和潜在故障；在系统使用阶段可以用来进行故障诊断、预测系统故障，找出最有可能造成故障的原因，并可用来制订维修计划等。

4.10.2 故障树的建立

1. 故障树所用的符号

故障树中所用的符号有三类：事件符号、逻辑符号、转移符号。

(1) 事件及其符号。底事件：底事件是故障树分析中仅导致其他事件发生的原因事件，它位于故障树底端，是逻辑门的输入事件而不是输出事件，底事件又分为基本事件和未探明事件。

基本事件是在特定的故障树分析中无须探明其发生原因的事件，其图形符号如图 4-10（a）所示。未探明事件是原则上应进一步探明其原因或暂时不探明其原因的底事件，其图形符号如图 4-10（b）所示。

结果事件：结果事件是故障树分析中由其他事件或事件组合所导致的事件，它总位于逻辑门的输出端，其图形符号如图 4-10（c）所示，结果事件分为顶事件和中间事件。

顶事件是故障树分析所关心的事件，它总是位于故障树的顶端，因此，顶事件总是逻辑门的输出事件而不是输入事件。中间事件是位于底事件与顶事件之间的结果事件，它既是逻辑门的输出事件又是另一个逻辑门的输入事件。

特殊事件：特殊事件是指在故障树中需用特殊符号表明其特殊性或引起注意的事件，它又分为开关事件和条件事件。

开关事件是在正常情况下必然发生或必然不发生的特殊事件，其图形符号如图 4-10（d）所示。条件事件是描述逻辑门起作用的具体限制的特殊事件，其图形符号如图 4-10（e）所示。

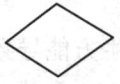

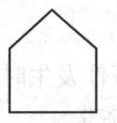

(a) 基本事件　(b) 未探明事件　(c) 结果事件　(d) 开关事件　(e) 条件事件

图 4-10　事件的图形符号

（2）逻辑门及其符号。在故障树中逻辑门描述事件间逻辑因果关系。逻辑门分为或门、与门、非门和几种特殊门，如图4-11所示。

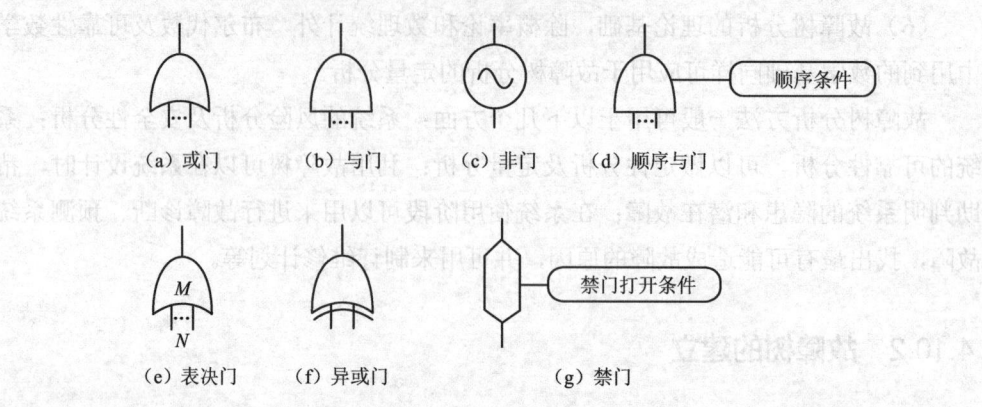

(a) 或门　(b) 与门　(c) 非门　(d) 顺序与门

(e) 表决门　(f) 异或门　(g) 禁门

图4-11　逻辑门的图形符号

或门表示至少一个输入事件发生时输出事件就发生。其图形符号如图4-11（a）所示。或门表示门的输出事件A与N个输入事件$B_I(I=1,2,\cdots,N)$间的逻辑关系是和事件的关系：

$$A = B_1 \cup B_2 \cup \ldots \cup B_N$$

与门表示仅当所有输入事件发生时输出事件才发生，其图形符号如图4-11（b）所示。与门表示门的输出事件A与N个事件$B_I(I=1,2,\cdots,N)$的逻辑关系为积事件关系：

$$A = B_1 \cap B_2 \cap \ldots \cap B_N$$

非门表示输出事件是输入事件的对立事件，其图形符号如图4-11（c）所示。若输出事件为A、输入事件为B，则两个事件之间的逻辑关系为$A=\bar{B}$。

特殊门表示输出事件发生是有一定条件的。特殊门包括顺序与门、表决门、异或门和禁门。

顺序与门表示仅当输入事件按顺序发生时输出事件才发生，其图形符号如图4-11（d）所示。

表决门表示仅当N个输入事件中至少有R个事件发生时，输出事件才发生，其图形符号如图4-11（e）所示。

异或门表示仅当单个事件发生时，输出事件才发生，其图形符号如图4-11（f）所示。

禁门表示仅当条件事件发生时，输入事件的发生方能导致输出事件的发生，其图形符号如图4-11（g）所示。

(3) 转移符号是为了避免画图时重复、转页和使图形简明而设置的符号（见图 4-12）。

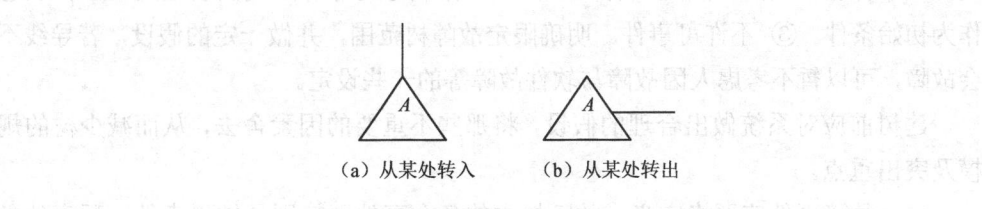

(a) 从某处转入　　(b) 从某处转出

图 4-12　转移符号

2. 故障事件的定义及分类

事件是描述系统、单元、部件及元器件的状态。系统或单元按规定要求完成其功能称为正常状态，或称为成功事件。反之，完不成规定的功能称为故障状态，或称为故障事件。在区分故障事件时，不应只从系统本身来研究，还应包括人的因素及环境因素等。

一般单元（部件）有四种故障形式：① 过早投入运行；② 在规定时间内不能投入运行；③ 在规定时间内不能中断运行；④ 运行期间的单元故障。

为了区分故障事件是由单元（部件）本身而引起的还是由人或外界条件引起的，在故障树分析中把它们区分为三类。① 原发性故障，也称为一次故障。故障是由单元或元部件所受的应力在其设计规定条件范围内因其本身原因引起的。② 诱发故障，也称为二次故障。故障是由单元或元部件所受的应力超出其设计规定条件范围引起的。③ 指令故障。故障是由本系统中其他单元的错误控制信号、指令或噪声的影响引起的（这一故障有可能是信号源故障或人因故障）。一旦这些影响消除后，系统或单元即可恢复正常状态。

在故障树建树时，除了注意硬件的故障外，还应特别注意计算机软件故障、共因故障、人因故障等。经验表明，这些故障在某些情况下往往比人们习惯注意的硬件故障或独立故障影响更大。

3. 故障树建树的基本规则

进行 FTA 分析首先应选择好顶事件。顶事件是指系统不希望发生的故障事件。选好顶事件有利于使整个系统故障分析相互联系起来。有些顶事件是借鉴其他类似系统发生过的故障事件选出来的。一般则是在初步故障分析基础上找出系统可能发生的所有故障状态，然后从这些故障状态中筛选出最不希望发生的故障状态作为顶事件。

《故障树分析法》（GJB 768.1）中列出了 FTA 建树的六条基本规则可供参考。

(1) 明确建树边界条件，确定简化系统图。有了边界条件就明确了建树建到何处为止。一般地，边界条件包括以下几项。① 确定顶事件。② 确定初始条件，它是与顶事件相适应的。凡是具有两个以上工作状态的部件，就要规定某一工作状态作为初始条件。③ 不许可事件。明确限定故障树范围，并做一定的假设，若导线不会故障，可以暂不考虑人因故障与软件故障等的一些设定。

建树前应对系统做出合理的假设，将那些不重要的因素舍去，从而减少树的规模及突出重点。

（2）故障事件应严格定义。故障树中的各个事件，特别是结果事件、顶事件必须严格定义，否则将难以得到正确的故障树。由于大系统的 FTA 工作往往由许多人共同完成，如果定义不统一，将会建出不一致的故障树。

（3）应从上到下逐级建树。这条规则主要是为了防止建树时发生事件的遗漏。

（4）建树时不允许门门相连。这条规则的作用是防止建树时不对中间事件严格定义就建立子树，从而导致难以进行评审，或导致逻辑混乱使后续建树时出错。

（5）用直接事件代替间接事件。这条规则的作用是使故障树的事件具有明确的定义且便于进一步向下发展。

（6）处理共因事件。共同原因故障事件称为共因事件，由于共因事件对系统故障发生的概率影响很大，因此在建树时必须重视共因事件。若某个故障事件是共因事件，则对故障树的不同分支中出现的该事件必须使用同一事件标号。

除了注意共因事件外还应注意互斥事件。

若系统很大，逻辑关系也较复杂则建树时应借助计算机辅助软件进行。

4.10.3 故障树的定性分析

故障树分析分为定性分析和定量分析两种。定性分析主要是研究故障树中所有导致顶事件发生的最小割集；定量分析是先确定底事件的故障模式、故障分布及其参数、底事件发生的概率等，求出顶事件发生的概率及其分布参数等，某些情况下，只要求估计顶事件发生概率的上限即可。

1. 割集与路集的概念

在分析故障树时，需要求出最小割集或最小路集。为了问题的简化，假设系统中的事件只有两种状态，且事件的发生是相互独立的。现在研究由 n 个独立的底事件构成的故障树。设 x_i（$i=1,2,\cdots,n$）表示底事件的状态变量，取值为 0 或 1。$x_i=0$ 表示底事件 i 不发生，$x_i=1$ 表示底事件 i 发生。

所谓割集 C，是故障树中底事件集合 $\{x_1, x_2, \cdots, x_n\}$ 的子集，当这些底事件都发生时，顶事件必然发生。若将割集中任意一个底事件去掉后，C 就不是割集了，这样的割集称为最小割集。所谓路集 D，是故障树中底事件集合 $\{x_1, x_2, \cdots, x_n\}$ 的子集，当这些底事件不发生时，顶事件必然不发生，则称 D 为故障树的一个路集。若将路集中任意一个底事件去掉后，D 就不是一个路集了，这样的路集称为最小路集。

用图 4-13 来说明割集与最小割集及路集与最小路集。从图 4-13 中可知，$\{x_1, x_2, x_3\}$，$\{x_2, x_3, x_4\}$，$\{x_1, x_2, x_5\}$，$\{x_1, x_2, x_3, x_4\}$ 等都是割集，但不是最小割集，而最小割集应为 $\{x_1, x_2,\}$，$\{x_1, x_3\}$，$\{x_2, x_3\}$，$\{x_4, x_5\}$。而 $\{x_1, x_2, x_3, x_4\}$，$\{x_1, x_2, x_4, x_5\}$ 等都是路集，但不是最小路集。$\{x_1, x_2, x_4\}$，$\{x_1, x_2, x_5\}$，$\{x_1, x_3, x_4\}$，$\{x_1, x_3, x_5\}$，$\{x_2, x_3, x_4\}$，$\{x_2, x_3, x_5\}$ 才是最小路集。

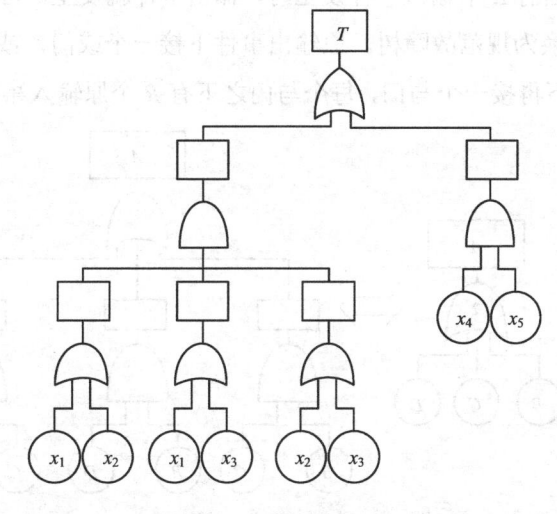

图 4-13　故障树示例

一般来说，一个故障树的最小割集和最小路集都不止一个，找最小割集是非常重要的，它可以使人们发现系统的最薄弱环节，以便有目标、有针对性地进行改进设计，有效地提高系统可靠性水平。

2．故障树的规范化

在对故障树进行分析之前应首先对故障树进行规范化处理使之化为规范化故障树，以便于进行定性与定量分析处理。所谓规范化故障树，是仅含基本事件、结果事件及"与"、"或"、"非"三种逻辑门的故障树。为此需要对逻辑门进行等效变换处理。

（1）顺序与门变换为与门。输出不变，顺序与门变为与门，原输入不变，新增一个顺序条件事件作为输入事件，如图 4-14 所示。

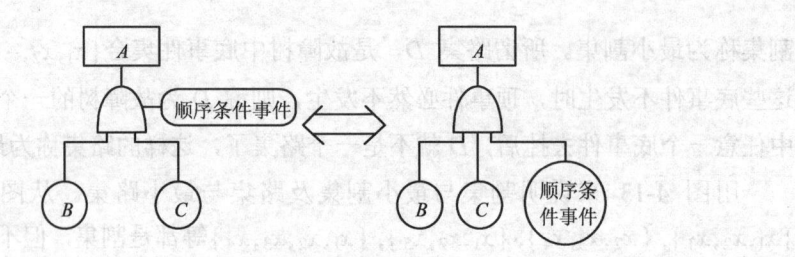

图 4-14 顺序与门变换为与门

（2）表决门变换为或门和与门的组合。一个 N 中取 R 的表决门（表示一共有 N 个原输入事件，当有 R 个输入事件发生时，输出事件就发生，可简称为 R/N 表决门）可以通过下述变换为规范故障树。原输出事件下接一个或门，或门之下有 N 个输出事件。每个事件下再接一个与门，每个与门之下有 R 个原输入事件，如图 4-15 所示。

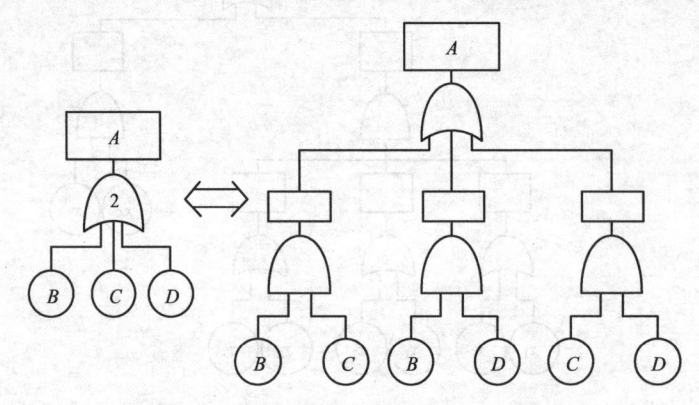

图 4-15 表决门变换为或门和与门的组合

（3）异或门变换为或门、与门和非门的组合。原输出事件不变，异或门变为或门，或门下面接两个与门，每个与门下面分别接一个原输入事件和一个非门，非门之下接一个原输入事件，如图 4-16 所示。

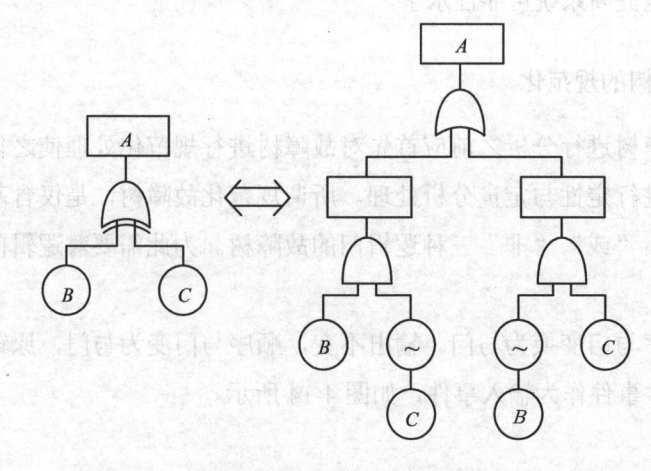

图 4-16 异或门变换为或门、与门和非门的组合

(4)禁门变换为与门。原输出事件不变,禁门变为与门,与门之下有两个输入,一个为原输入事件,另一个为禁门条件事件,如图 4-17 所示。

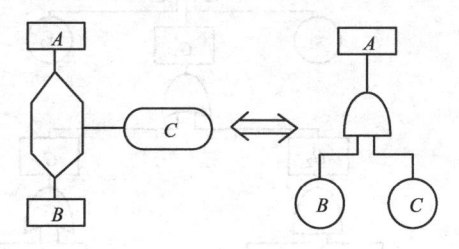

图 4-17 禁门变换为与门

3. 故障树定性分析

设给定故障树是由 n 个底事件组成,x_i 为描述第 i 个底事件的状态的布尔变量,即:

$$x_i = \begin{cases} 1, & \text{若第 } i \text{ 个底事件发生} \\ 0, & \text{若第 } i \text{ 个底事件不发生} \end{cases} \quad i = 1, 2, \cdots, n$$

其集合为 $X = \{x_1, x_2, \cdots, x_n\}$。故障树顶事件的状态变量与底事件状态变量的关系可用结构函数 $\varphi(X) = \varphi(x_1, x_2, \cdots, x_n)$ 来表示。在故障树中,当事件之间只有与门及或门的组合时,所得结构函数必然是单调结构。如果每个单元都与系统有关,而描述系统故障的结构函数 $\varphi(X)$ 是单调的,则此系统为单调关联系统。令 $C_1, C_2, \cdots, C_K$ 为故障树的 k 个最小割集,则:

$$\varphi(X) = \bigcup_{j=1}^{k} \bigcap_{x_i \in c_j} x_i \tag{4-27}$$

式中:k——故障树中最小割集的数目;

c_j——故障树的第 j 个最小割集($j = 1, 2, \cdots, k$)。

进行故障树定性分析的目的是找出故障树顶事件发生的最小割集。研究最小割集可以发现系统的薄弱环节。求最小割集常用的方法有上行法与下行法。

(1)下行法。求最小割集的下行法也称为 Fussell-Vesely 算法。该方法是沿故障树自上而下进行的。其要点是利用与门直接增加割集的容量,利用或门直接增加割集的数目。从顶事件往下逐级进行,若遇到与门,则把与门下面的所有输入事件都排在同一行上。若遇到或门,则把或门下面的所有输入事件都排在同一列上。以此类推,逐级往下,一直到全部为底事件为止。这样得到的底事件集合称为布尔显示割集,经过布尔代数的吸收归并运算后便可得到最小割集。下面以图 4-18 所示故障树图中,G_i 为第 i 个中间事件的状态变量 $i = 1, 2, \cdots, 6$;X_j 为第 j 个底事件的状态变量,$j = 1, 2, \cdots, 8$;T 为顶事件的状态变量。具体步骤见表 4-24,最后得出 9 个割集 $\{x_1\}, \{x_2\}, \{x_4, x_6\}, \{x_4, x_7\}, \{x_5, x_6\}, \{x_5, x_7\}, \{x_3\}, \{x_6\}, \{x_8\}$。

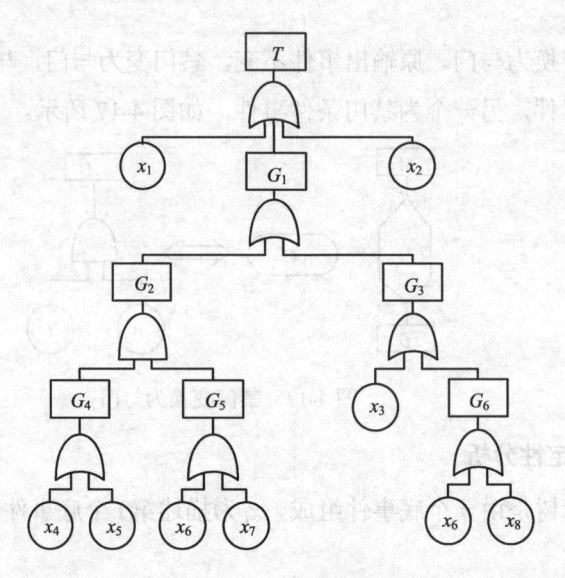

图 4-18 故障树例

表 4-24 用下行法求最小割集

步 骤	1	2	3	4	5	6	7	割 集
	x_1	x_1	x_1	x_1	x_1	x_1	x_1	$\{x_1\}$
	x_2	x_2	x_2	x_2	x_2	x_2	x_2	$\{x_2\}$
	G_1	G_2	$G_4\ G_5$	$G_4\ X_6$	$x_4\ x_6$	$x_4\ x_6$	$x_4\ x_6$	$\{x_4,x_6\}$
		G_3	G_3	$G_4\ X_7$	$x_4\ x_7$	$x_4\ x_7$	$x_4\ x_7$	$\{x_4,x_7\}$
				G_3	$x_5\ x_6$	$x_5\ x_6$	$x_5\ x_6$	$\{x_5,x_6\}$
					$x_5\ x_7$	$x_5\ x_7$	$x_5\ x_7$	$\{x_5,x_7\}$
					G_3	x_3	x_3	$\{x_3\}$
						G_6	x_6	$\{x_6\}$
							x_8	$\{x_8\}$

再进一步就是在 9 个割集中找出最小割集。通过集合运算规则加以简化吸收，即可得到相应的最小割集。因为 $x_6 \cup x_4 x_6 = x_6, x_6 \cup x_5 x_6 = x_6$，所以 x_4, x_6 和 x_5, x_6 被吸收后，即得出最小割集为 $\{x_1\}, \{x_2\}, \{x_4, x_7\}, \{x_5, x_7\}, \{x_3\}, \{x_6\}, \{x_8\}$。

（2）上行法。上行法也称为 Semanderes 算法。这种算法是由下而上进行置换，故称上行法，每做一步都要利用集合运算规则进行简化、吸收，算到最后得到顶事件的底事件积之和表达式，由其中每一项可得一个最小割集。现仍以图 4-18 所示为例，为书写方便起见，用"+"代替"∪"符号，且省去"∩"符号。

故障最下一级为：

$$G_4 = x_4 + x_5$$

$$G_5 = x_6 + x_7$$

$$G_6 = x_6 + x_8$$

往上一级为:

$$G_2 = G_4 G_5 = (x_4 + x_5)(x_6 + x_7) = x_4 x_6 + x_4 x_7 + x_5 x_6 + x_5 x_7$$

$$G_3 = x_3 + G_6 = x_3 + x_6 + x_8$$

再往上一级:

$$G_1 = G_2 + G_3 = x_4 x_6 + x_4 x_7 + x_5 x_6 + x_5 x_7 + x_3 + x_6 + x_8$$

利用集合运算规则，上式简化得:

$$G_1 = x_4 x_7 + x_5 x_7 + x_3 + x_6 + x_8$$

最后一级为:

$$T = x_1 + x_2 + G_1 = x_1 + x_2 + x_4 x_7 + x_5 x_7 + x_3 + x_6 + x_8$$

所得结果与用下行法所求结果一样，即最小割集为:

$$\{x_1\}, \{x_2\}, \{x_4, x_7\}, \{x_5, x_7\}, \{x_3\}, \{x_6\}, \{x_8\}$$

上述算法中要对每一步所得结果进行简化，使之留下的是互不相互包含的事件集合。

4.10.4 故障树的定量分析

故障树定量化的任务是计算或估计系统顶事件发生的概率以确定系统的可靠性指标，确定底事件及割集的发生对顶事件发生的影响程度以分析系统的薄弱环节，改进系统的设计。

在进行故障树定量计算时，一般假设，底事件之间互相独立；底事件和顶事件只考虑两种状态——发生或不发生，即正常与故障两种状态。

1. 顶事件发生概率的计算

故障树分析中用布尔变量来表示底事件的状态，如底事件 i 的布尔变量为 x_i，设 $x_i(t)=1$ 表示第 i 个部件在 t 时刻故障。我们计算事件 i 发生的概率，也就是计算随机变量 $x_i(t)$ 的期望值，即:

$$E[x_i(t)] = P[x_i(t) = 1] = Q_i(t) \tag{4-28}$$

$Q_i(t)$ 的物理意义是：在 $[0,t]$ 时间内事件 i 发生的概率（第 i 个部件的不可靠度）。如果由 n 个事件组成的故障树，其结构函数为 $\varphi(X) = \varphi(x_1, x_2, \cdots, x_n)$。那么顶事件发生的概率，也就是系统的不可靠度 $Q_s(t)$ 为:

$$P(顶事件发生) = Q_s(t) = E[\varphi(X)] \tag{4-29}$$

式中，$Q_s(t)$ 的表达式也可记为 $g[Q(t)]$，而

$$Q(t) = [Q_1(t), Q_2(t), \cdots, Q_n(t)]$$

例如，图 4-19 中具有简单"与或门"结构故障树的顶事件概率的计算如下：

$$\varphi(X) = 1 - [(1-x_1)(1-x_2x_3)] \tag{4-30}$$

当 x_1, x_2, x_3 相互独立时，有

$$Q_s(t) = E[\varphi(X)] = 1 - [1-Q_1(t)][1-Q_2(t)Q_3(t)] \tag{4-31}$$

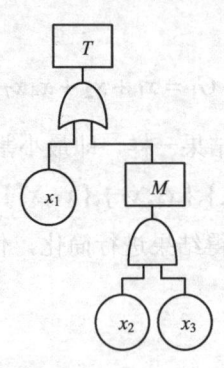

图 4-19 具有简单"与或门"结构的故障树

若已知故障树所有最小割集为 $C_1, C_2, \cdots, C_k$ 及底事件 $X_1, X_2, \cdots, X_k$ 发生的概率，则顶事件发生的概率（系统不可靠度）Q_s 为：

$$Q_s = P(T) = P\left(\bigcup_{j=1}^{k} c_j\right) \tag{4-32}$$

最小割集之间一般有重复事件，即最小割集之间是相交的，此时计算顶事件发生的概率就必须用相容事件的概率公式（容斥公式）或不交化代数。

当采用容斥定理时：

$$\begin{aligned}P(T) &= P(c_1 \cup c_2 \cup \cdots \cup c_k) \\ &= \sum_{i=1}^{k} P(c_i) - \sum_{1 \le i < j \le k} P(c_i c_j) + \sum_{1 \le i < j < l \le k} P(c_i c_j c_l) + \cdots + (-1)^{k-1} P(c_1 c_2 \cdots c_k)\end{aligned} \tag{4-33}$$

式（4-33）共有 $2^{k}-1$ 项，当最小割集数较大时，就会产生组合爆炸问题。如果故障树有 40 个最小割集，则公式就有 $(2^{40}-1) = 1.1 \times 10^{12}$ 项，而每一项又有许多连乘积，即使大型计算机也难以胜任，解决的办法一般是采用不交布尔代数法化相交和为不交和再求顶事件发生的概率。

例如，$P(T) = P(c_i \cup c_j) = P(c_i) + P(c'_i c_j)$，式中 c'_i 表示 c_i 事件的非事件。

在割集数目比较多的情况下，精确计算是极其烦琐的，实际工程中事件发生的概率一般都比较小，高阶的多个事件同时发生的概率更小，因此使用容斥公式一般只求前几项就可得到较好的近似。当部件的失效概率小于等于 0.1 时，采用最小割集独立近似法来计算顶事件就可得到较满意的结果，这时具体公式简化为：

$$P(T) = P\left(\bigcup_{j=1}^{k} c_j\right) \approx 1 - \prod_{j=1}^{k}[1 - \prod_{x_i \in c_j} P(x_i)] \qquad (4\text{-}34)$$

美国著名的 Importance 程序就是以此计算式为基础的。这种近似方法已广泛应用于故障树分析中，故障树顶事件发生的概率（系统的不可靠度）按照容斥公式计算收敛得很快，在 2^{k-1} 项代数和中起主要作用的是首项或首项及第二项，后面的一些数值极微小，所以在实际计算时往往取容斥公式的首项作为近似值，即：

$$P(T) \approx S_1 = \sum_{i=1}^{k} P(c_i) \qquad (4\text{-}35)$$

也可取首项与第二项之半的差作近似值，即：

$$P(T) \approx S_1 - \frac{1}{2}S_2 = \sum_{i=1}^{k} P(c_i) - \frac{1}{2}\sum_{1 \leqslant i < j \leqslant k} P(c_i c_j) \qquad (4\text{-}36)$$

2. 重要度分析

在系统中一个部件或最小割集对顶事件发生的贡献大小称为重要度。重要度对改进系统设计是十分有用的信息。在工程中重要度分析还可用于确定系统运行中需监测的部位及制定系统故障诊断时的核对清单。重要度有不同的含义，下面主要介绍较常用的四种重要度，即概率重要度、结构重要度、关键重要度和相关割集重要度。这些重要度从不同的角度反映了部件对顶事件发生的影响大小。

（1）临界状态与关键部件。系统中的部件可以有多种故障模式，每种故障模式对应于故障树中的一个基本事件。这里所指的重要度均系基本事件重要度的定义和计算方法，部件重要度应等于它所包含的基本事件重要度的和。当部件只有一种故障模式时，部件重要度即等于基本事件重要度。为简单起见，假设部件只含一种故障模式。

在介绍重要度的概念和计算方法之前，首先介绍两个常用到的概念，这就是"系统的临界状态"和"关键部件"。

对 n 部件两态系统，系统的可能状态数为 2^n 个，这 2^n 个状态（微观状态）分别对应于系统正常和系统故障（两个宏观状态）状态。但并非 2^n 个微观状态都能直接引发宏观状态的变化,只有在处于其中某些特殊状态时才能直接引发宏观状态变化,这些特殊状态称为系统的临界状态。任何非临界状态的微观状态都必须首先变成临界状态后才能引发宏观状态变化,系统宏观状态的变化简称系统状态变化。例如,一个两部件并联系统有 4 个微观状态,其中(0,1)、(1,0)、(0,0)属于系统正常状态,(1,1)属于系统故障状态,(0,0)状态不可能直接变为(1,1)状态,因此它不是临界状态。

那些当且仅当该部件状态变化即可导致系统状态变化的部件称为该临界状态的关键部件。关联系统中的任一部件都是关键部件,即任一部件都能在 2^n 个微观状态中找到与之对应的临界状态。显然,任一部件是否成为关键部件,取决于其他 $n-1$ 个部件的状态。因此,凡谈到 i 部件的临界状态时,是指除 i 部件外,其他 $n-1$ 个部件状态的某种组合。仍以两部件并联系统为例,该系统的临界状态有(0,1)、(1,0)、(1,1)三个。一个临界状态可以对应于若干个关键部件,反之一个关键部件也可以对应于若干个临界状态。

(2)概率重要度 $I_i^{Pr}(t)$。设系统的结构函数为:

$$\varphi(X) = \varphi(x_1, x_2, \cdots, x_n) \tag{4-37}$$

设系统故障的概率函数为:

$$g[Q(t)] = g[Q_1(t), Q_2(t), \cdots, Q_n(t)] \tag{4-38}$$

定义概率重要度为:

$$I_i^{P_r}(t) = \frac{\partial g[Q(t)]}{\partial Q_i(t)} = g[1_i, Q(t)] - g[0_i, Q(t)] \tag{4-39}$$

式中:$Q_i(t)$——x_i 发生的概率。

概率重要度的定义可以解释为:i 部件的概率重要度是 i 部件状态取 1 时顶事件概率和 i 部件状态取 0 时顶事件概率值的差。

例 4-7 设有 3 中取 2 表决门系统的故障树,其结构函数为:

$$\varphi = x_1 x_2 + x_1 x_3 + x_2 x_3 = x_1 x_2 + x_1 x_2' x_3 + x_1' x_2 x_3 \tag{4-40}$$

式中:x_1'——x_1 的非;x_2'——x_2 的非。

顶事件概率表达式为:

$$g = Q_1 Q_2 + Q_1(1-Q_2)Q_3 + (1-Q_1)Q_2 Q_3 \tag{4-41}$$

所以:

$$g(1_1, Q) = Q_2 + (1-Q_2)Q_3$$

$$g(0_1, Q) = Q_2 Q_3$$

$$g(1_1, Q) - g(0_1, Q) = Q_2 + (1-Q_2)Q_3 - Q_2Q_3 \tag{4-42}$$

$$\frac{\partial g}{\partial Q_1} = Q_2 + (1-Q_2)Q_3 - Q_2Q_3 \tag{4-43}$$

结合式（4-42）和式（4-43），得：

$$\frac{\partial g}{\partial Q_1} = g(1_1, Q) - g(0_1, Q) \tag{4-44}$$

将式（4-43）展开，得：

$$\frac{\partial g}{\partial Q_1} = Q_2 + Q_3 - 2Q_2Q_3 \tag{4-45}$$

$g(1_1, Q)$的物理意义为：当部件1故障（$Q_1=1$，$(1-Q_1)=0$）时系统故障的概率。$g(1_1, Q) - g(0_1, Q)$就是当且仅当部件1故障时系统故障概率。当且仅当部件1故障时系统的状态为（$x_2=0, x_3=1$）或（$x_2=1, x_3=0$），相应的概率应为$(1-Q_2)Q_3 + Q_2(1-Q_3)$，而：

$$(1-Q_2)Q_3 + Q_2(1-Q_3) = Q_2 + Q_3 - 2Q_2Q_3 \tag{4-46}$$

这和式（4-45）的结果相同，这就说明部件1的概率重要度的物理意义为：当且仅当部件1故障系统即故障的概率。

由上例的分析不难得到一般性的结论。部件i概率重要度的物理含义为：系统处于当且仅当部件i故障系统即故障的状态的概率。联系到前面关于关键部件和临界状态的定义，又可以说，部件i的概率重要度就是系统处于部件i的关键部件状态的概率，或者说，部件i的概率重要度就是系统处于部件i的临界状态的概率。

例4-8 试计算2部件串联、2部件并联和3中取2表决系统的概率重要度，假设各部件寿命服从指数分布。设工作时间和故障率分别为：$t=20$ h，$\lambda_1=0.001$/h，$\lambda_2=0.002$/h，$\lambda_3=0.003$/h。

解：由题设，三个部件的不可靠度分别为：

$$Q_1 = 1 - e^{-\lambda_1 t} = 1 - e^{-0.001 \times 20} = 1.980\,13 \times 10^{-2}$$

$$Q_2 = 1 - e^{-\lambda_2 t} = 3.921\,06 \times 10^{-2}$$

$$Q_3 = 1 - e^{-\lambda_3 t} = 5.823\,55 \times 10^{-2}$$

对于2部件串联系统：

$$g = Q_1 + Q_2 - Q_1Q_2$$

$$I_1^{Pr} = \frac{\partial g}{\partial Q_1} = 1 - Q_2 = 9.60789 \times 10^{-1}$$

$$I_2^{Pr} = \frac{\partial g}{\partial Q_2} = 1 - Q_1 = 9.80199 \times 10^{-1}$$

对于 2 部件并联系统：

$$g = Q_1Q_2$$

$$I_1^{Pr} = \frac{\partial g}{\partial Q_1} = Q_2 = 3.92106 \times 10^{-2}$$

$$I_2^{Pr} = \frac{\partial g}{\partial Q_2} = Q_1 = 1.98013 \times 10^{-2}$$

对于 3 中取 2 表决系统：

$$g = Q_1Q_2 + Q_2Q_3 + Q_1Q_3 - 2Q_1Q_2Q_3$$

$$I_1^{Pr} = \frac{\partial g}{\partial Q_1} = Q_2 + Q_3 - 2Q_2Q_3 = 9.28792 \times 10^{-2}$$

$$I_2^{Pr} = \frac{\partial g}{\partial Q_2} = Q_1 + Q_3 - 2Q_1Q_3 = 7.57305 \times 10^{-2}$$

$$I_3^{Pr} = \frac{\partial g}{\partial Q_3} = Q_2 + Q_1 - 2Q_1Q_3 = 5.74591 \times 10^{-2}$$

对于 2 部件串联系统，只要任何一个部件故障系统即故障，因此，当且仅当部件 1 故障系统即故障的状态为部件 2 完好，反之，当且仅当部件 2 故障系统即故障的状态为部件 1 完好，故：

$$I_1^{Pr} = 1 - Q_2 = A_2$$

$$I_2^{Pr} = 1 - Q_1 = A_1$$

式中：A_1, A_2——部件 1 和部件 2 的可靠度。

对于 2 部件并联系统，当且仅当一个部件故障系统即故障的状态为另一个部件也故障，故：

$$I_1^{Pr} = Q_2$$

$$I_2^{Pr} = Q_1$$

（3）结构重要度。对于单调关联系统，第 i 个部件的状态从 0 变到 1，相应系统状态可能有下述三种变化：

① $\varphi(0_i, X) = 0 \to \varphi(1_i, X) = 1$

$$\varphi(1_i, X) - \varphi(0_i, X) = 1 \tag{4-47}$$

② $\varphi(0_i, X) = 0 \to \varphi(1_i, X) = 0$

$$\varphi(1_i, X) - \varphi(0_i, X) = 0 \tag{4-48}$$

③ $\varphi(0_i, X) = 1 \to \varphi(1_i, X) = 1$

$$\varphi(1_i, X) - \varphi(0_i, X) = 0 \tag{4-49}$$

对于 i 部件某一给定状态,其余部件的可能状态组合有多种,定义如下:

$$n_i^\varphi = \sum_{(2^{n-1})} \left[\varphi(1_i, X) - \varphi(0_i, X) \right] \tag{4-50}$$

显然这种求和仅对第①种情况的发生次数进行了累加,其他两种情况的贡献均为 0。情况①的发生次数就是 i 部件的临界状态数,显然部件的临界状态越多,该部件导致系统故障的可能性就越大,故 n_i^φ 可作为第 i 个部件对系统故障影响大小的量度。为使每个部件的结构重要度不大于 1,定义 i 部件的结构重要度为:

$$I_i^{St}(t) \equiv \left(1/2^{n-1}\right) n_i^\varphi(t) \tag{4-51}$$

由上式计算 $I_i^{St}(t)$ 是很烦琐的,只在系统部件数很少时可行。实际上可用概率重要度来计算结构重要度。可以证明,若所有部件故障和正常的概率均为 1/2,则有:

$$I_i^{St}(t) = I_i^{Pr}(t) \tag{4-52}$$

例 4-9 对于 2 部件并联系统,用上述方法计算结构重要度,对式(4-52)进行验证。

解:两部件并联系统的可能状态数为 4,当其中一个部件状态固定后,系统可能取的状态只有两个,即另一个部件的两种状态。对于并联系统,用第一种方法得到结构重要度为:

$$I_i^{St}(t) = \frac{1}{2^{n-1}} \sum_{(2^{n-1})} \left\{ \varphi[1_i, X(t)] - \varphi[0_i, X(t)] \right\} = 1/2 \left[(1-0) + (0-0) \right] = 1/2$$

用第二种方法计算结构重要度时,先假设两个部件的故障概率分别等于 1/2,则有

$$I_1^{St}(t) \equiv I_1^{Pr}(t) = Q_2 = 1/2$$

$$I_2^{St}(t) \equiv I_2^{Pr}(t) = Q_1 = 1/2$$

例 4-10 计算图 4-20 所示各部件的结构重要度。

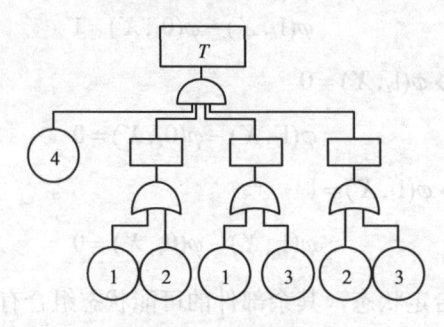

图 4-20 故障树例

这个系统共有四个最小割集，它们是 $\{x_4\}$，$\{x_1, x_2\}$，$\{x_1, x_3\}$，$\{x_2, x_3\}$。所以：

$$\phi(X) = x_4 + x_4' x_1 x_2 + x_4' x_1 x_2' x_3 + x_4' x_1' x_2 x_3$$

$$g = Q_4 + (1-Q_4)Q_1 Q_2 + (1-Q_4)Q_1(1-Q_2)Q_3 + (1-Q_4)(1-Q_1)Q_2 Q_3$$

令 $Q_i = \dfrac{1}{2}$, $i=1, 2, 3, 4$，则

$$I_1^{St}(t) = \frac{\partial g}{\partial Q_1} = (1-Q_4)Q_2 + (1-Q_4)(1-Q_2)Q_3 - (1-Q_4)Q_2 Q_3$$

$$= 1/4 + 1/8 - 1/8 = 1/4$$

由于部件 2、部件 3 和部件 1 在结构中地位相同，所以它们的结构重要度应相等。故：

$$I_2^{St}(t) = I_3^{St}(t) = I_1^{St}(t) = 1/4$$

令 $Q_i = \dfrac{1}{2}$, $i=1, 2, 3, 4$，则

$$I_4^{St}(t) = \frac{\partial g}{\partial Q_4} = 1 - Q_1 Q_2 - Q_1(1-Q_2)Q_3 - (1-Q_1)Q_2 Q_3$$

$$= 1 - 1/4 - 1/8 - 1/8 = 1/2$$

（4）关键重要度 $I_i^{Cr}(t)$。概率重要度在数学上的意义是部件概率改变 1 个单位所引起系统概率的变化。但是由于部件原有的概率大小不同，它们同样变化 1 个单位的难易也不同，这种性质在概率重要度中反映不出来，关键重要度是一个变化率的比，即部件故障概率的变化率所引起的系统故障概率的变化率，这就把改善一个已经比较可靠的部件比改善一个尚不太可靠的部件难这一性质考虑进去了，从上述意义上讲称为相对概率重要度更恰当，但习惯仍沿用关键重要度名称。

定义关键重要度为：

$$I_i^{Cr}(t) \equiv \lim_{\Delta Q_i \to 0} \left\{ \frac{\Delta g[Q(t)]}{g[Q(t)]} \right\} \bigg/ \left[\frac{\Delta Q_i(t)}{Q_i(t)} \right] = \left[\frac{Q_i(t)}{g(t)} \right] \left\{ \frac{\partial g[Q(t)]}{\partial Q_i(t)} \right\} \quad (4\text{-}53)$$

因为

$$I_i^{Pr}(t) = \frac{\partial g[Q(t)]}{\partial Q_i(t)} \quad (4\text{-}54)$$

所以

$$I_i^{Cr}(t) = \left[\frac{Q_i(t)}{g(t)} \right] I_i^{Pr}(t) \quad (4\text{-}55)$$

例 4-11 试计算 2 部件串联、2 部件并联和 3 中取 2 表决系统的关键重要度，假设各部件寿命均服从指数分布。设工作时间和故障率分别为：$t=20$ h，$\lambda_1=0.001/\text{h}$，$\lambda_2=0.002/\text{h}$，$\lambda_3=0.003/\text{h}$。（概率重要度已在前面的例子中求出。）

对于 2 部件串联系统：

$$g = Q_1 + Q_2 - Q_1 Q_2 = 5.978\,832 \times 10^{-2}$$

$$I_1^{Cr} = \left(\frac{Q_1}{g} \right) I_1^{Pr} = \frac{1.980\,13 \times 10^{-2}}{5.978\,832 \times 10^{-2}} \times 9.607\,89 \times 10^{-1} = 3.182\,038\,1 \times 10^{-1}$$

$$I_2^{Cr} = \left(\frac{Q_2}{g} \right) I_2^{Pr} = \frac{3.921\,06 \times 10^{-2}}{5.978\,832 \times 10^{-2}} \times 9.801\,99 \times 10^{-1} = 6.428\,377\,8 \times 10^{-1}$$

对于 2 部件并联系统：

$$g = Q_1 Q_2$$

$$I_1^{Cr} = \left(\frac{Q_1}{g} \right) I_1^{Pr} = \left(\frac{1}{Q_2} \right) I_1^{Pr} = \left(\frac{1}{Q_2} \right) Q_2 = 1$$

$$I_2^{Cr} = \left(\frac{Q_2}{g} \right) I_2^{Pr} = \left(\frac{1}{Q_1} \right) Q_1 = 1$$

对于 3 中取 2 系统：

$$g = Q_1 Q_2 + Q_1(1-Q_2)Q_3 + (1-Q_1)Q_2 Q_3 = 4.122\,578 \times 10^{-3}$$

$$I_1^{Cr} = \left(\frac{Q_1}{g} \right) I_1^{Pr} = \frac{1.980\,13 \times 10^{-2}}{4.122\,578 \times 10^{-3}} \times 9.287\,92 \times 10^{-2} = 4.461\,113\,83 \times 10^{-1}$$

$$I_2^{Cr} = \left(\frac{Q_2}{g}\right)I_2^{Pr} = \frac{3.92106\times10^{-2}}{4.122578\times10^{-3}}\times 7.57305\times10^{-2} = 7.20286786\times10^{-1}$$

$$I_3^{Cr} = \left(\frac{Q_3}{g}\right)I_3^{Pr} = \frac{5.82355\times10^{-2}}{4.122578\times10^{-3}}\times 5.74591\times10^{-2} = 8.11666764\times10^{-1}$$

关键重要度的表达式（4-53）可写为：

$$I_i^{Cr}(t) = \frac{1}{g}Q_i I_i^{Pr}(t) \tag{4-56}$$

式中：$I_i^{Pr}(t)$——系统处于 i 部件为关键部件的临界状态的概率；

Q_i——i 部件发生故障的概率。

因此 $Q_i I_i^{Pr}$ 就是 i 部件触发系统故障的概率。$Q_i I_i^{Pr}$ 越大，表明由 i 部件触发系统故障的可能性就越大。于是可以按关键重要度的大小，列出系统部件诊断检查的顺序表来指导系统的运行和维修，以利于用最快的速度排除系统的故障。

例 4-12 计算图 4-20 所示系统各部件的关键重要度，并列出诊断检查顺序表，设 $Q_1 = Q_2 = Q_3 = 0.6$，$Q_4 = 0.2$。

解：由前面的例子可知图 4-18 中构成部件割集的部件 4 的结构重要度最大，比部件 1、部件 2 和部件 3 结构重要度大 1 倍，但这不能作为诊断检查顺序的依据，这些部件触发系统故障的概率应由关键重要度确定。计算结果为：

$$g = Q_4 + (1-Q_4)Q_1Q_2 + (1-Q_4)Q_1(1-Q_2)Q_3 + (1-Q_4)(1-Q_1)Q_2Q_3 = 0.7184$$

$$I_1^{Cr} = \left(\frac{1}{0.7184}\right)Q_1[(1-Q_4)Q_2 + (1-Q_4)(1-Q_2)Q_3 - (1-Q_4)Q_2Q_3] = 0.3207$$

$$I_2^{Cr} = I_3^{Cr} = I_1^{Cr} = 0.3207$$

$$I_4^{Cr} = \frac{1}{0.7184}Q_4[1-Q_1Q_2 - Q_1(1-Q_2)Q_3 - (1-Q_1)Q_2Q_3]$$
$$= 0.0981$$

由关键重要度可知，系统诊断检查的顺序为部件 1、部件 2 和部件 3，其次为部件 4。

（5）相关割集重要度 $I_i^{Rc}(t)$。首先定义相关割集和无关割集，部件 i 的相关割集是指含部件 i 的割集，部件 i 的无关割集是指不含部件 i 的割集，这里割集均为最小割集的简称。

若系统的全部割集中有 N_i 个部件 i 的相关割集，则定义为：

$$g_i[Q(t)] = P_r \left(\bigcup_{j=1}^{N_i} \prod_{x_l \in k_j} x_l \right) \tag{4-57}$$

$g_i[Q(t)]$ 的意义是至少一个部件 i 的相关割集发生的概率，k_j 是第 j 个 i 部件的相关割集，$\bigcup_{j=1}^{N_i} \prod_{x_l \in k_j} x_l$ 的意义是全部 N_i 个 i 部件相关割集的并集。

定义部件 i 的相关割集重要度为：

$$I_i^{Rc}(t) \equiv \frac{g_i[Q(t)]}{g[Q(t)]} \tag{4-58}$$

$g_i[Q(t)]$ 和关键重要度中的 $Q_i(t)I_i^{Pr}(t)$ 略有不同，后者排除了所有无关割集发生的情况，前者仅排除了无关割集发生但相关割集不发生的情况，保留了无关割集发生相关割集也发生的情况，所以 $g_i[Q(t)]$ 大于 $Q_i(t)I_i^{Pr}(t)$。由于无关割集和相关割集同时发生的概率很小，二者的计算值很相近。所以当部件的不可用度或不可靠度足够小时，可用相关割集发生概率的和来近似，即：

$$g_i[Q(t)] = \sum_{j=1}^{N_i} \prod_{x_l \in k_j} Q_l(t) \tag{4-59}$$

而 $g_i[Q(t)]$ 的近似计算比 $Q_i I_i^{Pr}(t)$ 简单，常利用近似计算的相关割集重要度来排列系统部件的诊断检查顺序。

4.10.5 故障树应用示例

例 4-13 压力罐系统压力罐破裂风险的故障树分析。

本例研究图 4-21 所示压力罐系统在启动泵之后压力罐破裂风险产生的技术原因，以及为控制该技术风险而采取的改进的设计方案。

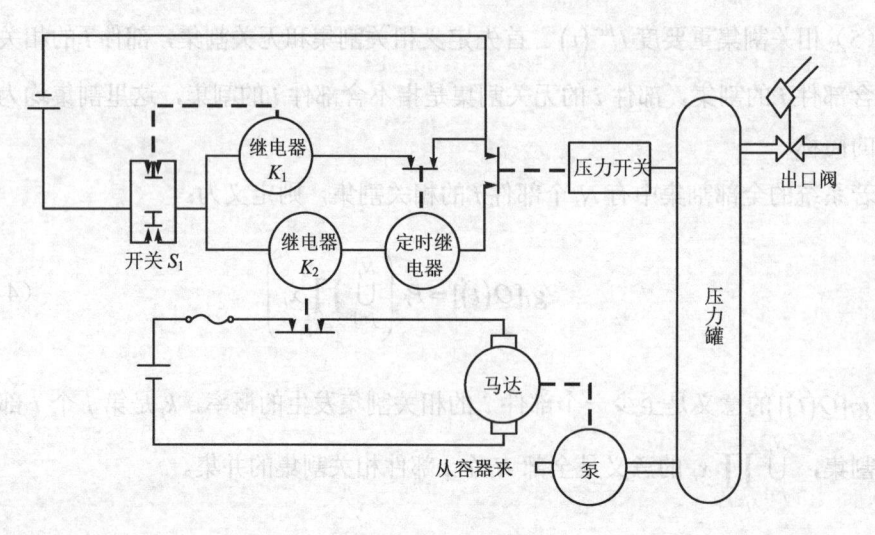

图 4-21 压力罐系统

图 4-21 给出了压力罐—泵—马达装置及其控制系统,其工作模式如图 4-22 所示。

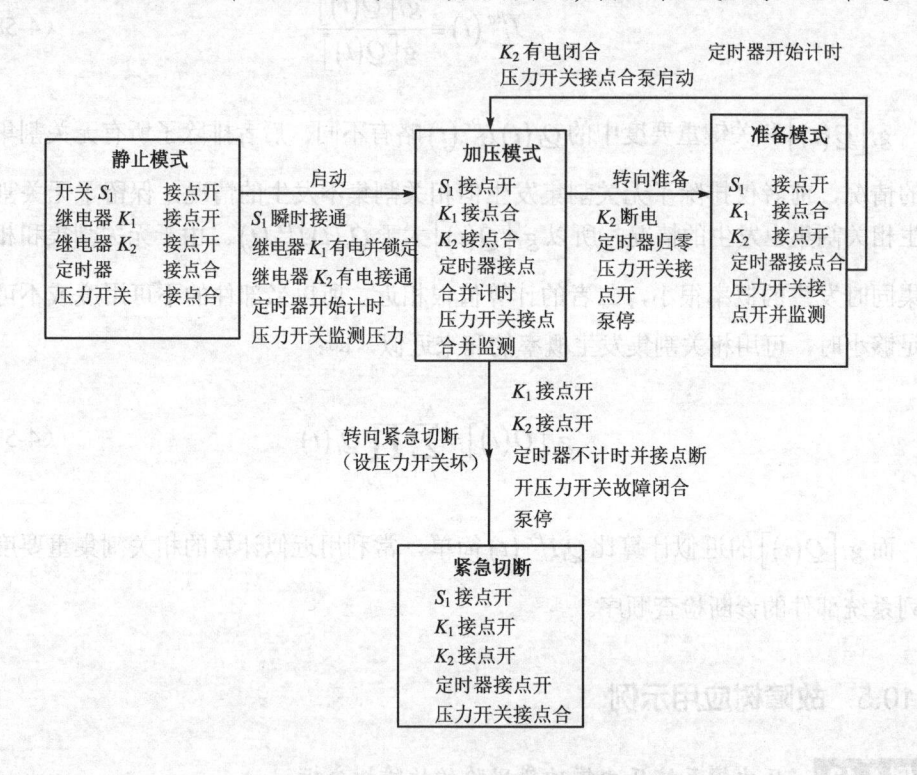

图 4-22 压力罐系统工作模式

控制系统的作用是控制泵的开、停。泵把流体从无限大的容器中压到罐中去。当罐的内压低于整定值时,压力开关的接点是闭合的。达到整定压力后,压力开关接点断开,继电器 K_2 的线圈断电,然后 K_2 的接点断开,切断泵的电源,使泵马达停下来。压力罐接一流出阀，它可以在可忽略的时间内泄放整个罐的压力，但该流出阀不是压力安全阀。当罐放空时，压力开关接点闭合，重复以上循环。

先考虑系统处于静止模式：开关 S_1 的接点打开，继电器 K_1 接点打开，K_2 接点也打开，即控制系统无电。此时时间继电器接点是闭合的。还假定压力罐是空的，压力开关的接点也是闭合的。

瞬时压下开关 S_1，系统开始工作。继电器 K_1 的线圈加上电从而接通 K_1 的接点，这样继电器 K_1 在电气上自锁定。K_1 接点的闭合使 K_2 线圈有电，K_2 接点的闭合则使泵马达启动。

时间继电器在压力开关事故闭合时，起事故切断的作用。开始时间继电器接点闭合而线圈无电。当 K_1 接点接通时时间继电器线圈立即加上电并开始计时。如果到 60s 而线圈继续有电，则时间继电器接点断开并锁定在断开位置，从而切断 K_1 线圈电源并使整个系统切断。在正常状态下，当压力开关接点打开和 K_2 也断开时，时间继电器归零（0s 位置）。

取"不希望的事件"为：启动泵之后压力罐破裂。

如果忽略泵和管道的失效及其派生的二次失效（当然，我们主要感兴趣的事件"启动泵之后压力罐破裂"是唯一例外，不能忽略），那么可以大大简化问题。作了这项简化以及"无限大的容器"、"出口阀瞬间可以放空压力罐"那样的简化后，可以方便地来解释建树的主要步骤。否则会过于纠缠细节而影响对整个系统的观察。

首先检查顶事件的表述是否符合"是什么"故障和"在任何条件下发生"这个规则？其次提出问题："这故障是由部件失效造成的吗？"，回答是"是"。即在顶事件下面加个或门，并考虑一次的、二次的和指令性的类型（但在本例中没有指令性失效）。这样进行了建树的第一步，如图4-23所示。

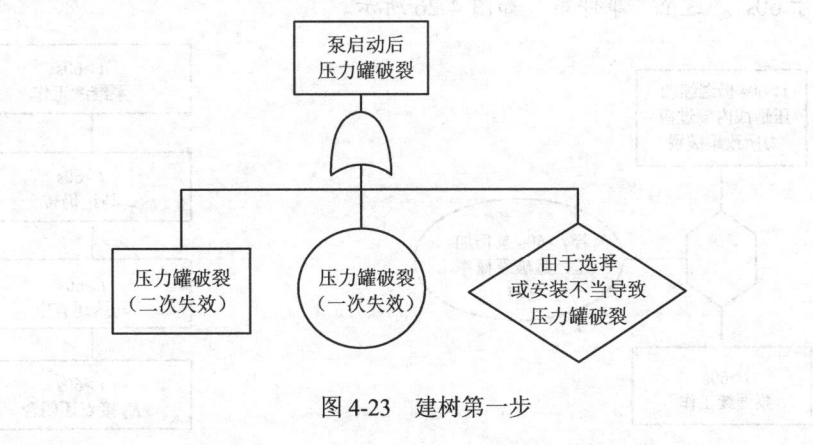

图4-23　建树第一步

下面分析压力罐的二次失效。因为压力罐的二次失效不能由一个部件的失效所造成，所以引入另一个或门，如图4-24所示。

再说一下，菱形符号表示无须再进一步分析其原因事件，而矩形符号表示结果事件，需要更详细地描述其原因。

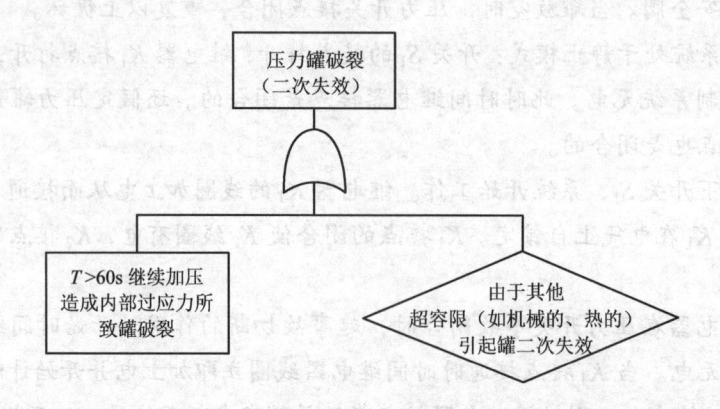

图 4-24 建树第二步

泵加压时间大于 60s 而压力罐奇迹般地顶得住是可能的，但从保守的原则出发，我们只能做这样的描述："泵加压大于 60s 则压力罐恒破裂。"采用禁门可在故障树中表示出仅在此条件下输入事件直接引起输出事件（见图 4-25），禁门的输入为："t 大于 60s 仍继续加压。"

禁门输入事件是一个部件性故障事件吗？不是。泵在工作和工作多长时间不能归类于部件性故障事件。它应当被归类为"系统性故障"。在"系统性故障"下边可接或门、与门、禁门，或者不接逻辑门。现在进一步查找直接的、至少必须的和充分的原因。直接的原因是"马达转 60s 以上"，是一个"系统性故障"。它的直接原因是"马达供电时间大于 60s"，也是一个"系统性故障"。后一事件的直接原因是"K_2 继电器接点闭合时间大于 60s"。这个"事件串"如图 4-26 所示。

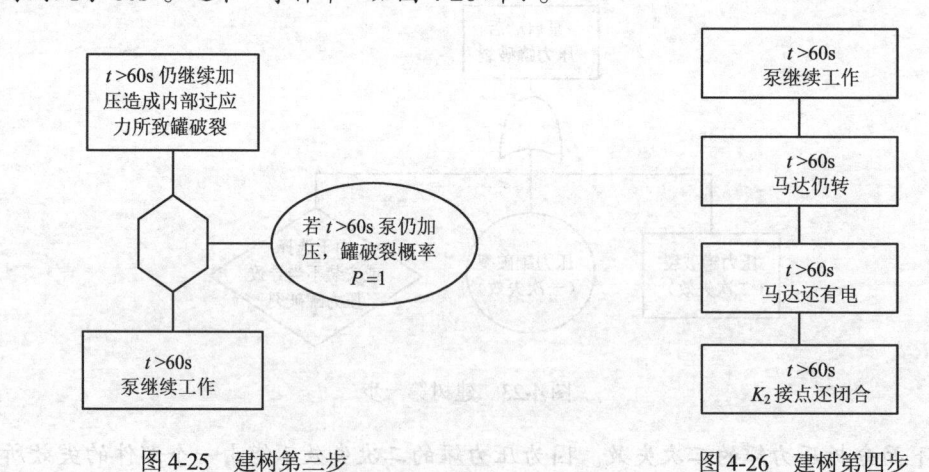

图 4-25 建树第三步

图 4-26 建树第四步

这样，从"泵加压大于 60s"跳到"K_2 继电器接点闭合时间大于 60s"不会失掉什么。但是，评述中间事件是无害的，事实上，还减少了出错机会。

故障事件"K_2 接点闭合时间超过 60s"可由部件失效而造成吗?是的。接点可能卡住、焊住或熔蚀。因此,下接或门并分析其一次失效、二次失效和指令性失效,如图 4-27 所示。

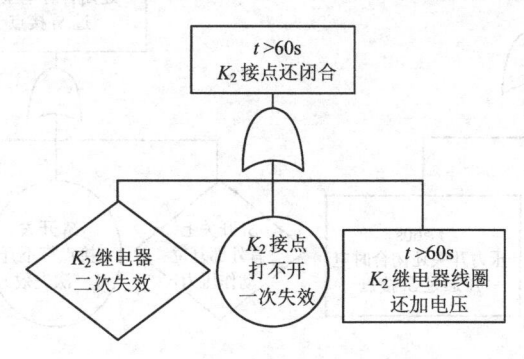

图 4-27 建树第五步

这里的感兴趣事件是矩形所描述的指令性失效事件。指令性失效包括部件动作正常,但由于来自另一部件的错误信号指令而在错误的时间或地点动作。在本例中,错误的信号就是 K_2 继电器加电时间超过 60s,这个"系统性故障"可接图 4-28 分析。

图 4-28 中,压力开关接点闭合本来不是故障,但它闭合 60s 以上是故障。类似地,电压加到压力开关接点本身也不是故障,但电压连续加到它上面的时间超过 60s 就是故障。

故障事件"压力开关接点闭合超过 60s"可由元件故障造成,所以应下接或门,如图 4-29 所示。

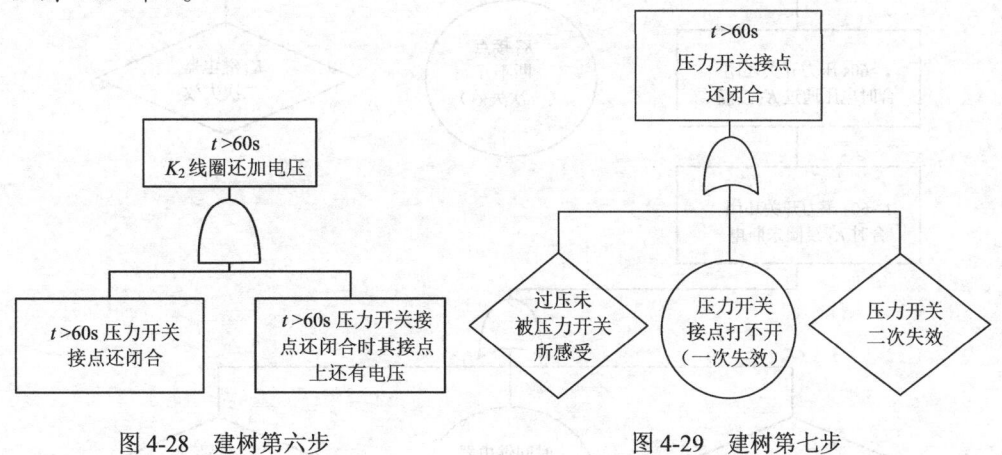

图 4-28 建树第六步　　　　图 4-29 建树第七步

至此,故障树的这一分支已到终点,因为所有的输入事件均为圆形或菱形。

再分析图 4-28 中的另一输入事件,如图 4-30 所示。

图 4-30 的两个输入事件都是"部件性故障",右侧的一个更容易分析,如图 4-31 所示。

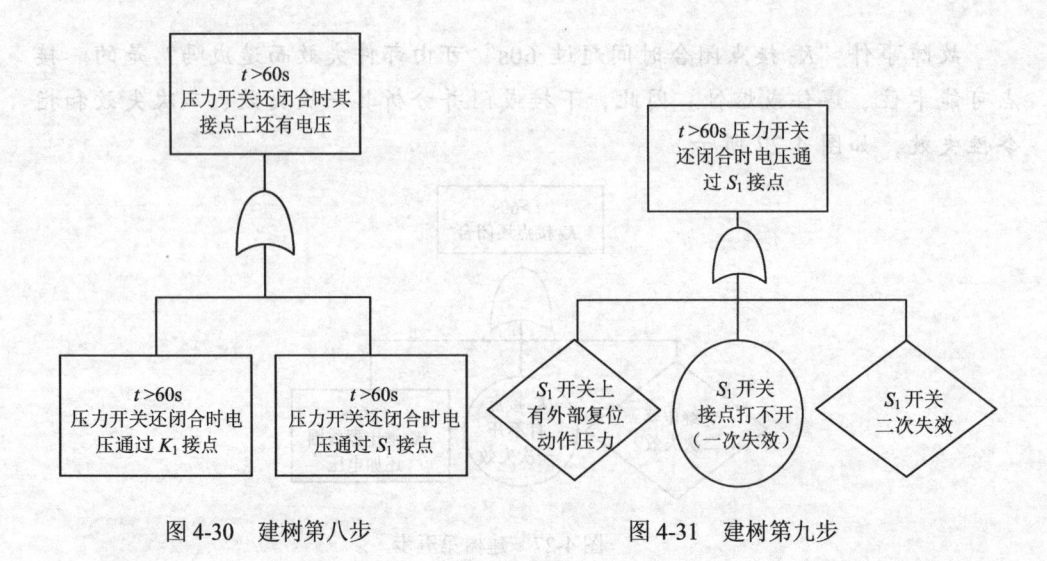

图 4-30　建树第八步　　　　　　　　图 4-31　建树第九步

这里到达了故障树另一分支的终点。图 4-30 中剩下的输入事件的分析如图 4-32 所示。至此建树已告完成，一步一步地最终找到时间继电器的故障。压力罐的完整故障树如图 4-33 所示。

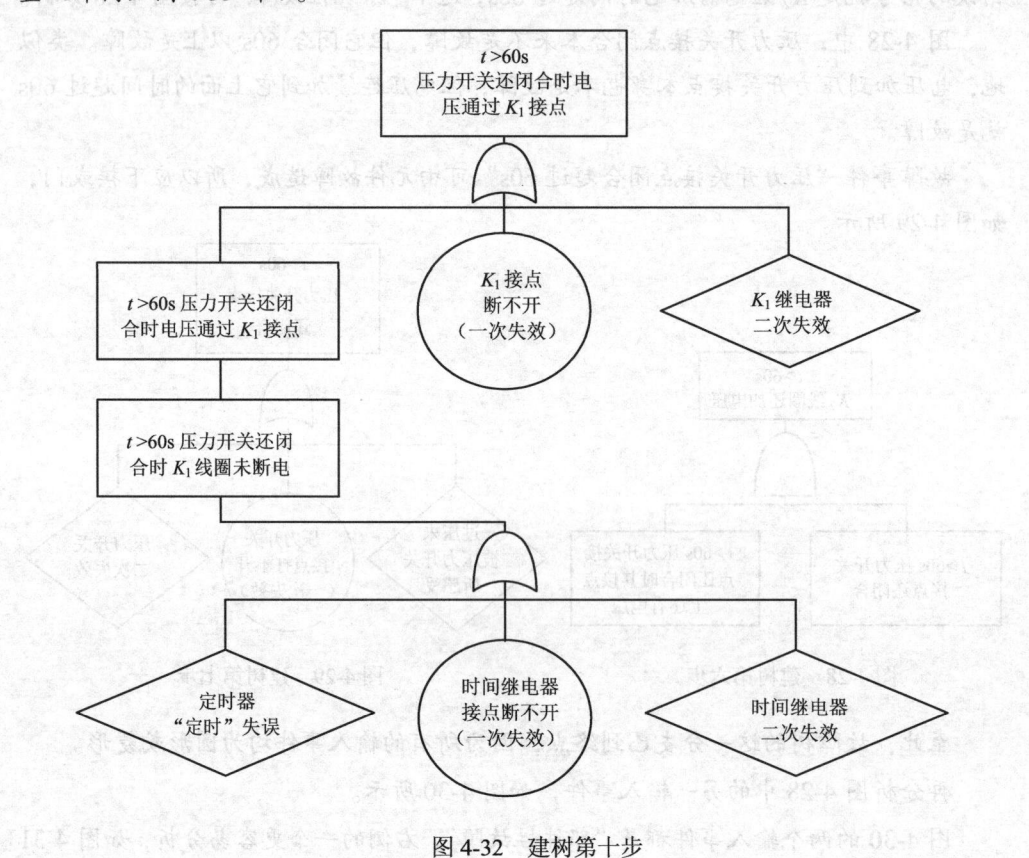

图 4-32　建树第十步

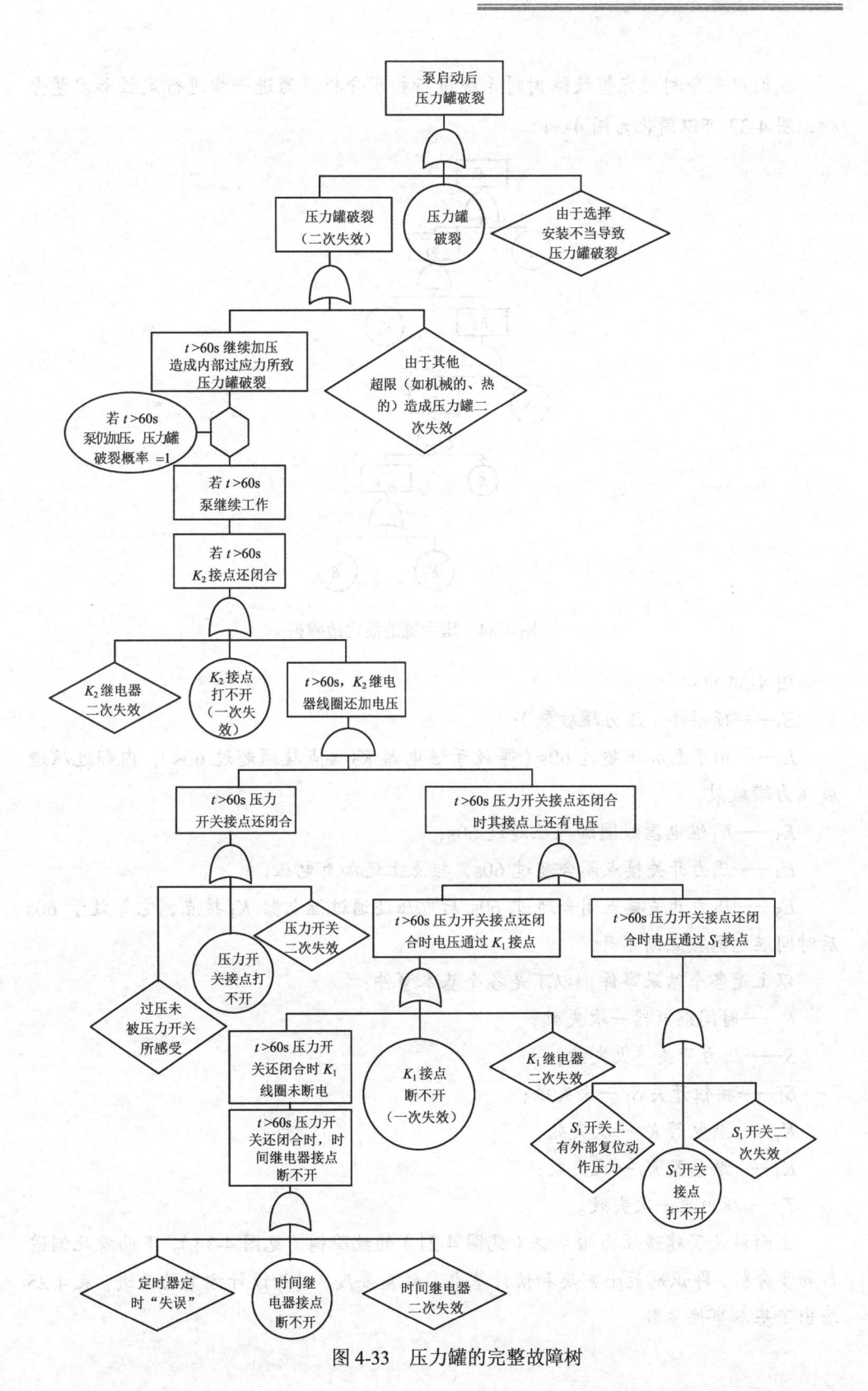

图 4-33　压力罐的完整故障树

我们应充分利用完整故障树对系统进行初步分析。为进一步进行定性和定量分析，图 4-33 可以简化为图 4-34。

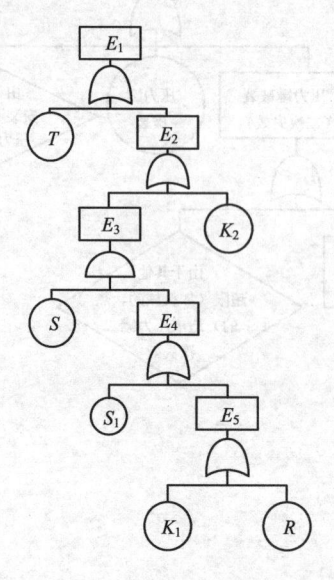

图 4-34 压力罐的简化故障树

图 4-34 中：

E_1——顶事件（压力罐破裂）；

E_2——由于泵加压超过 60s（等效于继电器 K_2 接点接通超过 60s），内部过压造成压力罐破裂；

E_3——K_2 继电器线圈加电压超过 60s；

E_4——压力开关接点闭合超过 60s，接点上还加有电压；

E_5——压力开关接点闭合超过 60s 后电压还通过继电器 K_1 接点，它等效于 60s 后时间继电器接点断不开。

以上是各个结果事件，以下是各个基本事件：

R——时间继电器一次失效；

S——压力开关一次失效；

S_1——按钮开关 S_1 一次失效；

K_1——继电器 K_1 一次失效；

K_2——继电器 K_2 一次失效；

T——压力罐一次失效。

上面讨论了建造压力罐系统（见图 4-21）的故障树（见图 4-34）。下面就此例进行初步分析，即识别最小割集和估计基本事件重要度，讨论设计方案的改进。表 4-25 给出了基本事件参数。

表 4-25 各基本事件参数

事件	描述	失效率 λ (1/h)	维修时间 τ (h)	不可用度* $Q=\lambda\tau$
T	压力罐一次失效破裂	10^{-8}	500	5×10^{-6}
K_2	K_2继电器常闭触点打不开	10^{-5}	10	1×10^{-4}
S	压力开关触点打不开	10^{-5}	10	1×10^{-4}
S_1	复位按钮固定在关的位置	10^{-5}	10	1×10^{-4}
K_1	K_1继电器常闭触点打不开	10^{-5}	10	1×10^{-4}
R	时间继电器触点打不开	10^{-5}	10	1×10^{-4}

*注：$Q=\dfrac{\lambda}{\lambda+\mu}$，若 $\mu\gg\lambda$，则 $Q=\dfrac{\lambda}{\mu}=\lambda\dfrac{1}{\mu}=\lambda\tau$。

第一步求得全部最小割集为：

$$\{T\},\{K_2\},\{S,S_1\},\{S,K_1\},\{S,R\}$$

第二步由全部最小割集求各基本事件的结构重要度和关键重要度，并列出各基本事件对系统的重要度顺序。

$$\varphi(X)=T+T'K_2+T'K_2'SS_1+T'K_2'S_1'SK_1+T'K_2'S_1'K_1'SR$$

$$g=Q_T+(1-Q_T)Q_{K_2}+(1-Q_T)(1-Q_{K_2})Q_SQ_{S_1}+$$
$$(1-Q_T)(1-Q_{K_2})(1-Q_{S_1})Q_SQ_{K_1}+$$
$$(1-Q_T)(1-Q_{K_2})(1-Q_{S_1})(1-Q_{K_1})Q_SQ_R$$

各基本事件的结构重要度和关键重要度以及重要度顺序如表 4-26 所示。

表 4-26 各基本事件重要度及重要度顺序表

事件	结构重要度	关键重要度	重要度顺序
K_2	9/32	≈ 1	1
T	9/32	≈ 0.05	2
S	7/32	$\approx 3\times10^{-4}$	3
S_1	1/32	$\approx 1\times10^{-4}$	4
K_1	1/32	$\approx 1\times10^{-4}$	4
R	1/32	$\approx 1\times10^{-4}$	4

从表 4-26 可以看出，基本事件 K_2 导致系统故障的概率分别比 T 大 20 倍，比 S 大 3 300 倍，比其他大 10 000 倍，因此，K_2 是系统的薄弱环节，也是改善系统提高系统可靠性的关键环节。分析一下，现实的办法是修改设计，使一阶最小割集 K_2 不再存在，修改后的设计如图 4-35 所示。同时也在压力罐上安装了压力安全阀，使最小割集的阶数比原设计提高一阶。

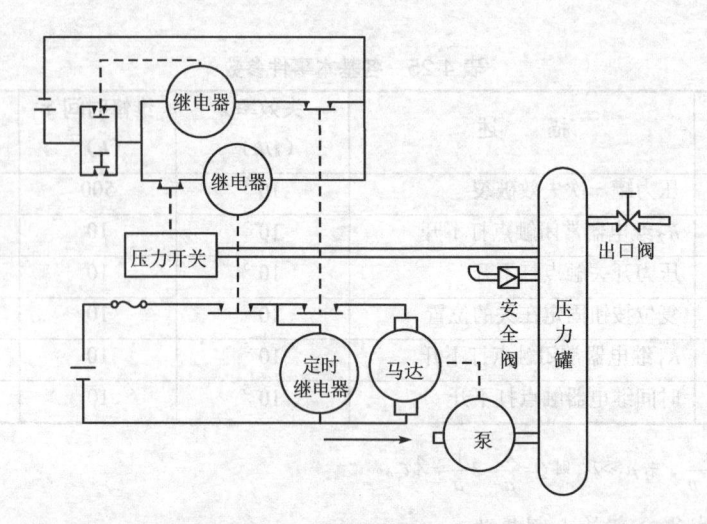

图 4-35 压力罐系统改进设计方案

除定时继电器外，改进方案的工作原理与原方案一样。定时继电器在开泵 60s 以后停记。如果在定时器停记之前，即在 60s 之内，定时继电器已被断电，则定时继电器自己复原，使接点 T_1 和 T_2 保持闭合。在定时继电器停记时，T_1 和 T_2 断开。在 T_1 和 T_2 断开时，如果定时继电器断电，则定时继电器旁侧一个限制装置使接点 T_1 和 T_2 闭合，达到了自动复原。如果在接点 T_1 和 T_2 断开时，定时继电器没有断电（由于接点 K_2 断不开），则接点 T_1 和 T_2 不能闭合，定时继电器不能自动复原，必须手动复原。这样，仅仅发生 K_2 接点失效（断不开）就不再是破坏性的了。

表 4-27 的说明有助于对改进方案的理解。

表 4-27 系统运行模式和应采取的行动

系统运行模式	K_2 接点位置	T_1 和 T_2 接点位置	为使泵重开应采取的行动
正常运行	当压力开关断开时，断开	保持闭合	无（自动响应）
压力开关接点断不开	当接点 T_2 断开时，K_2 断开	当定时器停记时，瞬间断开	按下复原开关 S_1
K_2 接点断不开	当定时器停记时，K_2 还闭合	当定时器停记时，断开；当定时器被手动复原时，闭合	定时器须手动复原

图 4-36 是压力罐系统改进设计方案的故障树。其中增加了一个基本事件 P（安全阀失效）。

对图 4-36 中的故障树进行简化，略去其中菱形符号，可求出：一阶最小割集 T、三阶最小割集 $\{P, R, K_2\}$、四阶最小割集 $\{P, R, S, K_1\}$ 和 $\{P, R, S, S_1\}$。

改进的设计方案与原方案相比，割集的阶数明显提高，已没有二阶割集。割集阶数越高，说明该故障模式发生的概率越小，即发生的风险越小，因此系统越安全。

由此可知，新方案明显降低了压力罐系统压力罐破裂的风险。

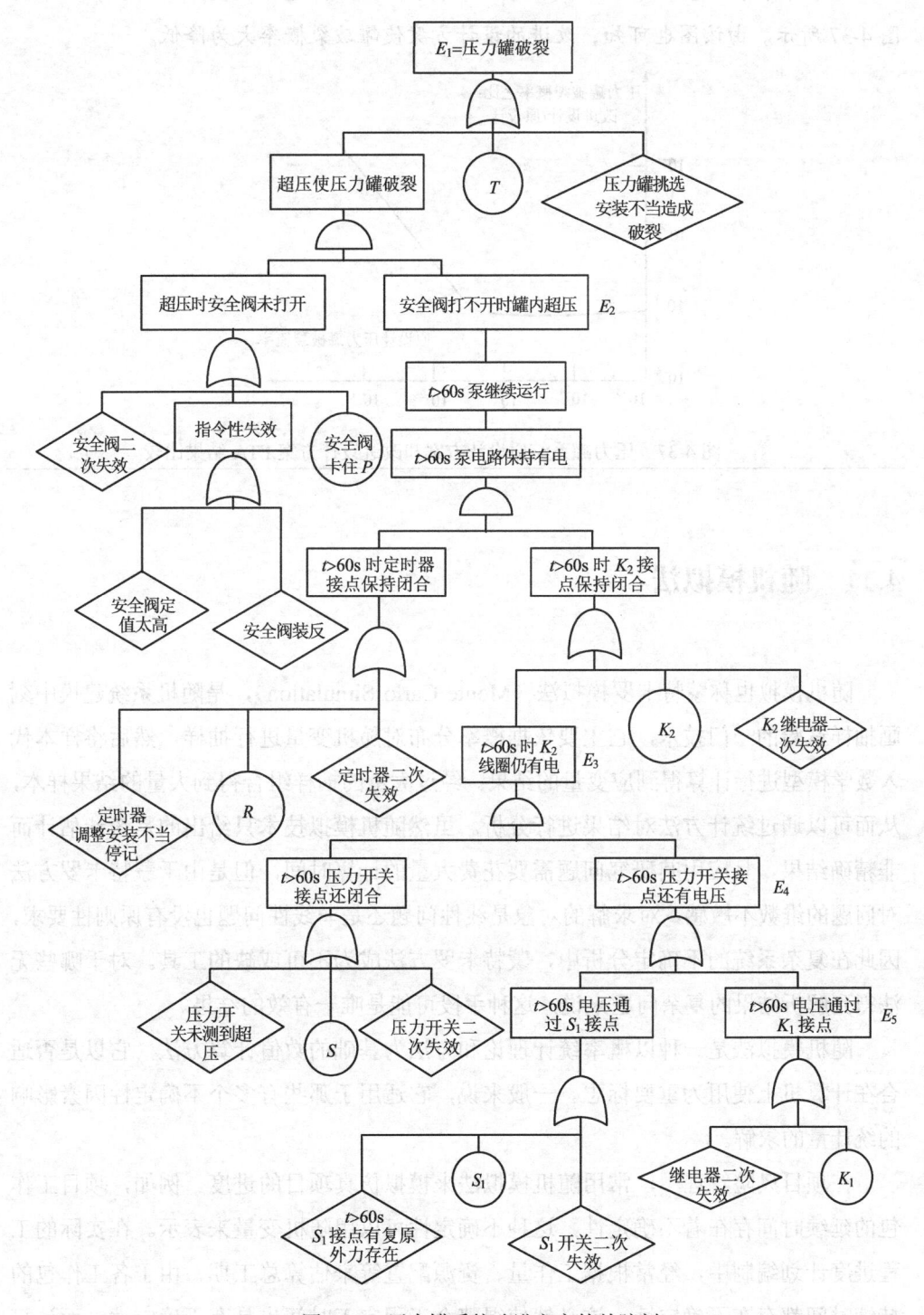

图 4-36 压力罐系统改进方案的故障树

对压力罐系统原设计方案和改进设计方案的故障树进行定量分析对比，结果如图 4-37 所示。由该图也可知，改进的设计方案使罐破裂概率大为降低。

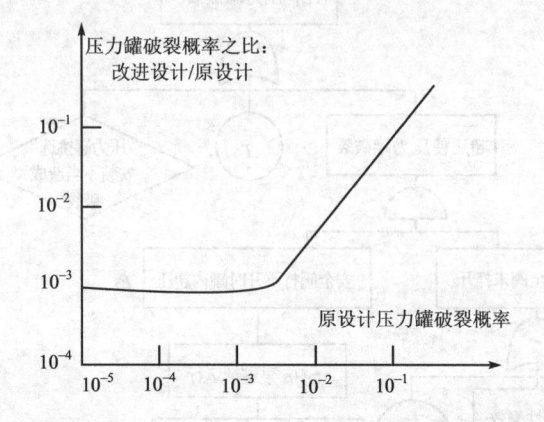

图 4-37　压力罐系统原设计方案和改进设计方案 FTA 结果比较

4.11　随机模拟法

随机模拟也称蒙特卡罗模拟法（Monte Carlo Simulation），是随机系统建模中刻画抽样试验的一门技术，它主要依据概率分布对随机变量进行抽样，然后将样本代入数学模型进行计算得到应变量的结果。经过大量的抽样组合得到大量的结果样本，从而可以通过统计方法对结果进行分析。虽然随机模拟技术只给出的是统计估计而非精确结果，且应用其研究问题需要花费大量的计算时间，但是由于蒙特卡罗方法对问题的维数不敏感，对求解的对象是线性问题还是非线性问题也没有原则性要求，因此在复杂系统的不确定分析中，蒙特卡罗方法成为不可或缺的工具。对于哪些无法得到解析结果的复杂问题来说，这种手段可能是唯一有效的结果。

随机模拟法是一种以概率统计理论和方法为基础的数值计算方法，它以是否适合在计算机上使用为重要标志。一般来说，它适用于那些有多个不确定性因素影响的统计量的求解。

在项目风险管理中，常用随机模拟法来模拟仿真项目的进度。例如，项目工作包的延续时间存在着不确定性，这种不确定性可以用随机变量来表示。在实际的工程进度计划编制中，经常根据工作量、资源配置等来估算总工期，由于各工作包的持续时间都存在不确定性，这必然使得整个工程完工时间也具有不确定性，而计算工期的不确定性的分布规律、计算网络进度计划的风险等问题都是人们所关心的，而这些问题通过解析方法很难得到结果的，这时就必须采用随机模拟法来进行研究。

另外，也常用随机模拟法来研究项目的费用问题。可利用随机模拟法，通过网络计划的基于活动的成本计算来估算项目成本可能变化的范围，以及研究费用超支风险发生的概率等问题。

4.11.1 基本原理

随机模拟法的基本思想是，首先构造一个概率空间，然后在该概率空间中确定一个依赖于随机变量 x（任意维）的统计量 $g(x)$。其数学期望 $\left[E(g) = \int g(x)\,\mathrm{d}F(x)\right]$ 正好等于所求的值 G，其中 $F(x)$ 为 x 的分布函数，然后产生随机变量的简单子样 $x_1,\cdots,x_N$，用其相应统计量 $G(x_1),\cdots,G(x_N)$ 的算术平均值 $\left[\hat{G}_N = \dfrac{1}{N}\sum\limits_{i=1}^{N}g(x_i)\right]$ 作为 G 的近似估计。

由以上过程可以看出，随机模拟法解题的最关键一步是，确定一个统计量，其数学期望正好等于所求的值。这个统计量一般称为无偏统计量。

如确定数学期望为 G 的统计量 $G(x)$ 有困难，随机模拟法有时也用 G 的渐近无偏估计代替一般过程中的无偏估计 $\hat{G}_N$，并用此渐近无偏估计作为 G 的近似估计。

随机模拟法的最低要求是，能确定这样一个与计算步数 N 有关的统计估计量 $\hat{G}_N$，当 $N\to\infty$ 时，$\hat{G}_N$ 便依据概率收敛于所要求的值 G。

随机模拟法的误差与无偏估计量的方差成正比，与仿真次数的平方根成反比，即仿真 100 次，精度提高一个数量级。但是，通过增加仿真次数来改变计算精度效果不明显，而且还带来了两个问题：

（1）增大了仿真所需要的时间，增加的时间往往是不能忽略的，甚至可能令人无法承受；

（2）增加了伪随机数的使用数目，而伪随机数的周期是有限的。

因此，需要适当地选择仿真次数，不能过少也不能过多。

在项目风险管理中，不仅需要求解期望值，还需要得到进度、费用等的不确定信息，如工期、费用的分布情况等，这些都是需要通过计算得到大量的样本的统计才能够得到的。以项目进度的随机模拟为例，它是随机地从每个不确定因素中抽取样本，进行一次整个项目计算，重复进行成百上千次，模拟各式各样的不确定性组合，获得成百上千个结果。通过统计和处理这些结果数据，找出项目进度随机变化的规律。例如，把这些结果值从大到小排列，统计各个值出现的次数，用这些次数值形成频数分布曲线，就能够知道每种结果出现的可能性。然后，依据统计学原理，对这些结果数据进行分析，确定最大值、最小值、平均值、标准差、方差等。通过这些信息就可以更深入地、定量地分析项目，为决策提供依据。

4.11.2 随机模拟的主要过程

在项目风险管理中采用随机模拟，就是通过"试验"的方法得到某种不确定事件出现的频率，得到其变化的规律，然后再研究这种规律，得到决策者需要的不确定信息。其一般过程是：

（1）构造描述问题的概率过程。对于本身就具有随机性质的问题，主要是正确地描述和模拟这个概率过程。以项目的总进度为例，它实际上就是一个具有随机性质的概率过程，项目实际工期拖延时间就是一个不确定的变量。在网络计划的基础上，考虑每项工作的持续时间可能遇到的不确定性，就能够得出项目总进度的不确定性变化的规律。

（2）实现从已知概率分布的抽样。有了明确的概率过程之后，未来实现过程的数字模拟，必须实现从已知概率分布的随机数的抽样。同样以项目总进度为例，要知道项目的总工期，关键在于得到项目的每个工作的持续时间，从而根据网络计划计算出总工期。但是每项工作的持续时间是由工作持续时间的概率分布函数 $F(X_I)$ 决定的，如果能够知道工作持续时间的分布函数，就可以产生随机变量（工作持续时间）的具体值 X_I，它称为分布规律 $F(X_I)$ 的一个子样。这就是从已知分布中实现抽样的问题。

最简单、最重要、最基本的一个概率分布是（0,1）上的均匀分布。随机数就是具有这种均匀分布的随机变量。许多其他复杂的分布可以用数学方法由它产生。在计算机上可以用物理方法直接产生随机数，但是价格昂贵，不能重复，使用不便。另一种方法是用数学方法按一定的递推关系产生子样，它与真正的随机数序列不同，称为伪随机数。伪随机数与其正的随机数具有相近的性质，可把它作为真正的随机数来使用。计算机可产生（0,1）均匀分布随机数。

在（0,1）均匀分布随机数的基础上，可以得到一些常用概率分布的抽样公式请参见 4.10.3 节。

（3）产生结果样本，进行统计分析。构造了概率模型并能从中抽样后，就能够实现数字模拟试验。通过大量子样的数字模拟试验，就能够产生所求的结果的多个样本，如项目的总进度问题，通过每一项工作持续时间抽样产生的一组工作持续时间序列,代入网络计划后就得到一个总进度样本;通过大量的抽样,就得到成百上千个工作持续时间序列,从而得到成百上千个总进度样本,然后对这些结果进行分析,得到结果的概率分布,其过程类似于根据历史资料确定风险事件概率分布。

从这一过程不难看出,进行随机模拟主要是进行抽样、建立不确定变量到模拟结果的数学模型、通过数学模型进行大量样本的计算以及对模拟结果的统计分析,这些工作都可以由计算机来完成。

4.11.3 典型分布随机数的产生

下面介绍一些典型分布的随机数产生方法。

1. 指数分布

指数分布随机数产生公式为:

$$y = -\frac{1}{\lambda}\ln(1-x) \tag{4-60}$$

式中:x——(0,1)上的均匀随机数。

2. 威布尔分布

威布尔分布的分布函数 $F(y)$ 及随机数产生公式为:

$$F(y) = \begin{cases} 1-\exp\left(-\dfrac{y-\gamma}{\alpha}\right)^{\beta}, & y \geqslant \gamma \\ 0, & y < v \end{cases} \tag{4-61}$$

$$y = \gamma + \alpha\left[-\ln(1-x)\right]^{1/\beta} \tag{4-62}$$

式中:x——(0,1)上的均匀随机数。

3. 正态分布和对数正态分布

正态分布的反函数不能用解析式表达出来,所以不能用反函数来产生。首先用两个独立的均匀随机数产生器,分别产生(0,1)上的均匀随机数 x_1 和 x_2;再根据下面两式进行计算:

$$y_1 = \sqrt{(-2\ln x_1)}\cos(2\pi x_2) \tag{4-63}$$

$$y_2 = \sqrt{(-2\ln x_1)}\sin(2\pi x_2) \tag{4-64}$$

所得的 y_1 和 y_2 就是两个独立的标准的正态随机数。

产生标准正态分布 x 后，通过简单的线性变换 $Y=X\sigma+\mu$ 即得到 $Y \sim N(\mu,\sigma)$ 的随机数。例如，正态分布 $N(\mu,\sigma^2)$ 的抽样：

$$y_k = \mu + \sigma \cdot \sqrt{(-2\ln x_1)} \sin(2\pi x_2) \tag{4-65}$$

对数正态分布随机数的产生是在正态分布随机变量的基础上，通过指数变换得到，即：

$$y_1 = e^y \tag{4-66}$$

式中：y_1 是服从对数正态分布的随机变量，而 y 是服从正态分布的随机变量。

4．Γ 分布

在一般情况下，Γ 分布的分布函数无封闭形式，难以采用反函数法，只能用舍选法，考虑到 Γ 分布的如下特征：

若 $x \sim \Gamma(\alpha,1)$，则当 $y=\beta x(\beta>0)$ 时，$y \sim \Gamma(\alpha,\beta)$，所以只需讨论如何产生 $\Gamma(\alpha,1)$ 随机变量就可以了。

又 $\Gamma(1,1)$ 为指数分布 $f(x)=e^x$，可以直接用反函数法产生 x，因而对 $\Gamma(\alpha,1)$ 分两种情况讨论。

（1）当 $0<\alpha<1$ 时，算法如下：

① 产生（0,1）上的均匀随机数 u_1；

② 独立产生（0,b）上的均匀随机数 p，若 $p>1$，转第④步；

③ 令 $Y=p^{1/\alpha}$，若 $u_1<e^{-Y}$，则选取，且令 $x=Y$，否则舍弃，返回第①步；

④ 令 $Y=-\ln[(b-p)/\alpha]$，若 $Y<\alpha-1$，则选取，且令 $x=Y$，否则舍弃，返回第①步。

（2）当 $\alpha>1$ 时，算法如下：

① 独立产生（0,1）上的均匀随机数 u_1, u_2；

② 令 $V = (2\alpha-1)^{1/2} \ln[u_2/(1-u_2)]$；

③ 若 $\ln(u_1 u_2^2) < \alpha - \ln 4 + \sqrt{(2\alpha-1)}V - \alpha e^V$，则选取 V，令 $x=\alpha e^V$；否则舍弃，返回第①步。

5．均匀分布

若 x 是在区间 $[a,b]$ 服从均匀分布的随机变量，则 $x=a+u_1(b-a)$，式中 u_1 为（0,1）上的均匀分布随机数。

6．三角分布

三角分布的抽样：

$$x_k = \begin{cases} a + \sqrt{r_k(m-a)(b-a)}, & r_k \leqslant (m-a)/(b-a) \\ b - \sqrt{r_k(b-m)(b-a)}, & r_k > (b-m)/(b-a) \end{cases} \quad (4\text{-}67)$$

式中：r_k——（0,1）中的均匀随机数；

　　　k——子样的序号；

　　　a，m 和 b——三角分布的三点估计值，$a<m<b$。

4.12 进度与费用风险的网络分析技术

在项目管理过程中，管理者最为关心的是风险事件对项目的影响。例如，风险事件是否会导致项目的拖期，是否会导致费用的超支，或者是否会导致项目成果的技术状态达不到预期的要求。前面已经介绍了进行风险事件的分析过程，而本节将按照风险事件对项目的影响，对如何进行项目进度风险、费用风险和技术风险分析进行深入探讨。

在项目管理中，进度风险与费用风险常常是伴随发生的，当项目的进度拖期风险发生时，不可避免地会影响到项目的总成本，反之亦然。例如，在建筑工程施工项目中，常会因为天气因素、突发事件等的影响导致项目进度拖期，而项目的直接费用随着项目时间的拖延不断增加，这样就使得总成本超支。因此，在实际的风险分析中，常将进度风险与费用风险联系起来，用网络计划技术进行风险分析，以明确风险事件对进度和费用带来的影响。

本节将着重讨论进度风险、费用风险的网络分析技术。风险的网络分析是以项目的网络计划为基础的分析方法，首先要对风险进行识别，确定网络计划的哪些工作存在风险，还需要分析这些任务的定量风险信息，如某项任务所需时间或所需成本的概率密度函数等，最后将这些信息用网络分析技术进行汇总，确定该项目进度、费用的不确定性的变化范围和变化规律，从而对项目的总体风险做出定量评价。

4.12.1 网络计划技术概述

网络技术是一种制订计划和对项目进行管理的方法，它广泛应用于一次性工程项目的管理中，如国防项目、大型科研项目、建设工程项目等。项目越大，协同关系就越多，网络技术就越能够显示其优越性。有关统计资料表明，大型工程项目采用网络技术进行管理中，一般可缩短时间 15%～20%，节约费用 10%～15%。

网络计划技术的基本原理，首先是把所要做的工作、哪项工作先做、哪项工作后做、各占用多少时间及各项工作之间的相互关系等运用网络图的形式表达出来。其次是通过简单的计算，找出哪些工作是关键的、哪些工作不是关键的，并在原来计划方案的基础上进行计划的优化。例如，在劳动力或其他资源有限制的条件下，寻求工期最短；或者在工期规定的条件下，寻求工程的成本最低；等等。最后是组织计划的实施，并且根据变化了的情况，收集有关资料，对计划及时进行调整，重新计算和优化，以保证计划执行过程中自始至终能够最合理地使用人力、物力，保证多快好省地完成任务。

1958 年，美国海军武器局在制订研制"北极星"弹道导弹的计划时，采用了网络形式和网络分析技术，又称为计划评审技术（Program Evaluation and Review Technique，PERT）。后来美国政府和大型企业采用的一些网络技术如最低成本估算计划法、计划评价法、产品分析控制法、人力分配法、物资分配法等计划制订方法，都是 PERT 方法的变形。我国引入 PERT 法时，将其称为"统筹法"。

PERT 法出现后，解决了很多管理问题。但是它主要对项目的时间进行统筹安排，时间以外的其他变量（费用、性能）作为非决策变量；同时，PERT 只考虑了任务一次成功，没有考虑任务失败后重新返工的情况等，这样就不能很好地反映项目的实际情况。

为了克服以上的缺点，1966 年美国人 Pritsker 发展了一种随机型的网络技术，称为图形评审技术（Graphic Evaluation and Review Technique，GERT）。GERT 方法与 PERT 方法相比主要改进了以下几个方面：① 网络的随机性质，在每一活动中可引入概率分布，以替代确定值，此外节点的逻辑判断能力也大为加强，并可带有随机性；② 能对整个计划进行仿真运行，从而求出满意的决策方案。

经美国军方和一些研究机构的努力，20 世纪 70 年代推出了风险评审技术（Venture Evaluation and Review Technique，VERT）。VERT 方法是一种基于网络图的随机仿真技术，它将网络图中各工作（设备）的时间、费用和性能作为基本参数，并将这些参数描述为概率分布形式。然后把这些参数通过网络逻辑的组合法则，经过计算后得到累计的总费用、总时间和总体性能的输出分布。对各工作基本参数的概率分布可采用各种概率分布，如 β 分布、三角分布、均匀分布、正态分布等多种形式。对 VERT 网络的分析，一般可采用计算机进行计算和分析，得到输出分布，然后即可根据输出分布进行费用、进度和性能风险的分析。

以网络计划为基础的风险分析技术，将概率分析技术、计算机技术等与网络图结合起来进行费用、时间等方面的定量风险分析。在本书中将主要介绍基于 PERT

和 GERT 的风险分析技术。

网络图也称网络计划图或网络，是用于表示一项工程、组成工程的各道工作及其相互之间关系的一种图形，它最基本的优点就是能直观反映工作任务之间的相互关系，使一项计划构成一个系统的体系，从而为实现计划的定量分析奠定了基础。

网络图是由工作、事项、线路三个要素组成的。

（1）工作（也称活动、工作、作业）。在一个项目中，任何一个可以定义名称、独立存在、需要一定时间或资源完成的活动或任务都可以看作一个工作，如一项施工任务、科研任务等。

（2）事项（事件、节点）。每项工作都存在一个开始时刻和结束时刻，事项就是工作结束和开始的标志。

（3）线路。对于一个网络图，不仅需要标识事项和工作，还需要从整体上对各工作和事项的逻辑关系进行标识，这就是线路。线路从网络的起始事项开始、到达终止事项为止，中间由一系列首尾相连的事项和工作所组成。

在编制网络图时，一般来说首先通过项目的任务分解建立工作分解结构（WBS）；然后确定各工作的先后逻辑关系；再对各项工作的持续时间进行估计。这样就可以绘制网络图了。绘制网络图的方法一般有顺推法、逆推法和重点作业法三种，可参考有关网络计划编制的文献，这里不再赘述。

网络计划图的主要形式有单代号网络计划图和双代号网络计划图。单代号网络计划图是用节点表示项目的工作，需要标明每个工作开始的时间、结束的时间，箭线表示各项工作之间的逻辑关系。双代号网络计划图中则用箭线表示工作，标明工作的持续时间，用节点表示事项，这样也能够表示出项目的工作逻辑关系、工作的持续时间等进度信息。

PERT 和 GERT 技术是基于双代号网络计划图的网络分析技术。下面将分别进行介绍。

4.12.2 基于 PERT 的风险分析

PERT 可称为"计划评审技术"、"计划协调技术"等，它与关键路线法（Critical Path Method，CPM）的主要区别在于：CPM 以经验数据为基础来确定各项工作的时间，而 PERT 则把各项工作的时间作为随机变量来处理。前者以缩短时间、提高投资效益为目的，而后者则能指出缩短时间、节约费用的关键所在。因此，将两者有机结合，可以获得更显著的效果。

在各类项目过程中不可预见的因素较多,如新技术、需求变化、到货延迟及政策指令性影响等。因此,整体进度计划与控制大多采用非肯定型网络计划。在这种情况下,可采用 PERT 技术来分析项目网络计划的风险。

1. 基于 PERT 的项目风险分析步骤

在工程项目中应用 PERT 进行进度、费用风险分析的步骤如下:① 绘制项目网络计划图;②确定关键路径;③计算项目的进度风险和费用风险;④网络计划优化(如有必要还须进行)。

下面对 PERT 的主要步骤分别进行介绍。

步骤 1:绘制项目网络计划图。

(1)确定项目的各项工作。运用 WBS(工作分解结构)对项目进行分解,确定项目的各项工作。并对各项工作进行描述,明确各项工作范围,制定项目工作清单。

(2)确定各项工作的先后顺序。

各项工作之间的逻辑关系有强制性逻辑关系和组织关系两种。强制性逻辑关系是工作之间所存在的内在的科学的关系,通常是不可调整的,一般主要依赖于技术方面的限制,因此确定起来较为明确,通常由技术人员同管理人员的交流就可以完成。

有些工作之间没有强制的逻辑关系,哪个工作先做哪个工作后坐没有技术上的要求,这种关系称为组织关系。对于具有组织关系的项目工作,由于其工作排序具有随意性,工作的先后顺序通常由项目管理人员根据知识和经验来定。

(3)估计各项工作的持续时间和费用。一般运用经验和统计方法来估计工作的持续时间(完成该工作所需要的时间)及费用。

由于在实际的项目过程中存在着难以预料和控制的因素,因而带有某种不确定性,正是这种不确定性带来了项目进度和费用的风险。

在网络计划中,估算工作的持续时间和费用时,以工作持续时间为例有以下三种表述方式。

方式 1:估计该工作的持续时间为 15 天。

方式 2:估计该工作的持续时间在 13~17 天。

方式 3:估计该工作的持续时间在一个范围内,用三个值表示为 10~15~20 天。其中 15 天是其期望值(最可能的值),10 天和 20 天是估计值的上、下限。

在以上三种对工作持续时间的估算表达方式中,方式 1 用的是肯定的语气,给出了一个点估计值,并不包含不确定信息;方式 2 给出了一个浮动范围,但是并没有给出估计的倾向性;方式 3 既给出了浮动范围,又给出倾向性信息,因而更符合预测项目前景的需要，其合理性强于前面两种表达方式。PERT 正是利用这种对于时间和费用的不确定性描述来进行风险分析的。将网络计划中的工作持续时间和费用数据作为随机变量，再确定其在某个范围内变化的规律，这样就可以对整个项目的进度和费用的不确定性进行分析，从而确定网络计划的进度风险和费用风险。

在用 PERT 技术来分析项目的进度和费用风险时，典型的做法是采用 β 分布来描述每项工作任务的进度和费用估算值，这与前面的方式 3 表示的工作持续时间估算表述方式原理相同。具体的做法就是在详细研究各工作任务的基础上，分别估算其所需时间和费用的最低值（乐观估计值）a，最可能值 m 及最高值（悲观估计值）b。当然，对于那些时间和费用都可以准确估计的工作任务，不需要进行这种估计。

关于最可能值 m，一般可以通过如下三种方式得出：
① 根据数理统计方法得到的经验分布曲线计算；
② 根据相同或相似的工作任务进行类推；
③ 根据多个专家估算的平均值得出。

关于乐观估计值 a 和悲观估计值 b，则可以通过专家的合理推断或历史经验等得出。

在大多数情况下，项目执行的结果得到乐观估计值和悲观估计值的可能性都非常小，而得到最可能值的可能性则比较大。因此，参照对 β 分布通常的处理方式，可以通过下面的公式得出每个工作任务的持续时间或费用的均值与方差，即：

$$\mu = \frac{a+4m+b}{6} \qquad (4\text{-}68)$$

$$\sigma^2 = \frac{(b-a)^2}{36} \qquad (4\text{-}69)$$

式中：μ——均值，是工作的平均持续时间或平均费用，它与三个估计值有关。

$\sigma = \dfrac{b-a}{6}$——标准离差，它只与最低值和最高值有关，与最可能值无关，它是工作持续时间或费用的概率分布离散程度的度量。

σ^2——方差。

（4）绘制网络图。根据工作清单、工作先后逻辑关系、工作持续时间估计绘制双代号网络图。

步骤 2：确定关键路径。

在 CPM 网络计划中，若在某条路径中，每个工作的自由时差都是零，则这条路径就是关键路径。

但是对于 PERT，由于每一项工作的持续时间都有可能是一个随机变量，因而其关键路径的总时间也将是随机变量，这样给关键路径的求解造成了一定的困难。下面给出一个近似的确定方法。在 PERT 网络中，可将每个工作持续时间的估算均值作为该工作的持续时间，然后按照 CPM 的做法，根据网络图计算各项工作的最早开始时间、最早结束时间、最迟开始时间、最迟完成时间、自由时差和总时差等参数，以及计算结果，来确定该网络的关键路径。

步骤 3：计算项目的进度风险和费用风险。

通过对项目每项工作的持续时间和费用的 β 估算，就可以对项目在某一规定费用条件下、某一规定工期内完成的风险概率进行计算。

一般而言，大型复杂项目的网络计划都是由很多工作任务所构成的，当计算其总工期和总费用时，实际上就是求多个随机变量的和。根据概率论中的中心极限定理，可以近似认为项目的总费用和总工期都是服从正态分布的随机变量。根据这一假设，就可以对项目的进度风险和费用风险进行定量的估算。

设整个项目的完成时间为 T，关键路线所需时间的均值为 $\overline{T}$，则有：

$$\overline{T} = \sum_{i=1}^{k} t_i \tag{4-70}$$

式中：t_i——网络中关键路线上第 i 项工作任务完成时间的均值；

k——关键路线上的工作任务数量。

当关键路线上的各项工作任务完成时间相互统计独立时，则关键路线上的计划完工时间的方差 σ_T^2 为：

$$\sigma_T^2 = \sum_{i=1}^{k} \sigma_i^2 \tag{4-71}$$

式中：σ_i^2——网络中关键路线上第 i 项工作任务完成时间的方差。

可通过计算第 3 章介绍的风险度或按期完成的概率来判断风险的大小。

由此可知，项目在期望的工期内按时完成的风险度为：

$$FD = \sigma_T / \overline{T} \tag{4-72}$$

此时项目的完成时间可以近似地认为是一个以 $\overline{T}$ 为均值、以 σ_T^2 为方差的正态分布，因此可求出该项目在某一规定时间 T_0 内完成的概率为：

$$P(T \leqslant T_0) = \Phi_0 \left[\frac{T_0 - \overline{T}}{\sigma_T} \right] \tag{4-73}$$

式中：Φ_0——正态分布函数，可查正态分布值表求出概率系数所对应的概率值 $P(T \leqslant T_0)$。

由此可得到项目不能按期完工的概率（即进度的风险概率）为：

$$P(T > T_0) = 1 - P(T \leqslant T_0) \tag{4-74}$$

同理也可求得费用的风险值。设项目的总费用为 C，它是项目各工作任务所需费用的总和。首先计算项目总费用的均值 $\overline{C}$，即：

$$\overline{C} = \sum_{j=1}^{l} C_j \tag{4-75}$$

式中：c_j——网络中第 j 项工作任务所需费用的均值；

l——所有工作任务数量。

而计划总费用的方差近似为：

$$\sigma_C^2 = \sum_{j=1}^{l} \sigma_j^2 \tag{4-76}$$

式中：σ_j^2——网络中第 j 项工作任务所需费用的方差。

由此可得到项目不能按规定费用值 C_0 完成，即费用超支的概率为：

$$P(C > C_0) = 1 - \Phi_0 \left[\frac{C_0 - \overline{C}}{\sigma_C} \right] \tag{4-77}$$

综上所述，PERT 通过对项目网络计划中的每个工作任务的持续时间和费用进行研究，可以得出项目总体的进度风险和费用风险值。如果求出的进度风险或费用风险不能满足决策者的要求，则还需要对原有的网络计划进行优化。

步骤 4：网络计划优化。

在项目计划管理中，仅仅满足于编制出项目进度计划，并以此来进行资源调配和工期控制是远远不够的，还必须依据各种主、客观条件，在满足工期要求的同时，合理安排时间与资源，力求达到资源消耗合理和经济效益最佳这一目的，这就是进度计划的优化。优化的内容包括时间（工期）优化和时间（工期）-成本优化。

对网络计划进行优化也是降低项目进度及费用风险的有效手段。无论是进行时间优化还是时间-成本优化，都可以降低网络的进度风险度和费用风险度。下面分别进行说明。

（1）时间优化。工期优化包括两方面内容：一是网络计划的计算工期 T_C 超过要求工期 T_S，必须对网络计划进行优化，使其计算工期满足要求工期，且保证因此而增加的费用最少；二是网络计划的计算工期远小于要求工期，也应对网络计划进行优化，使其计算工期接近于要求工期，以达到节约费用的目的。一般前者最为常见。

（2）时间（工期）-成本优化。通过网络计划图解决项目的时间-成本优化问题是一种较科学的方法。它包含两个方面的内容，一是根据计划规定的期限，规划最低成本；二是在满足成本最低的要求下，寻求最佳工期。

缩短工期的单位时间成本可用如图4-38所示的公式计算。

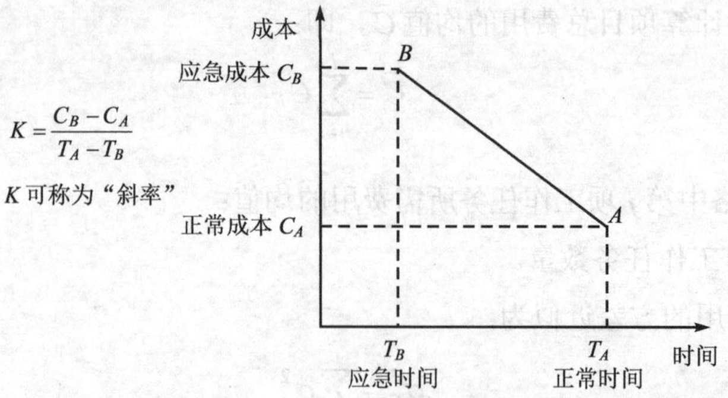

$$K = \frac{C_B - C_A}{T_A - T_B}$$

K 可称为"斜率"

图4-38 缩短工期单位成本

工期-成本优化的步骤是：① 求关键路径；② 对关键路径上的工作寻找最优化途径；③ 对路径中 K 值小的工作进行优化；④ 在优化时，要考虑紧前紧后工作。

在运用网络图做计划时，要体现一个系统分析的思想。工程项目实施是由多种工作按一定层次组成的复杂系统。其任务由多个部门承担，因而各项控制活动只有组成一个既明确分工又相互协调配合、紧密衔接的有机整体，才能达到既定的风险、进度、费用控制目标。

2. 基于PERT的风险分析示例

例4-14 以某公司ERP项目建设为例，运用网络计划技术分析工程项目监理工作进度控制中的风险。

首先根据实施厂商的实施方法和业主单位的实际情况，制定ERP项目工作清单，如表4-28所示。

表4-28 某公司ERP项目活动分析表

工作代号	工作名称	紧前作业	持续时间估计（天） a	m	b	均值μ（天）	标准离差σ
A	领导层培训		0.5	1	1.5	1	0.166
B	企业诊断	A	9	14	25	15	2.66
C	需求分析	B	1	2	3	2	0.33
D	项目组织	A	1	2	9	3	1.33
E	ERP原理培训	C, D	1	2	9	3	1.33
F	基础数据准备	D	9	14	25	15	2.66
G	产品培训	E	4	9	20	10	2.66

续表

工作代号	工作名称	紧前作业	持续时间估计（天） a	持续时间估计（天） m	持续时间估计（天） b	均值μ（天）	标准离差σ
H	系统安装调试	D	1	2	3	2	0.33
I	模拟运行	F, G, H	10	15	20	15	1.66
J	系统验收	I	0.5	1	1.5	1	0.166
K	分布切换运行	J	20	28	48	30	4.66
L	改进、新系统运行	K	15	15	15	15	0

根据表 4-28 分析画出网络图如图 4-39 所示。

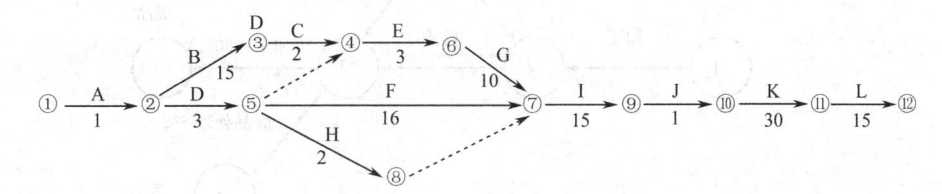

图 4-39 ERP 实施网络图

图中，关键路径为 A→B→C→E→G→I→J→K→L，让关键路径上的所有工作的持续时间都取均值，则，关键路径所需时间的均值 $\bar{T}$ =1+15+2+3+10+15+1+30+15=92（天），即 $\bar{T}$ =92 天。

$$\sigma_T = \sqrt{\sigma_A^2 + \sigma_B^2 + \sigma_C^2 + \sigma_E^2 + \sigma_G^2 + \sigma_I^2 + \sigma_J^2 + \sigma_K^2 + \sigma_L^2} = 6.368$$

若 T_0=100，$P(T \leqslant 100) = \Phi_0 \left[\dfrac{100-92}{6.368} \right] = \Phi_0(1.256) \approx 89\%$

该结果表明，此项目按时完工概率为 89%，则其不能按时完工的风险概率为 11%。

4.12.3 基于 GERT 的风险分析

GERT 是 1966 年在执行阿波罗登月计划时开发的一种新技术。它是综合网络理论、概率论和自动控制技术中的信号流图法而成的一种广义网络计划法。它不仅适用于工作执行时间是确定型的 CPM 网络，也适用于执行工作时间是随机型的 PERT 网络。除此而外，它还适用于执行的工作是随机型的情况，因此被称为广义网络计划法。从某种意义上讲，CPM 和 PERT 都可作为 GERT 的一种特例。因此，GERT 比 CPM 和 PERT 有更广泛的适用性。

1. 图解评审法的基本原理

(1) GERT 的由来。GERT 网络是多个 PERT 网络按其概率组合而成的。其中的每个事项（节点）和工作（边）不要求都实现，并且允许有多个源节点或多个汇节点和网络环路存在。例如，一个部件的加工过程分为加工工作、检查工作、送修工作、返修工作、再加工工作和废品处理工作。这样一个简单的过程用网络形式表达出来，如图 4-40 所示。解决的目标是这一加工过程的成品率和平均加工时间是多少。

从形式上看，图 4-40 所示的网络与 CPM 或 PERT 有着明显的区别。

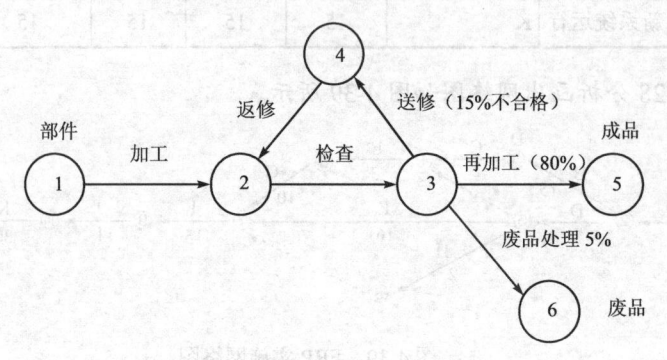

图 4-40 部件加工过程

首先，检查工作完成后有三种可能：80%的部件经再加工成为成品；15%的部件送返修工作进行修理；5%的部件无法返修而成为废品。应该强调的是，这三种可能对一个部件来说只有一种可能发生。对网络来说，只要网络中一个汇点和一些边实现了，网络就被认为实现了。

其次，一个部件的最后阶段有两种可能，或为成品或为废品，网络出现两个结束节点。

再次，检查工作、送修工作和返修工作构成了一个闭合的加工过程。如果一个部件要经过两次以上的返修，则网络中的环可能循环两次以上。这可以从图中清楚地看出，凡是经检查后到达事项 3 的部件，不管它前面加工情况如何，都有 15%的可能性送返修，从图中可以看出这种情况。

最后，对一个具体的部件来说，检查后究竟要经过哪个工作或到底要返修几次，是一个随机问题，能够确定的只是它们经过哪个环节的概率。

以上问题本身和它的网络模型 GERT 与 CPM 和 PERT 及它们描述的对象相比，都发生了明显的变化，解决问题的目标和计算方法也不相同，需要采用适应这种问题的新方法，GERT 网络模型也就应运而生。

在项目管理中，由于项目具有一次性和唯一性的特征，因此需要考虑项目成功或者失败这两种可能性发生的概率;而且由于项目执行过程中各种风险的影响,在完成的时间和消耗的费用上也存在着不确定性,如果在一开始制定了一个工期目标或费用目标,则还须考虑这些目标是否能够达到。在这种情况下,采用 GERT 网络进行定量分析就非常必要。

(2) GERT 网络节点的特征和符号。GERT 网络的节点采用了多种形式来适应需要,用节点的几何图形来表达工作的关系和网络的性质,节点的特征和符号如表 4-29 所示。每个节点由输入边和输出边组成。

表 4-29 GERT 网络基本符号

输出边 \ 输入边	异或型	或型	与型
	◁	◁	◖
确定型 ▷	◁▷	◁○	◖○
随机型 ▷	◁◇	◁◇	◖○

在编制 GERT 网络图时,所进行的系统分解和分析过程与 CPM 和 PERT 基本相同。但因其可反映工作的随机性,故尚需收集各工作执行的概率 P_i 和反映其完成时间 t 的分布函数及其参数。例如,对某工作需收集的资料为:紧前工作、紧后工作、该工作发生的概率 P_f=0.8,执行时间 t 为服从参数 μ=5、σ=8 的正态分布等资料。

GERT 网络可根据系统输入和输出的各种情况,按表 4-29 所列的符号表示节点。每种符号的含义如下。

① 输入边。

异或型:通向某节点的任一支路实现,则该节点即可实现,但在给定时间内只能有一条支路实现。例如,某一时间内,工厂所需原料可能由船运,也可能由火车运,且只能有一种方式,该情况的网络图可用异或节点。

或型:通向该节点的任一支路实现,该节点则实现。但节点实现时间取决于通向该节点的各工作中时间最短的支路。例如,采用船和火车运输原料,无论船还是火车,只要原料到达,即可开始生产。

与型:通向该节点的所有支路实现,该节点才实现。节点实现的时间是指向该节点的所有工作中时间最长者。

② 输出边。

确定型输出是指由该点出发的所有支路均以概率 1 实现;CPM 和 PERT 网络中的节点均系这类节点;随机型输出是指由该节点出发的支路各依一定的概率实现,实现的时间参数 T 服从某种分布。

确定型：该节点发出的边都必须实现，各边完成的概率都是 1。

随机型：该节点发出的边只有一个被完成，各边的概率和为 1。

究竟哪条边被完成是根据各自的概率大小随机确定的。

这五种符号可以组合成表中的六种不同的节点，如表 4-29 所示。

GERT 网络属于双代号网络，它的边表示工作。每条边上一般有两个参数：实现的概率和完成的时间。时间可以是常数或服从某种理论分布的密度函数。例如，某工作的完成时间被认为服从正态分布，且已知均值 μ 和方差 σ^2，则在边上的时间项中填入 $N(\mu, \sigma^2)$。

规定了这样一些具有直观性的节点和边以后，就可有效地表达一些概率型网络。图 4-40 所示的网络便可以改画成图 4-41 所示的 GERT 网络。

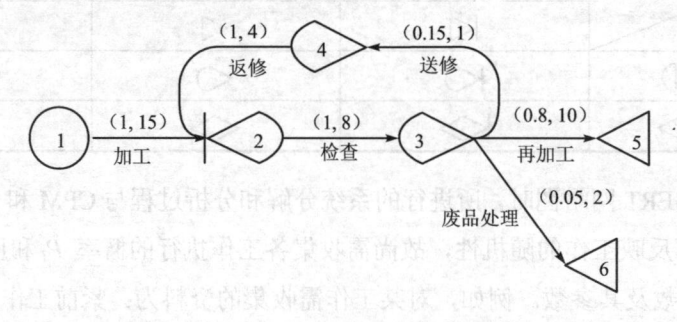

图 4-41　部件加工的 GERT 网络

综上所述，GERT 网络与 CPM 和 PERT 网络相比，克服了 CPM 和 PERT 网络的局限性，增加了适应范围，计算结果具有较强的预测性。可以说 CPM 和 PERT 网络是 GERT 网络的特例。

（3）仿真图解评审法（GERTS）。仿真图解评审法网络节点从形式和内容上比 CPM 和 PERT 网络节点丰富得多，但它们所表达的仍是数量和逻辑上的关系。在实际应用中，常常有一些非定量的东西也必须反映到网络上，以增强网络的表达能力。例如，要求节点具有存储能力，存储网络流；或者要求节点有记忆能力，记忆网络状态和规则等。这些内容不但表达实际系统的某一特定的含义，还要参与网络的计算。为了使 GERT 网络更加符合实际情况，便产生了用仿真语言求解的仿真图解评审法。它的基本思想是进一步扩大节点所包含的内容来增强网络的表达能力，从而实现仿真的目的。在图 4-42 中，给出了 GERTS 的一般节点和边的形式。它的节点是把 GERT 中的节点分成若干部分，填上需要的数字和特征符。由于实际情况不同，一个节点分成几个栏，每个栏内表达什么含义在此不一一列举，在下面的例子中可以领略一些。将图 4-42 中各个标号的意义说明如下：

第 4 章 项目风险分析技术与方法

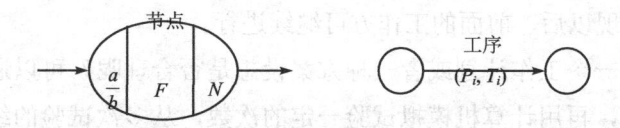

图 4-42 GERTS 的节点和边

a 栏和 b 栏：节点实现要求的流量，其中 a 表示节点第一次实现要求的流量；b 表示节点第二次以后实现要求的流量；F 栏表示节点的性质（F 特征符本身表示先进先出）；N 栏表示节点标号；P_i 为工作实现的概率；T_i 为工作持续的时间。

仿真图解评审法的优点在于，可以在计算机上反复模拟一次性的项目过程，从而得出大量样本，形成统计规律。这个统计规律既可以表示为一个概率值，也可以表示为一个概率分布，可为决策提供一定的依据。模拟与统计的运算都交由计算机完成，也能够减小管理者和决策者的工作难度。

例如，一个维修项目的主要过程如图 4-43 所示。维修是一项带有随机性的工作，与一般的重复性的生产过程相比有它的特殊性：① 待修件品种规格繁多，需要加强注册登记管理；② 备件需要的品种和数量不确定；③ 凡是修完的部件都要核实统计。

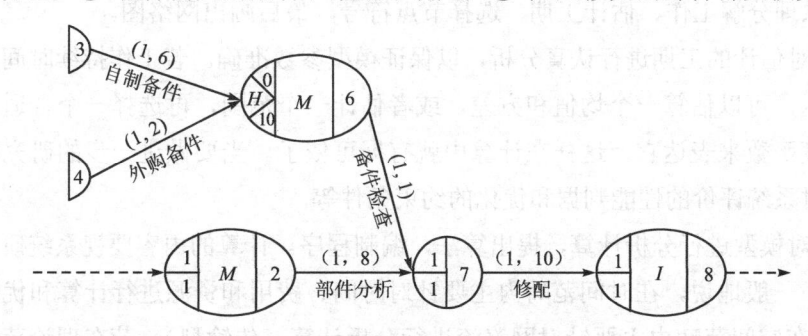

图 4-43 维修项目的 GERT 网络

图 4-43 中，M 表示该节点是标志性节点；H 表示在一定的状态下暂停前面工作的进行；I 表示该节点是统计性节点。

送配件送到本工段由节点 2 接收后，进行标记工作，对每个部件进行注册、编号和分类，然后进行部件分析，每送出一个部件，节点实现一次。分析后的部件逐个经过节点 7 传送到修配工作进行修理装配、核实统计后交库。在修配工作之前，还需要针对不同种类的部件准备新的零件。新零件的来源有两种方式：自制或外购。由于在某段时间内某种零件的需求量是不确定的，所以用自制方式作为常备，外购零件解决应急需要。这两个并行的工作并不是盲目地进行的，它们受到图中节点 6 的约束。当节点 6 接收到 10 个备件后，经标记和检查验收再送到修配工作，这时节点 6 有两件事情发生，其一是节点本身实现一次，其二是暂停前面两个工作之一（或者两个同时被暂停），以免造成过剩的备件。这种约束条件由节点 6 的 H 符号表达出来，当该节点实现以后，前面的工作方可继续进行。

那么，这样一个工作计划或者一种方案设想是否合理呢？可以通过这样一个仿真网络模型描述，再用计算机模拟试验一定的次数，从多次试验的统计结果可以分析出本工段的工作进度是否协调一致、部件和各种备用零件的匹配是否合理等，最后做出调整或修改决策。

GERTS 仿真网络模型是 GERT 网络与计算机模拟技术的结合，在一些文章中不把它们并列成为两种模型，也是有道理的。因为 GERTS 体现在计算机的模拟技术上，直接使用程序包来求解。

以上是仿真网络模型的最基本思想，在实际应用中，由于各种项目的唯一性，会出现各种特定含义的网络，在此不再赘述。

（4）图解评审法解决问题的步骤。图解评审法与 CPM 和 PERT 解决问题的步骤基本上一致的，只是在具体内容上不同。

① 当对一个系统进行了分析，确定要建立图解网络模型后，就应该针对模型的要求对系统反复地进行考虑与剖析，找出哪些主要因素必须反映到模型中，用分解-协调的原理分解工作、估计工期、选择节点符号，最后画出网络图。

② 对估计的工期进行认真分析，以保证模型参数准确。若工作持续时间不能用常数表示，可以估算一个均值和方差，或者估计一个范围，再选择一个合适的理想分布密度函数来表达它，这样在计算中就有据可依了。当要做进一步的研究时，还要考虑对系统评价的性能判据和优化的约束条件等。

③ 对模型进行分析计算，提出算法，编制程序。计算的内容要视系统研究的目标而定。一般地说，在时间范畴内主要针对时间、费用和资源进行计算和优化（消耗型）；在空间范畴内主要针对网络流进行分析计算（传输型）。若在理论范畴内进行研究，就涉及网络拓扑和图论的内容。

图解评审法不但要求解网络中所消耗的时间、费用和资源，还需要求出网络的输入/输出流。

④ 综合评议和评定计算的结果，做出预测或决策的结论来指导或监控计划的执行。

2. 图解评审法的基本解法

下面将详细讨论 GERT 网络的求解方法，对于 GERTS 网络，由于它和 GERT 网络中的模拟解法是一致的，所以不单独讨论它的解法。

解析法：直接使用网络中的参数进行计算，把概率和随机问题化为确定的问题来求解。或者采用信流图理论，用等效函数法来求解。

模拟法：用计算机程序进行模拟试验。这种方法比较受欢迎，因为它能方便地处理概率和随机问题。最后统计多次试验的结果作为网络的解。

GERT 网络中的节点形式较多，但都能方便地等效成异或型节点，这对于计算也是很方便的。下面分别讨论具体解法。

（1）GERT 网络的计算和分析。在把一个项目的计划设计成 GERT 网络图之后，即可着手进行网络图的分析和计算。因研究对象是一随机问题，因此就不像 CPM 和 PERT 法那样把执行任务的工期、各工作的安排等作为研究的主要目的，而是把任务由开始到结束可能出现的结果及其概率作为研究的主要目的。

例 4-15 考虑图 4-44 所示的 GERTS 网络和它的参数表 4-30。图中描述了一个产品的试制项目。产品由粗坯开始进入试制过程，用节点 1 表示；加工任务 1 在 4 天后完成任务，再进行检测工作 1。检测工作 1 持续的时间拟服从指数分布，其持续时间的概率密度函数为 $f_1(t)=e^{-t}$，其中 t 表示持续时间。经检测工作 1 后的产品有 25% 的概率需要送到加工任务 2 进行再加工，有 75% 的概率送加工任务 3 进行最后加工。

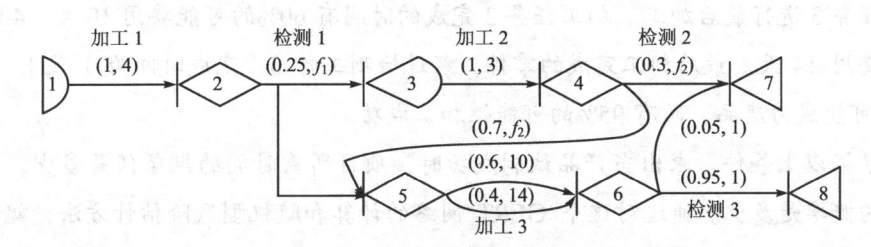

图 4-44 产品试制项目的 GERTS 网络

表 4-30 产品试制项目的 GERTS 网络参数说明

工 作 代 号	工 作 名 称	完 成 概 率	工作持续时间（天）
1-2	加工 1	1	4
2-3	检测 1	0.25	服从参数 $\lambda=1$ 的指数分布，其概率密度函数为 $f_1(t)=e^{-t}$，其均值为 1
2-5	检测 1	0.75	服从参数 $\lambda=1$ 的指数分布，其概率密度函数为 $f_1(t)=e^{-t}$，其均值为 1
3-4	加工 2	1	3
4-5	检测 2	0.7	服从参数 $\lambda=1/2$ 的指数分布，其概率密度函数为 $f_2(t)=\frac{1}{2}e^{-\frac{1}{2}t}$，其均值为 2

续表

工作代号	工作名称	完成概率	工作持续时间（天）
4-7	检测2	0.3	服从参数 $\lambda=1/2$ 的指数分布，其概率密度函数为 $f_2(t)=\dfrac{1}{2}e^{-\frac{1}{2}t}$，其均值为2
5-6	加工3	0.6	10
5-6	加工3	0.4	14
6-7	检测3	0.05	1
6-8	检测3	0.95	1

经加工任务2进行再加工的零件还要经过检测工作2，检测工作2持续的时间也服从指数分布，其概率密度函数可表示为 $f_2(t)=\dfrac{1}{2}e^{-\frac{1}{2}t}$。此时的产品有30%的概率仍不成功，因而造成试制失败。有70%的概率使得再加工成功（通过了检测），也送到加工任务3进行最后加工。加工任务3完成的时间有60%的可能要用10天，40%的可能要用14天。最后加工完成的零件，经过检测工作3（完成时间为1天），仍有5%的可能成为废品，而有95%的可能性加工成功。

根据以上条件，求出当产品试制成功时，项目所需时间的期望值是多少，项目成功的概率是多少。通过对这个 GERT 网络的计算和随机型风险估计方法，就可以得出正确的结论。

首先，根据网络模型仔细地分析项目全过程，找出产品都可能通过哪些加工工作，可能性是多大。从网络图不难看出成品可能经过四条加工路线（其中指数分布的工期按均值计算）。

第一条路线：

①—4→②—1→③—0.25,3→④—2→⑤—0.7,10→⑥—0.6,1→⑧—0.95→

所需时间：　　$t_1=4+1+3+2+10+1=21$（天）

总的概率：　　$P_1=0.25\times0.7\times0.6\times0.95=0.099\ 75$

第二条路线：

①—4→②—1→③—0.25,3→④—2→⑤—0.7,14→⑥—0.4,1→⑧—0.95→

所需时间：　　$t_2=4+1+3+2+14+1=25$（天）

总的概率：　　$P_2=0.25\times0.7\times0.4\times0.95=0.066\ 5$

第三条路线：

$$①\xrightarrow{4}②\xrightarrow{1}\overset{0.75}{⑤}\xrightarrow{10}\overset{0.6}{⑥}\xrightarrow{1}\overset{0.95}{⑧}$$

所需时间：　　　　$t_3=4+1+10+1=16$（天）

总的概率：　　　　$P_3=0.75×0.6×0.95=0.427\ 5$

第四条路线：

$$①\xrightarrow{4}②\xrightarrow{1}\overset{0.75}{⑤}\xrightarrow{14}\overset{0.4}{⑥}\xrightarrow{1}\overset{0.95}{⑧}$$

所需时间：　　　　$t_4=4+1+14+1=20$（天）

总的概率：　　　　$P_3=0.75×0.4×0.95=0.285$

那么产品试制的成功概率和项目成功完成的平均时间（项目工期的期望值）可以分别计算出来：

$$P_c = \sum_i P_i = 0.099\ 75 + 0.066\ 5 + 0.427\ 5 + 0.285$$

$$= 0.878\ 75 \approx 87.88\%$$

$$T_c = \sum_i t_i \cdot \frac{P_i}{P_c}$$

$$= \frac{1}{0.878\ 75}(21×0.099\ 75 + 25×0.066\ 5 + 16×0.427\ 5 + 20×0.285)$$

$$\approx 18.546(天)$$

同时可以得出项目失败的概率为：

$$P_f = 1 - P_c = 1 - 0.878\ 75 = 0.121\ 25$$

（2）计算机模拟解法。以上分析计算的结论时，项目成功的概率为87.88%，在试制成功的情况下，项目所需的平均时间为18.546天。

从上面的分析可知项目的实施过程存在多种可能性，产品试制的工作路线是具有概率随机性的。每项工作的持续时间服从某一概率分布。因此，可以用计算机程序来模拟这样的随机过程。其基本思想和步骤如下。

① 因为图4-44所示的GERT网络是所有的产品试制过程的概率组合，所以每条成功加工的路线对应着GERT中的一个确定的子网络，这个子网络每项工作实现的概率都是1，每项工作所用时间都服从其概率分布。从而，编制计算机程序，使之能根据每条加工路线实现的概率大小随机地确定一个子网络，再根据其中每个工作时间的概率分布随机地确定每项工作任务的完成时间，这样，可将项目的执行过程都用程序模拟出来。

② 对确定的子网络进行计算，求出该子网络的时间。

③ 采用随机模拟法来模拟仿真项目的进度。累计模拟若干次项目完成后所需要总的时间和项目执行成功的次数，二者之比便是试制成功所需的平均时间。项目成功的概率是成功次数与仿真次数的百分比。

$$T_c = \frac{\sum_{i=1}^{K} t_i + \sum_{j=1}^{N-K} t_j}{K} \tag{4-78}$$

$$P_c = \frac{K}{N} \times 100\% \tag{4-79}$$

式中：t_i——第 i 次项目执行成功所需时间；

t_j——第 j 次项目失败所需时间；

K——项目成功次数；

N——总模拟次数。

在模拟中，可以对所有节点实现次数都做出统计，求出每个节点出现的概率和平均时间。这两个参数反映了产品在每个任务中的成功率和所用的平均时间。完成 N 次模拟后，按前面的公式便可求出结果。

用计算机模拟的方法求解 GERT 网络的程序框图如图 4-45 所示。

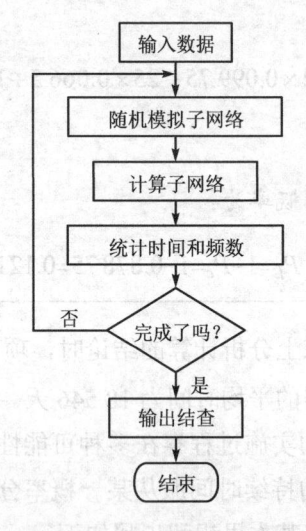

图 4-45　GERT 网络的程序框图

从 500 次的模拟结果可以得到，成功的概率为 0.854（427 次成功），项目成功执行的平均时间为 16.429 天，项目失败所占用的平均时间为 1.842 天，因此产品试制的平均时间为 16.429+1.842=18.271（天），与前面手工计算的结果基本符合。

（3）用等效函数法计算 GERT 网络。等效函数是信流图中的概念，它把信息传输的过程等效为一个传输函数来分析系统的特性。GERT 网络是一个半马尔可夫随机过程，可以用信流图的概念来求解。

首先，对每个工作的时间 t 求出它的分布函数的矩母函数 $M_t(s)$，t 是随机变量。

$$M_t(s) = E\{e^{st}\} = \begin{cases} \int e^{st} f(t) \mathrm{d}t, & t \text{ 为连续型随机变量} \\ \sum_i e^{st_i} p_i, & t \text{ 为离散型随机变量} \end{cases} \quad (4\text{-}80)$$

式中：$f(t)$——连续型随机变量大的概率分布密度函数；

p_i——随机变量取 t_i 值的概率。

当 t 为常数 t_0 时，$M_t(s) = e^{st_0}$。

用工作实现的概率 p 乘以工作的矩母函数 $M_t(s)$ 就得出它的等效函数 $W_t(s)$：

$$W_t(s) = p M_t(s) \quad (4\text{-}81)$$

然后根据每个工作的等效函数由梅森法则求出从原节点到汇节点的等效函数 $W_E(s)$。一些基本的网络单元用梅森法则求出的等效函数如表 4-31 所示。

表 4-31 基本网络单元的等效函数

基本网络	图例	各边等效函数	网络等效函数
串联型	W_a W_b	W_a，W_b	$W_a W_b$
并联型	W_a W_b	W_a，W_b	$W_a + W_b$
回路型	W_b W_a	W_a，W_b	$\dfrac{W_a}{1 - W_b}$

根据这个法则求出了两节点间的等效函数后，利用式（4-82）进行反变换，求出网络的转移概率 P_E 和矩母函数 $M_E(s)$：

$$\begin{cases} p_E = \dfrac{W_E(s)}{M_E(s)} = W_E(0) \\ M_E(s) = \dfrac{W_E(s)}{p_E} \end{cases} \quad (4\text{-}82)$$

最后对网络时间进行反变换。求矩母函数 $M_E(s)$ 对 s 的导数，便得出网络的总时间 T_E：

$$T_E = \left. \dfrac{\mathrm{d} M_E(s)}{\mathrm{d} s} \right|_{s=0} \quad (4\text{-}83)$$

总之，这种解法把 GERT 网络中概率分支和随机变量的问题用等效的手段变换为确定的问题来求解。首先对每个工作的概率和随机的时间参量通过积分变换化成

一个等效函数 $W_t(s)$，然后用梅森法则求出总的等效函数 $W_E(s)$，最后进行反变换，求出汇点的实现概率和时间。下面通过两个例子说明变换和反变换的求解过程。

例 4-16 生产某个产品，经 A 工作后送到检查站 I 进行检查，结果有两种可能，或到试验站 T 或调整站 J。试验后也有两种可能，或送调整站 J 或送返修站 R。从调整站再经 G 工作加工则产品加工完毕。图 4-46 描述了这个工艺过程。

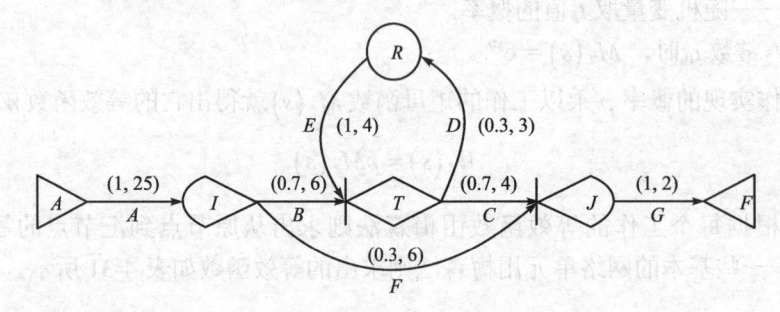

图 4-46 产品加工工艺过程

可用等效函数来求解。根据式（4-80）求出各个工作工期的矩母函数（也可以直接查数学手册），用式（4-82）求其等效函数，如表 4-32 所示。

表 4-32 产品加工的工作参数

工 作	概 率	持续时间（秒）	矩 母 函 数	等 效 函 数
A	1	25	e^{25s}	e^{25s}
B	0.7	6	e^{6s}	$0.7e^{6s}$
C	0.7	4	e^{4s}	$0.7e^{4s}$
D	0.3	3	e^{3s}	$0.3e^{3s}$
E	1	4	e^{4s}	e^{4s}
F	0.3	6	e^{6s}	$0.3e^{6s}$
G	1	2	e^{2s}	e^{2s}

按表 4-31 的法则，从节点 A 到 F 的等效函数为

$$W_E(s) = W_a \left(\frac{W_b W_c}{1 - W_e W_d} + W_f \right) W_g$$

$$= e^{25s} \times \left(\frac{0.7e^{6s} \times 0.7e^{4s}}{1 - e^{4s} \times 0.3e^{3s}} + 0.3e^{6s} \right) \times e^{2s}$$

$$= \frac{0.49e^{37s}}{1 - 0.3e^{7s}} + 0.3e^{33s}$$

由式（4-82）求出产品完成的概率：

$$p_E = W_E(0) = \left(\frac{0.49e^{37s}}{1-0.3e^{7s}} + 0.3e^{33s} \right)_{s=0} = 1$$

这说明产品的成品率是100%，从图中也可以看出不会产生废品，接着再用反变换公式（4-83）求出产品完成的平均时间 T_E。

$$T_E = \frac{d}{ds}\left(\frac{0.49e^{37s}}{1-0.3e^{7s}} + 0.3e^{33s} \right)_{s=0}$$

$$= \frac{37 \times 0.49 \times 0.7 + 2.1 \times 0.49}{0.49} + 9.9$$

$$= 37.9$$

本例中的网络比较简单，工作的持续时间都取常数。下面再举一例，用等效函数法求解图4-44所示的GERT网络，与其他的解法做一比较。

例 4-17 考虑图4-44所示的网络，经等效函数变换后变为图4-47所示的网络和表4-33所示的参数表。

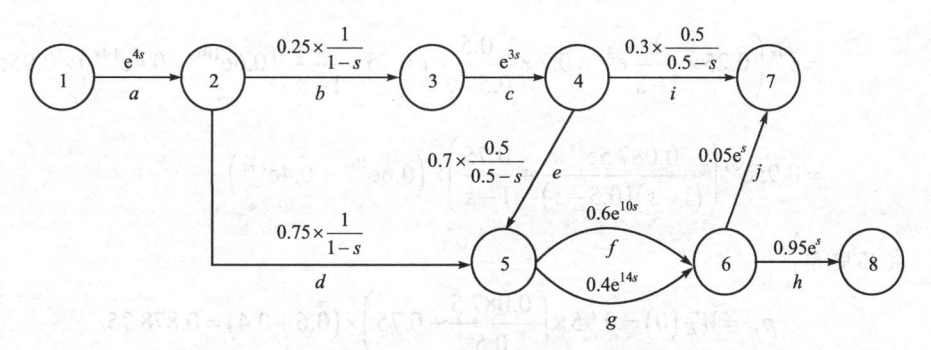

图4-47 等效变换后的网络

表4-33 工作相关参数表

工作代号	工作名	概率	持续时间	矩母函数	等效函数
1-2	加工1	1	4	e^{4s}	e^{4s}
2-3	检测1	0.25	服从指数分布，$\lambda=1$	$\dfrac{1}{1-s}$	$0.25 \times \dfrac{1}{1-s}$
2-5	检测1	0.75	服从指数分布，$\lambda=1$	$\dfrac{1}{1-s}$	$0.75 \times \dfrac{1}{1-s}$
3-4	加工2	1	3	e^{3s}	e^{3s}

163

续表

工作代号	工作名	概率	持续时间	矩母函数	等效函数
4-5	检测2	0.7	服从指数分布,$\lambda=\frac{1}{2}$	$\dfrac{0.5}{0.5-s}$	$0.7\times\dfrac{0.5}{0.5-s}$
4-7	检测2	0.3	服从指数分布,$\lambda=\frac{1}{2}$	$\dfrac{0.5}{0.5-s}$	$0.3\times\dfrac{0.5}{0.5-s}$
5-6	加工3	0.6	10	e^{10s}	$0.6e^{10s}$
5-6	加工3	0.4	14	e^{14s}	$0.4e^{14s}$
6-7	检测3	0.05	1	e^s	$0.05e^s$
6-8	检测3	0.95	1	e^s	$0.95e^s$

指数分布概率密度函数的矩母函数为 $\left(1-\dfrac{s}{\lambda}\right)^{-1}$,将 λ 代入便可求出它们的矩母函数。

从节点1到节点8的等效函数是(不考虑 i、j 工作和节点7):

$$W_E(s) = W_a(W_bW_cW_e + W_d)(W_f + W_g)W_h$$

$$= e^{4s}\left(0.25\times\frac{1}{1-s}e^{3s}\times 0.7\times\frac{0.5}{0.5-s} + 0.75\times\frac{1}{1-s}\right)(0.6e^{10s} + 0.4e^{14s})\times 0.95e^s$$

$$= 0.95e^{5s}\left(\frac{0.0875e^{3s}}{(1-s)(0.5-s)} + \frac{0.75}{1-s}\right)\times(0.6e^{10s} + 0.4e^{14s})$$

成品概率:

$$p_E = W_E(0) = 0.95\times\left(\frac{0.0875}{0.5} + 0.75\right)\times(0.6 + 0.4) = 0.87875$$

成品完成时间的矩母函数:

$$T_E = \left.\frac{dM_E(s)}{ds}\right|_{s=0}$$

$$= \frac{1}{p_E}\frac{d}{ds}\left[0.95e^{5s}\left(\frac{0.0875e^{3s}}{(1-s)(0.5-s)} + \frac{0.75}{1-s}\right)\times(0.6e^{10s} + 0.4e^{14s})\right]_{s=0}$$

$$= \frac{1}{0.87875}\times 16.29725 = 18.54594595 \approx 18.546\text{(天)}$$

所得结果与用其他方法求得的结果完全一致。

本章小结

本章主要介绍了一些风险分析中常用的技术。

- 德尔菲法、头脑风暴法、风险核对表、SWOT、等级全息建模法等技术均属于定性分析技术，它们主要用于风险识别。
- 决策树、敏感性分析、网络分析（GERT、PERT 方法）和随机模拟法等技术属于定量分析技术，它们主要可用于风险估计和风险评价。
- 层次分析法和模糊综合评价方法是定性问题定量化的方法，主要可用于对项目的风险进行评价。

复习思考题

1．AHP 的主要思路和基本步骤是什么？
2．AHP 为什么要进行一致性检验？
3．AHP 中 9 标度法的一般意义是什么？
4．故障树的最小割集是什么意思？
5．为什么说故障树的最小割集的阶数越高越好？
6．某输电网络如图 4-48 所示。有三个变电站，由 A 站向 B 和 C 两站供电，共有五条线路，AB 和 AC 是单向线路，BC 之间是双向线路，其中 2 对 3，4 对 5 互为备份线路。假设变电站均无失效。电网失效判据：

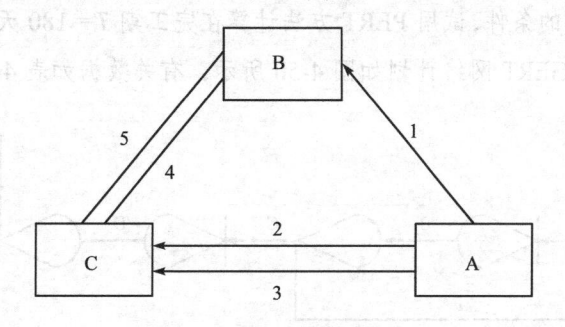

图 4-48 某输电网络线路

（1）B 和 C 中任何一站无输入，即该站停电；

（2）A 向外输出的三条线中只有一条正常工作。

试建立系统失效的故障树，并求全部最小割集。

7．试述 CPM 法与 PERT 法的区别。

8．某建筑工程项目，其施工进度网络计划如图 4-49 所示。根据初步分析，该网络计划中的关键路线是 A→C→D→F→H→J，每一项工作的三种时间估计如表 4-34 所示。

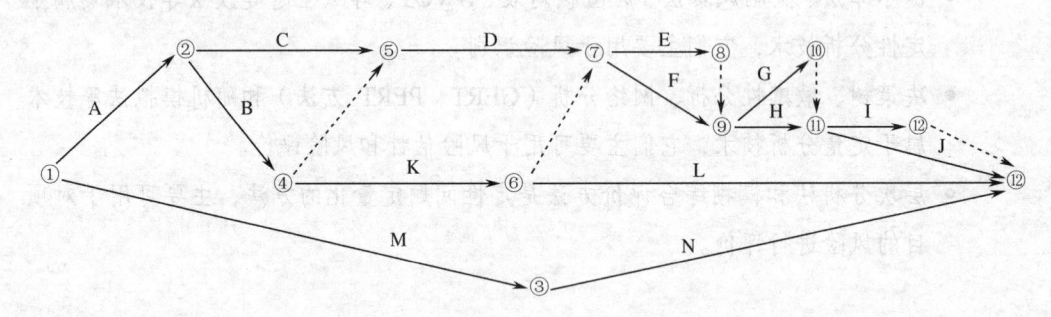

图 4-49　某建筑工程项目施工进度网络计划

表 4-34　关键路径上各项工作的三种时间估计

工作编码	时间估计（天）		
	a	m	b
A	1.5	2	2.5
C	7.5	8	9
D	4	5	7
F	13	14	15
H	18	20	22
J	118	125	137

根据以上提供的条件，试用 PERT 方法计算在完工期 $T=180$ 天以内完工的概率。

9．某项目的 GERT 网络计划如图 4-50 所示，有关数据如表 4-35 所示。

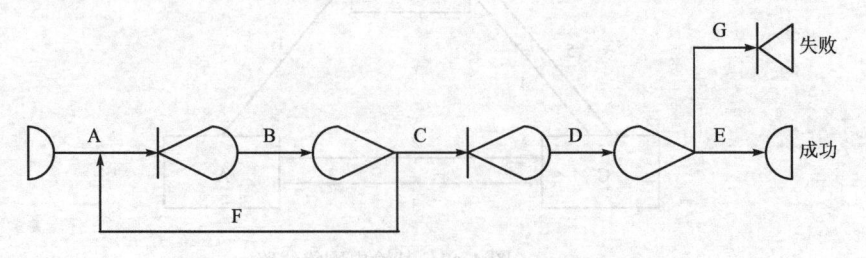

图 4-50　某项目 GERT 网络计划

表 4-35 GERT 网络各工序数据

工 序 代 号	实现概率（P_i）	时间分布函数	正常时间下的费用（C_0）	费用变化率（K_i）
A	1	4	2 500	50
B	1	4	4 000	100
C	0.8	正态分布 $N(8,4)$	3 000	60
D	1	4	2 000	60
E	0.7	正态分布 $N(6,4)$	4 000	50
F	0.2	4	1 000	50
G	0.3	6	2 000	60

根据以上的条件，回答下列问题：

（1）用等效函数法求该 GERT 网络的成功概率、失败概率和工期。

（2）为了计算方便，在此假设工序费用 Y_i 是工序缩短时间 Δt_i 的线性函数，$\Delta t_i > 0$，即

$$Y_i = K_i \Delta t_i + C_0$$

式中：C_0——工序 i 在正常时间下的费用；

K_i——工序 i 的费用变化率。

各工序的 C_0 和 K_i 在表 4-35 中已经列出，试求该项目的费用。

10．某通信设备制造公司准备生产一种新产品，提出了两个投资方案，方案一投资 1 000 万元，方案二投资 600 万元，两种方案实施后都生产 8 年。据分析测算，估计新产品上市后销路好的概率是 0.7，销路不好的概率是 0.3。销路好时方案一每年盈利 300 万元，方案二每年盈利 150 万元；销路不好时方案一亏损 50 万元，方案二盈利 40 万元。请进行风险评价，并确定哪一个方案可使公司获利更多。

第 5 章

项目技术风险分析

> **引导案例**
>
> ### 航天项目的技术风险
>
> 通过收集国内航天项目研制的 215 个风险案例，可获得如表 5-1 所示的统计结果。
>
> 表 5-1 国内航天项目研制风险案例统计结果
>
> | 风险种类 | 技术风险 ||||| 其他风险 || 合计 |
> |---|---|---|---|---|---|---|---|---|
> | | 设计 | 工艺 | 元器件 | 设施 | 材料 | 协调调度 | 人因 | |
> | 发生次数 | 62 | 28 | 12 | 1 | 1 | 59 | 52 | 215 |
> | 发生概率 | 0.288 | 0.130 | 0.056 | 0.005 | 0.005 | 0.274 | 0.242 | 1.000 |
>
> 从表 5-1 可知，国内航天项目研制中的技术风险为最主要的风险源。其中，设计风险占到总风险的 28.8%，工艺技术风险占 13.0%，元器件的质量风险占 5.6%，最后是设施和材料风险各占 0.5%。造成设计风险的原因可能是预先研究不充分，设计时过于追求技术的先进性而造成设计上的不成熟，或设计人员的水平不高使设计方案存在缺陷等。工艺技术风险的存在说明国内整体的工艺技术水平还有待提高，不能满足设计要求，尽管能够设计出很先进的产品，却制造不出来。元器件的不可靠或失效也是造成发射试验失败的一个不可忽视的原因，因此对元器件的严格检验和筛选是一个必

不可少的重要环节。原材料和设施引起的风险虽然各自只占 0.5%，但有时会严重影响到项目研制的进度，甚至导致发射的失败，造成巨大的损失。

技术风险总的发生概率为 48.4%，居于各类风险之首。这说明在整个航天项目研制过程中，由于技术原因而引起的研制失败或延误最为严重，几乎占到所有发生风险的一半，这实际上也反映出航天项目作为典型的高科技项目的未知因素多、探索创新性强、技术复杂度高等特点。同时，从另一个侧面也反映出强化航天项目技术风险分析的重要性，而可行的技术风险控制则是要加强预先研究、方案论证、可靠性保证等工作。

（资料来源：参考文献[7]）

本章学习目标

通过本章的学习，要了解项目技术风险分析的主要作用与意义，掌握开展项目技术风险分析的基本思路，掌握项目技术风险分析的定性方法。

项目的目的是以规定的费用按规定的时间交付达到规定要求的产品。其中，产品能否达到规定的要求即对应着项目技术风险。具体地说，项目技术风险是指在预定的约束条件下，作为项目结果的产品达不到要求的性能或技术指标的可能性及差额幅度。项目一般涉及众多的技术问题，这些技术有些是成熟的，有些是不十分成熟的，有些是要独立研究与开发的，有些是要引进的，而在这些技术运用的过程中不可避免地存在不确定性，特别是对于复杂技术问题，常常导致产品难以满足预期的各种要求。例如，性能指标过高，会迫使设计余量留得太少和大量采用新技术，从而产生高风险；重大关键技术还未突破或预先研究不够充分和成熟时，就仓促上项目，使产品设计、生产缺乏可靠的技术支持；设计失误和考虑不周；可靠性差，致使设计定型甚至生产定型以后，产品故障频繁，成为研发中的一项高风险源；工艺技术水平保证不了生产需要，或要求的工艺技术苛刻，现有的工艺生产能力达不到而造成生产不出或成品率低、废品多，一些加工缺陷甚至会成为灾难性后果的隐患；原材料和元器件质量达不到要求，必然影响产品质量，不仅在大型试验现场故障频繁，忙于更换，用户使用后，也造成完好性低，维修保障困难。

因此，技术风险在项目中是客观存在的，而进行有效的技术风险分析与管理是项目取得成功的基本保障。

5.1 项目技术风险分析指标体系

技术风险分析是指对风险的发生概率、发生时间、持续状况、风险后果、风险不可测程度所进行的分析。完善的指标体系是保证分析、评估、管理的合理性、全面性和科学性的基本条件。

为了能全面地掌握项目所有潜在的技术风险，应采取一种完整的结构框架来描述风险，工作分解结构（WBS）和装备研制路线框图即是这种结构化的描述方法。研制路线框图是美国国防部用来辨识从研制向生产转移过程中各种技术风险的一种标准结构，如图 5-1 所示。其中每个框图都表示了一个潜在的技术风险区，对项目最终产品是否达到规定的要求均会造成影响，即整个项目的技术风险源于设计、试验、生产、设施、保障、管理六个方面及其各自的技术风险区。各个技术风险区还可继续划分成一系列技术工作或任务，直至细化为可能导致技术风险的具体事件或条件。借助于这种方式，可以将正在进展中的工程项目与那些样板进行比较，以帮助发现潜在的技术风险源，并判别管理决策和研制活动是否处在一个有效的、低风险的项目限制条件以内。该体系虽然是针对研制工程项目制定的，但其逐层分解思路可应用于其他工程项目。

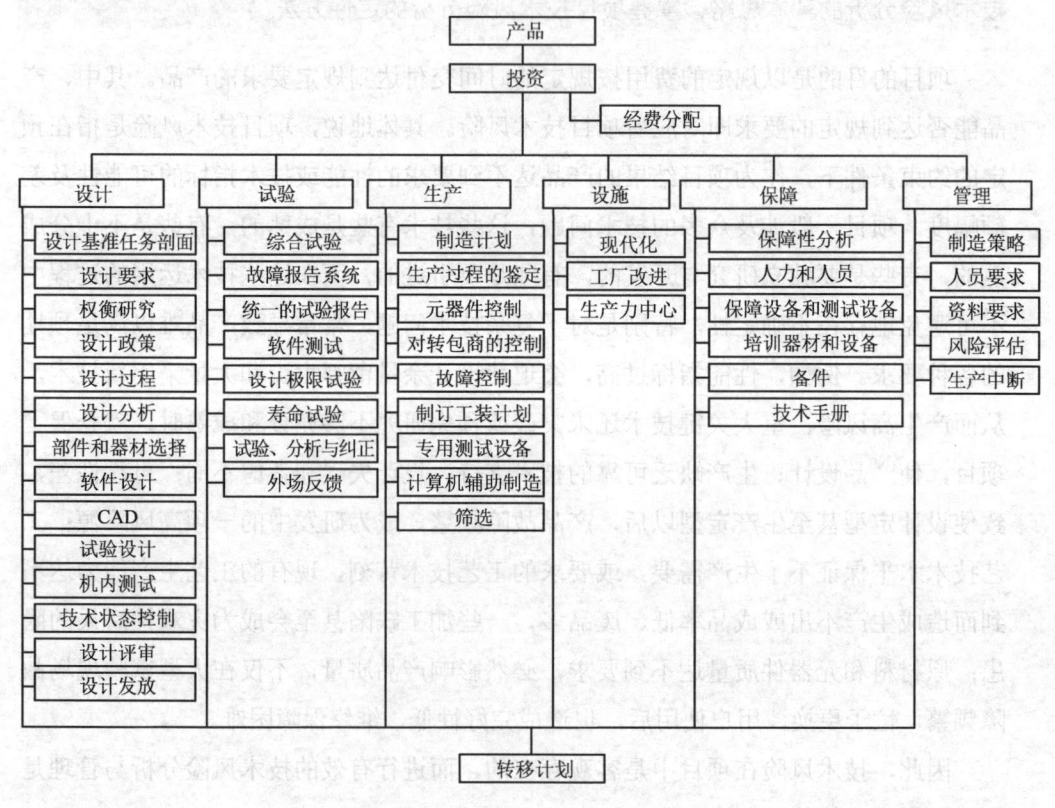

图 5-1 研制路线框图

图 5-2 是基于研制路线框图建立的项目技术风险分析指标体系模型,其一级指标包括构成项目技术风险的六个方面,即设计的技术风险、试验的技术风险、生产的技术风险、设施的技术风险、保障的技术风险、管理的技术风险,二级指标则分别包括与上述六个方面对应的技术风险区的潜在风险,并在第三级指标上按照所关联技术的成熟性、复杂性、相关性、可行性、标准性对技术风险进行度量。

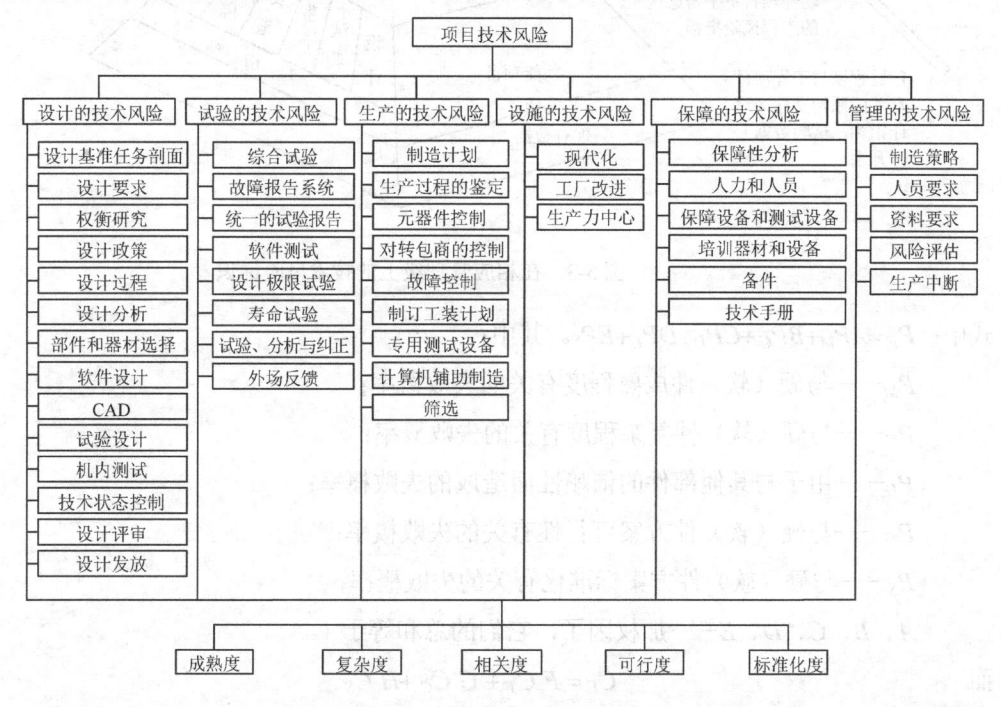

图 5-2 技术风险分析指标体系模型

图 5-3 给出了从过程功能级具体技术风险到工程项目汇总级的技术风险分析过程。采用这种方法可以在相应的管理级别上辨识和监控风险。

基于上述技术风险分析指标体系,可采用风险因子方法对产品技术风险进行分析。其基本思路是把风险看做两个变量,即由风险事件导致失败的概率和失败后果的共同作用的结果。失败概率由硬(软)件的成熟性、复杂性、相关性、可行性、标准性来估计,而失败后果是根据对性能、费用和进度的影响来估计。

用 R_F 表示项目技术风险。由于风险事件发生概率和后果是独立的,它们对风险的贡献可表示为:

$$R_F = P_F + C_F - P_F C_F$$

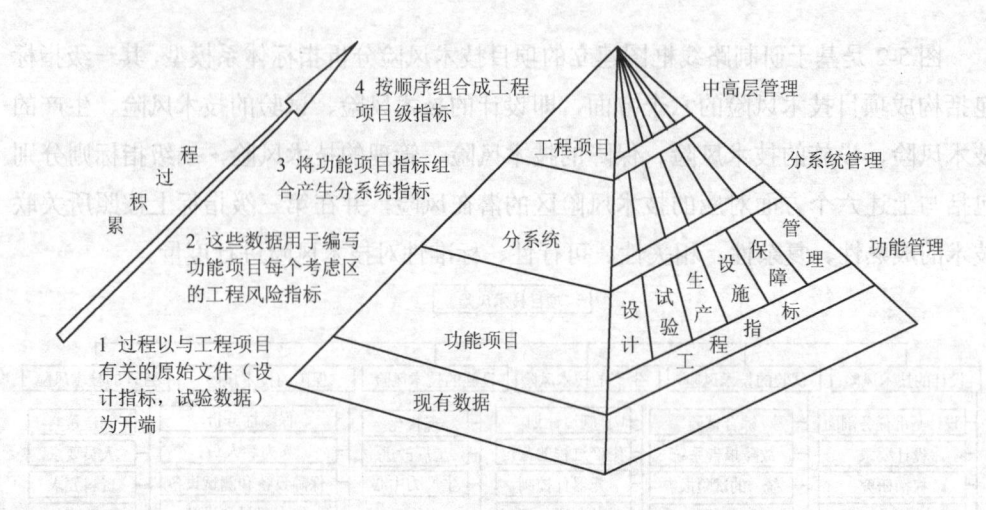

图 5-3 在相应管理级上的技术风险标识

式中：$P_F = AP_M + BP_C + CP_D + DP_U + EP_S$。其中：

P_M——与硬（软）件成熟程度有关的失败概率；

P_C——与硬（软）件复杂程度有关的失败概率；

P_D——由于与其他部件的依赖性而造成的失败概率；

P_U——与硬（软）件方案可行性有关的失败概率；

P_S——与硬（软）件方案标准化有关的失败概率；

A、B、C、D、E——加权因子，它们的总和等于1。

而
$$C_F = F C_T + G C_C + H C_S$$

式中：C_T——失败后果对性能的影响程度；

C_C——失败后果对费用的影响程度；

C_S——失败后果对进度的影响程度；

F、G、H——加权因子，它们的总和等于1。

为了求出产品的 R_F 值，表 5-2 给出了失败概率取值的影响因素，表 5-3 列出了失败后果取值的影响因素。

表 5-2 失败概率取值的影响因素

概率取值 影响因素	0~0.2	0.2~0.4	0.4~0.6	0.6~0.8	0.8~1.0
成熟度	现有技术	局部重新设计	主要变更但可行	技术可行的复杂设计	新技术，某些研制已完成
复杂度	简单设计	复杂性局部增加	复杂性中等程度增加	复杂性显著增加	极其复杂

续表

概率取值 影响因素	0～0.2	0.2～0.4	0.4～0.6	0.6～0.8	0.8～1.0
相关度	进度或性能与现有系统设施或相关的研制单位无关	进度取决于现有系统设施或相关研制单位	性能取决于现有的系统设施或相关的研制单位	进度取决于新系统的进度、设施或相关的研制单位	性能取决于新系统的进度、设施或相关的研制单位
可行度	在现有的资源和时间约束下技术可以实现	在现有资源和时间约束下技术绝大部分（大于70%）可以实现	在现有资源和时间约束下技术大部分（大于50%）可以实现	在现有资源和时间约束下技术小部分可以实现	在现有资源和时间约束下技术不能实现
标准化度	采用国际标准和标准组件	绝大部分采用国际标准和标准组件	一部分采用国际国内标准和标准组件	采用企业标准和较少的标准组件	没有标准和标准组件

表 5-3 失败后果取值的影响因素

概率取值 影响因素	0.1	0.3	0.5	0.7	0.9
性能	对技术性能影响最小或无影响	技术性能下降很小	技术性能有某种程度的下降	技术性能显著下降	技术性能指标不能达到
费用	经费有些变动，但不超出预算估计	费用估计超出预算1%～5%	费用估计增加5%～20%	费用估计增加20%～50%	费用估计增加超过50%
进度	对进度的影响极小，可忽略不计，有松弛时间保证	部分进度延后小于10%，需对进度计划作调整	进度延后时间10%～30%	进度延后30%～50%	进度拖延超过50%，并影响系统的里程碑进度

上述方法可用于对过程或功能项目进行技术风险分析。在此基础上，可按照图 5-3 的层次关系，通过确定权重系数，汇总出各层次的技术风险评估值。

例 5-1 若研制的部件具有以下特征：

（1）使用现成的硬件，只需对软件数据库略加改进；
（2）硬件、软件设计复杂性有所增加，但标准性强；
（3）包含一个由转承包商研制的新数据库。

其失败后果为：

（1）在技术性能上会引起一些问题，但可以纠正；

（2）纠正使用费用增加 8%；

（3）纠正使进度拖延两个月。

由此，根据表 5-2，可取 P_m，P_c，P_d，P_u 和 P_s 分别为 0.1，0.3，0.7，0.5 和 0.3，再根据该部件的结构和功能特性，取 a，b，c，d 和 e 分别为 0.2，0.2，0.4，0.1 和 0.1，则

$$P_f = aP_m + bP_c + cP_d + dP_u + eP_s$$
$$= 0.2 \times 0.1 + 0.2 \times 0.3 + 0.4 \times 0.7 + 0.1 \times 0.5 + 0.1 \times 0.3 = 0.44$$

同理，根据表 5-3，可取 C_t，C_c 和 C_s 分别为 0.3，0.5 和 0.5，取 f，g 和 h 分别为 0.4，0.5 和 0.1，则有

$$C_f = fC_t + gC_c + hC_s$$
$$= 0.4 \times 0.3 + 0.5 \times 0.5 + 0.1 \times 0.5 = 0.42$$

因此 $R_F = P_f + C_f - P_f C_f = 0.44 + 0.42 - 0.44 \times 0.42 = 0.675$

该风险值表示研制此部件具有中等程度的风险。

5.2 风险影响及危害性分析

风险的影响取决于风险事件发生的可能性以及风险事件发生后所造成的后果。只有在明确风险影响基础上，才能有针对性地制定出控制措施以有效地减少风险可能带来的危害。

风险影响及危害性分析是一种用于分析风险事件影响及危害性的综合分析技术。其基本原理源于可靠性工程中广泛运用的故障模式影响及危害性分析（Failure Mode，Effects And Criticality Analysis，FMECA）。FMECA 早在 20 世纪 60 年代就开始应用于航空、航天、舰船、兵器等军用系统的研制中，并逐渐渗透到机械、汽车、医疗设备等民用工业领域，为保证产品的质量与可靠性发挥了重要作用，已成为在系统的研制中必须完成的一项分析工作。

采用风险影响及危害性分析方法，可以对项目技术风险指标体系模型中各技术风险区潜在的风险事件进行定性分析评估，从而有针对性地达到控制和提升产品质量的目的。其分析原理如表 5-4 所示，表中各栏目的说明如下。

过程功能指被分析的过程或工艺。该过程或工艺既包括技术过程，如工程设计过程、软件设计过程等，又包括管理过程，如计划编制、设计评审等，均是系统要素完成的某项特定的活动，这些要素包括硬件、软件、设施、人员、资料或它们的组合。在此尽可能简要地说明该"过程功能"的目的，如果其还可分解为具体的工作或任务，则可以把这些工作或任务作为独立过程列出。如设计分析中包括针对可靠性的具体分析就有容差分析、FMEA、电子产品热应力分析等。

表 5-4 风险影响及危害性分析

过程功能	潜在风险事件或条件	风险产生的原因	风险后果	严重性	可能性	风险指数	应急措施	预防措施

潜在风险事件或条件指"过程功能"可能发生的不满足规定过程要求或设计意图的形式或问题点，是对具体工序不符合要求的描述。它可能是引起下一道工序的潜在风险源，也可能是上一道工序风险影响的后果。典型的风险事件包括断裂、变形、安装调试不当、要求模糊、需求变化、技术水平不够等。

风险产生的原因指风险是怎样发生的，并依据可以纠正或控制的原则来描述，针对每一个潜在的风险事件在尽可能广的范围内，列出每个可以想到的风险起因，如果起因对风险事件来说是唯一的，那么考虑过程就完成了。否则，还要在众多的起因中分析出根本原因，以便针对那些相关的因素采取纠正措施。典型的风险起因包括焊接不正确、润滑不当、零件装错、要求不全面等。

风险后果指风险事件对产品质量和用户可能引发的不良影响，根据用户可能注意到或经历的情况来描述风险后果，对最终使用者来说，风险的后果一律用产品或系统的性能来阐述，如噪声、异味、不起作用等。

严重性指潜在风险事件对产品影响后果的严重程度。为了准确定义风险事件的不良影响，通常需要对每种风险事件的潜在影响进行评价并赋予分值。

可能性指具体的风险起因发生的概率，可能性的分级数着重在其含义而不是数值。

风险指数指对风险事件严重性和可能性的综合描述。该数值越大，则表明这一潜在问题越严重，越应及时采取纠正措施，以便减小该值。

应急措施指风险事件发生后采取的应对措施。

预防措施指为了防止该风险事件的出现所采取的防患措施。

例 5-2 表 5-5、表 5-6 及表 5-7 是欧洲空间局（ESA）空间项目风险管理采用的评分标准及风险指数矩阵案例。表 5-5 中后果严重性等级是用费用超出预算的百分比来划分的。表 5-8 则列出了与风险指数 R_I 对应的风险级别和需采取的措施。

表 5-5　后果严重性等级

评 分	严 重 性	后 果
5	灾难性	导致项目终止
4	严重的	项目费用增加超过××%
3	比较严重的	项目费用增加超过××%
2	轻度的	项目费用增加超过××%
1	轻微的	较小或没有影响

表 5-6　可能性等级

评 分	可 能 性	后 果
5	最大	每个项目极可能发生
4	高	在 10 个项目中约有 1 个项目将经常发生
3	中等	在 100 个项目中约有 1 个项目将经常发生
2	低	在 1 000 个项目中几乎不发生 1 个
1	最小	在 10 000 个项目中几乎从不发生

表 5-7　风险指数 R_I（可能性×严重性）矩阵

可能性评分＼严重性评分	1	2	3	4	5
1	1	2	3	4	5
2	2	4	6	8	10
3	3	6	9	12	15
4	4	8	12	16	20
5	5	10	15	20	25

第 5 章 项目技术风险分析

表 5-8 与风险指数对应的风险级别及措施

风险指数 R_I	风险级别	措　　施
$R_I \geqslant 20$	最大风险	不可接受风险,须采取新的措施
$15 \leqslant R_I < 20$	高风险	不可接受风险,须采取新的措施
$10 \leqslant R_I < 15$	中等风险	不可接受风险,积极地管理和考虑备选措施
$4 < R_I < 10$	低风险	可接受风险,控制和监控项目管理
$R_I \leqslant 4$	最小风险	可接受风险,控制和监控项目管理

风险影响及危害性分析事实上就是一套严密的识别、控制、消除风险事件的管理过程,通过对过程风险影响及其后果的系统分析,制定出相应的预防措施和行动方案,从而大大降低失败的机会。具体地,风险影响及危害性分析的作用包括:

(1) 表明项目管理过程中可能出现的风险事件;

(2) 显示每种风险事件发生的可能性、后果的严重性以及可控制程度,以及风险级别的大小,从而为制定风险应对措施提供依据;

(3) 根据风险发生的条件,找出减少风险发生的条件的过程控制变量,并制定纠正和预防措施;

(4) 确保级别高的风险得到优先控制,避免项目遭受严重损失;

(5) 为跟踪、控制以及更新项目的风险提供依据。

表 5-9 是对某软件开发项目进行风险影响及危害性分析的示例。

表 5-9 风险影响及危害性分析示例（部分）

过程功能	潜在风险事件或条件	风险产生的原因	风险后果	严重性	可能性	风险指数	应急措施	预防措施
需求分析	客户的需求不明确	系统分析不完善	客户不接受产品	2~3	5	10~15	按照客户的要求修改	事先进行需求评审
需求分析	项目目标不明确	未确定目标体系	项目进度延期或成本超支	3	4	12	修改项目目标	事先确定目标体系
需求分析	任务定义不够充分	系统分析不深入	项目不能按时、按预算完成	3	4	12	重新定义	事先与客户达成共识
设计	缺乏有经验的分析员	开发人员数量不足	分析错误或不可行	3	4~5	12~15	培训或换人	配备充足的分析人员
设计	软件功能遗漏	设计不完善	客户不满意	2	4	8	增加相应功能	进行设计评审、获得客户确认

177

5.3 项目技术风险分析报告

项目技术风险分析的结果用分析报告形式体现出来，以反映出项目的技术风险状况，为决策或管理机构提出风险应对的措施建议和意见，并作为对项目技术风险进行监控的基本依据。分析报告可以按设计、试验、生产、设施、保障、管理等不同类别或按不同管理级别分别撰写，最后汇总形成整个项目的报告。表 5-10 所示为一个技术风险分析报告的格式。

表 5-10 技术风险分析报告

××项目技术风险分析报告

1．引言
（对编写报告的目的及其范围进行说明）
2．××项目概述
（对项目的基本情况进行说明，包括项目目标、项目的组织管理形式、产品用途、技术状态和工作方式、产品需求量、进度安排等）
3．技术风险分析方法
（对开展项目技术风险分析所采用的方法进行说明）
  3.1 基本定义
  （对报告所涉及的专业术语进行定义说明）
  3.2 技术风险分析的基本流程
  （对技术风险识别、量化、估算的一般过程和方法进行说明）
  3.3 技术风险评估模型
  （对风险估算采用的方法和模型进行说明）
4．分析实施
  4.1 概述
  （对本次分析的目标、时间安排、组织管理、预期成果等进行说明）
  4.2 风险识别
  （对研究对象潜在风险事件或条件进行确定说明）
  4.3 风险估算
  （对定性、定量地度量风险进行说明）
  4.4 风险综合
  （对风险排序、归并等综合处理进行说明）
5．总结及建议
  5.1 结论
  （基于风险分析的结果，给出项目技术风险状况的结论）
  5.2 建议
  （对风险控制建议或措施的说明）

本章小结

- 项目的技术风险是指导致项目成果交付物与预期的项目成果之间发生偏差的可能性的一种度量。技术风险影响因素的来源是非常广泛的，进行有效的技术风险分析与管理是项目取得成功的基本保障。
- 为了能全面地掌握项目所有潜在的技术风险，可采用项目风险分析指标体系来对风险的发生概率、发生时间、持续状况、风险后果、风险不可测程度进行分析；也可采用风险影响及危害性分析的方法，从过程功能、潜在风险事件或条件、产生风险的原因、风险后果、严重性、可能性、风险指数、应急措施、预防措施等几个方面进行分析。项目技术风险分析的结果可用分析报告形式体现出来。

复习思考题

1. 什么是项目的技术风险？产生技术风险的原因有哪些？
2. 什么是风险影响及危害性分析？它有什么作用？

第 6 章

项目风险应对

引导案例

神舟飞船的风险应对

2003年10月15日9时，神舟五号飞船发射升空，在轨运行21小时23分后按预定计划安全着陆，我国首次载人航天飞行取得圆满成功。中国人第一次乘坐自行研制的宇宙飞船遨游太空，实现了中华民族的千年飞天梦想。全世界为之瞩目，海内外炎黄子孙为之振奋和自豪。神舟飞船的成功研制、发射、运行和回收，使我国成为继苏联和美国之后第三个独立自主掌握载人航天技术的国家。

这项1992年开始的载人航天工程，是我国航天领域规模最大、系统最复杂、可靠性和安全性要求最高的一项跨世纪国家重点工程。在神舟系列飞船的研发过程中，航天人将现代项目管理理念和方法与中国航天型号研制项目的具体实践相结合，探索形成了一套独具特色且行之有效的大型复杂系统工程管理体系。

根据党中央对载人航天工程研制任务的要求，神舟系列飞船的研制面临着严峻的挑战，是一项高风险的工程研制项目，不仅技术起点高、关键技术多、系统复杂，而且有工程研制周期和经费方面的限制。神舟飞船的研制主要存在以下几个方面的风险问题。

（1）技术风险。飞船系统复杂，新技术多，涉及机、电、光、热、声、磁、材料、工效学、医学等众多学科，且需要突破环控生保、应急救生、仪表照明、人工控制、着陆缓冲、升力控制、温度控制等多项前所未有的关键技术，技术难度和风险不言而喻。

（2）进度和费用的风险。飞船研制周期短，经费紧张，需要用有限的资金在7~8年的时间内完成第一艘无人飞船研制，10年左右完成首次载人飞行实验，势必要使各项生产、测试、试验工作交叉并行，增加了研制进度控制和经费投入的风险。

（3）技术变更的风险。飞船任务要求不断变化，且由于载人航天在我国是全新的领域，飞船系统自身的功能和性能也因研制的进展在不断调整。由于技术储备不足，可借鉴的经验少，随着工程推进，对飞船系统的技术要求也不断变化，增加了研制风险。

（4）安全性风险。飞船系统的可靠性、安全性要求很高。为确保航天员的安全，飞船系统研制需要高可靠性和安全性，必须从元器件、原材料入手，大力提高设备、分系统和整船工作的可靠性和安全性，从而增加了系统的可靠性、安全性管理难度。

（5）环境因素的风险。飞船研制所受到的项目外部环境因素的影响比较多。首先，飞船研制的协作单位多，质量水平差距大，许多单位没有载人飞船工程研制经验，给技术、质量和沟通等方面都带来一定风险。其次，项目所需的很多基础设施适用性比较差，如热试验、力学试验、电磁试验等，没有适合飞船的场地和设施，必须要在技术攻关的同时，实行边攻关、边设计、边技改，这样在无形中又增加了项目的风险。

综上所述，神舟飞船的研制项目是一个逐渐明细的过程，必然存在着很多项目风险，它们将随时发生在飞船研制实践的全过程。飞船系统从方案论证阶段开始进行风险管理的探索，在神舟三号和神舟四号研制后，飞船系统在总结神舟一号至三号风险控制经验的基础上，形成了一套适合神舟飞船研制的风险管理方法，提出了以下风险应对措施。

（1）规定项目管理人员参与总体和分系统技术方案的制定，坚持尽量采用成熟的技术、加强技术基础设施建设、不片面追求新技术和多功能的原则，使研制方案切实可行。

（2）飞船的设计和制造采用 CAD/CAPP/CAM/CAT 等技术，提高飞船的研制质量，减少或避免技术风险。在研制程序和研制进度上采用并行工程技术，缩短周期和节约经费。

（3）应用辩证观点，正确处理安全与成本的关系，把保证每次发射任务的成功作为节约经费、降低成本风险最重要的方法。因为神舟飞船首要的是保证人的安全，神舟飞船经费较无人飞船昂贵，但参研人员并不为节约资金而忽视质量和可靠性要求，在保证工作质量、保证安全性和可靠性的前提下，尽量减少成本风险。

（4）最大限度地开发利用现有的仪器设备和基础设施的潜力；严格技术改造项目的审批，避免重复投资和重复建设；充分、多次利用初样试验用产品（发挥试验工艺装备和仪器设备的继承性），减少投产数量，节约经费。

（5）设立经费管理人员，落实责任制。在承担飞船研制任务的各单位财务系统设置神舟飞船经费管理专职人员，在相应部门设置总经济师和经济师。制定神舟飞船成本分解结构（CBS）方法，对每一项任务进行全过程、全系统成本核算和控制，以提高投资经济效益，降低研制经费的风险。

（6）为完成神舟飞船的安全性要求，找出影响航天员安全的各种风险事件，并重点考虑了5项降低风险的措施，即环境控制和生命保障系统、应急救生系统、仪表和照明系统、高性能的测控通信系统和着陆缓冲系统等。

（7）在正样研制过程中采取的其他措施。例如，重视操作风险，杜绝误操作；实施时间精细管理，预防进度风险；追求零缺陷，保证安全性和可靠性；采取安全性专项管理，量化故障概率等。

通过以上应对措施，确保神舟飞船系统的风险始终控制在可以容忍的范围内，为飞船项目的成功做出了贡献。

（资料来源：参考文献[14]）

本章学习目标

通过本章的学习，掌握项目风险应对的基本概念和过程；掌握项目风险应对的各种策略和使用条件。

6.1 概述

6.1.1 项目风险应对的基本概念

项目风险应对就是对项目风险提出处理意见和办法。在对项目进行风险识别、定性定量估计和评价之后，得到项目风险发生的概率、损失严重程度，再根据项目的要求，决定应采取什么样的措施，以达到减少风险事件发生的概率和降低损失程度。

项目风险应对的主要依据如下。

（1）风险管理计划。

（2）风险排序。运用本书前面介绍的风险定性、定量分析方法，将风险按其发生的可能性、风险发生后造成的后果严重程度、缓急程度进行排序，明确各种风险的相对重要程度。

（3）风险认知。对可放弃的机会和可接受的风险的认知。组织的认知程度会影响风险应对计划。

（4）可接受风险水平。项目组织的可接受风险水平将对风险应对计划产生重要的影响，项目组织抗风险能力决定了项目风险应对措施的选择。项目组织抗风险能力包括项目经理承受风险的心理能力、项目组织能调动的资金和资源等。

6.1.2 项目风险应对过程

项目风险应对过程一般表现为根据风险识别和评价的结果，分析项目所处的外部和内部的政策、时间、资金、技术、人员、自然环境等各种条件，研究项目可利用的资源和能力，分析风险处理后应达到的目标，提出风险应对策略。该过程的主要环节如下。

（1）进一步理解确认风险识别和评价的结果。

（2）分析项目所处的外部和内部的各种条件。

（3）研究项目可用于处理各种风险的资源和能力。

（4）分析项目目标和风险处理后应达到的目标。

（5）针对不同风险，研究提出相应的风险应对策略备选方案。

（6）分析每种风险应对策略方案的必要性和可行性。

（7）在假设采取风险应对方案的情况下，再次对项目风险进行识别和评价，分析预测风险应对策略方案的效果，判断是否达到风险处理要求。

（8）权衡各方面的因素，优化选择确定应对方案。

（9）执行风险应对方案。

6.2 项目风险应对策略

为应对风险，可从消除风险因素、降低风险发生的概率和风险后果等级三个方面提出多种策略。下面介绍减轻风险、回避风险、转移风险和接受四种风险应对措施。

6.2.1 减轻风险

减轻风险措施是一种积极的风险处理方法策略，它通过各种技术和方法降低损失发生的可能性，缩小其后果的不利影响程度。例如，若某项目的实施需跨越一个雨季，而雨季又无法施工，这时在签订合同时一定要将雨季不能施工的因素考虑进去，据此制定项目完成的时间，从而减少进度风险。按照减轻风险措施执行时间可分为风险发生前、风险发生中和风险发生后三种不同阶段的风险控制方法，应用在风险发生前的方法基本上相当于风险预防，而应用在风险发生时和风险发生后的控制实际上就是损失抑制。

1. 风险预防

风险预防是指在风险发生前为了消除或减少风险因素，降低损失发生的概率，从化解项目风险产生的原因出发，去控制和应对项目活动中的风险事件。通过风险识别、估计和评价，可得到项目风险源、各风险发生概率和后果严重性等级排序，与预先给定的风险严重程度等级要求相比较，对超过要求的风险，要采取技术措施消除风险或降低严重度等级使其满足要求。例如，对飞机研制项目来说，一旦飞机的发动机发生故障，将导致机毁人亡事故的发生。为了降低这种风险，通常民航飞机设计为具有双发动机的，当一台发动机发生故障时，另一台发动机仍可正常工作，使飞机正常飞行。只有当两台发动机同时故障时飞机才不能正常飞行，导致飞行事故发生。两台发动机同时发生故障的概率小于一台发动机发生故障的概率，飞机发生事故的概率降低了，从而风险等级降低。

2. 损失抑制

损失抑制是指在风险发生时或风险发生后，采取措施减少损失发生范围或损失程度的行为。事故发生中或事故发生后的损失抑制措施主要集中在紧急情况的处理即急救措施、恢复计划和合法的保护，以此来阻止损失范围的扩大。例如，飞机飞行中一旦发生事故而无法控制时，飞行员可被弹射出飞机以保证飞行员的安全。又如，森林起火时，设置防火隔离带阻止火势的蔓延，就是一种限制火灾损失范围的事故后发生作用的措施。

正确认识风险预防和损失抑制的区别有助于提高项目风险管理的效果。风险预防的目的在于消除或减少风险发生的概率，损失抑制的目的在于减少项目风险发生后不利后果的损失程度。事实上，这两方面在风险管理中往往同时使用，综合考虑。

一个好的项目风险减轻方案往往具有风险预防功能，也有损失抑制功能。

6.2.2 风险回避

风险回避是指当项目风险发生的可能性太大，不利后果也很严重，又无其他良好策略来减轻风险时，主动放弃项目或改变项目目标与行动方案，从而回避风险的一种策略。采取这种策略，必须对风险有充分的认识，对风险出现的可能性和后果的严重性有足够的把握。这种策略是从根本上放弃使用有风险的项目资源、项目技术、项目设计方案等，从而避开项目风险的一类项目风险应对措施。例如，对于某项不成熟的新技术，坚决不在项目中采用，这就是一种项目风险回避措施。如果通过风险评价发现项目的实施将面临巨大的威胁，项目管理班子又没有其他可用的措施控制风险，甚至保险公司亦认为风险太大拒绝承保，这时就应当考虑放弃项目的实施，避免巨大的人员伤亡和财产损失。对于城市重点基础工程建设项目，国家重大水利枢纽工程、铁道工程、核电站、卫星发射等项目，以及一些一旦造成损失，项目执行组织无力承担后果的项目，都必须采用风险回避策略，避免巨大的人员伤亡和财产损失。

在应用风险回避策略时还应考虑以下几方面的因素。

（1）对项目而言，某些风险也许不可能回避。例如，项目实施过程中的某些关键技术突破、地震、水灾、人的疫病、能源危机等风险可能难以避免。

（2）对某些风险采用放弃项目的方法来规避风险。项目决策者可以选择无风险或风险性小的项目来回避风险大的项目。规避风险一般是需要增加成本的，项目班子在成本和效益的比较分析下，当回避风险所花的成本高于回避风险所产生的社会、政治、经济效益时，如果仍采取回避风险的方法，则是得不偿失的。

（3）回避了某一风险有可能产生其他新的风险。例如放弃某一项目设计方案，达到了回避某风险的目的，但在选用另一替代的设计方案可能带来新的风险，这时要对新的风险进行分析，通过新旧风险的对比决定采用哪种设计方案。

综合考虑以上因素，风险回避策略适合以下两种情况，第一，某种特定风险发生概率和损失程度相当大；第二，应用其他风险处理技术的成本超过其产生的经济效益，采用风险回避措施可使项目受损失的可能性最小。

风险回避是最彻底的回避重大风险的方法。但是彻底地放弃项目也会带来其他负面影响。

（1）为回避风险而放弃项目就丢失了发展和其他各种机会。例如，我国自行设计建造核电站，投资巨大，而没有经验可循，存在巨大风险。如果因为担心核电站事故造成重大损失而放弃核电站项目，我国就要放弃整个核电产业，放弃核能源的开发利用，就要丢掉促进核技术科学研究和教育发展的机会，丢掉发展与核电有关产业的机会，失去培养和锻炼我们自己核电建设队伍的机会，甚至影响到全国电力行业，由于电力不足而制约国民经济的发展。

（2）抑制了项目有关各方的创造力。项目管理层可以通过发挥主观能动性，调动各方面的积极性，消除一部分风险因素，降低项目的风险。有些风险在一定条件下可以转化。如果不努力消除风险因素，不创造条件降低风险发生的概率和后果程度而简单地放弃项目，会挫伤人的积极性，失去提高技术水平的机会，对以后的发展产生不利影响。

最好在项目实施之前采用风险回避策略，这时对项目的损失最小。放弃或改变正在进行的项目，付出的代价一般都比较高。

6.2.3 风险转移

风险转移是将项目本身面临的损失风险转移给其他人或单位去承担的行为。转移风险又叫合伙分担风险，其目的不是降低风险发生的概率和不利后果的大小，而是借用合同或协议，在风险事故一旦发生时将损失的一部分转移到项目以外的第三方身上。这类风险控制措施多数是用来对付那些概率小但是损失大，或者项目组织很难控制项目风险的情况。转移风险的实现大多数是借助于协议或者合同，将损失的法律责任或财务后果转移由他人承担。

采用这种策略所付出的代价大小取决于风险发生的可能性和危害程度的大小。当项目的资源有限，不能实行减轻和预防策略，或者风险发生的可能性较低但一旦发生其损害很大时可采用此策略。转移风险主要有五种方式：出售、发包、开脱责任合同、利用合同中的转移责任条款、保险与担保。

（1）出售。通过买卖契约将风险转移给其他单位。这种方法在出售项目所有权的同时也就把与之有关的风险转移给了其他单位。这种出售有些像避免风险的放弃行为，但区别在于风险有了新的承担者。例如，城市重点基础项目可以通过发行股票或债券筹集资金。股票或债券的认购者在取得项目的一部分所有权的同时，也承担了一部分项目风险。还需要注意的是，有时出售行为并不能完全转移与所出售项目有关的损失风险。

（2）发包。发包就是通过从项目执行组织外部获取货物、工程或服务而把风险转移出去。例如，对于一般的建筑施工队而言，高空作业的风险较大，利用分包合同能够将高空作业的任务交给专业的高空作业工程队，从而将高空作业的人身意外伤害风险和第三者责任风险转移出去；如果承包商还担心工程中电气项目的原材料和劳动力可能增加，可以雇用分包商承接电气项目。

发包可以有多种合同形式。例如，建设项目的施工合同按计价形式划分，有总价合同、成本加酬金合同和单价合同。总价合同适用于设计文件详细完备、工程量易于计算或简单、工程量不大的项目。采用总价合同时，承包单位要承担很大风险，而业主单位的风险相对较小。成本加酬金合同适用于设计文件不完备但又急于发包、施工条件不好或由于技术复杂需要边设计边施工的一些项目。采用这种合同形式，业主单位要承担很大的费用风险。一般的建设项目采用单价合同。采用单价合同时，承包商和业主单位承担的风险彼此相差不多。

（3）开脱责任合同。在许多场合，转移带有风险的项目或活动可能是不现实的或不经济的。例如，在防洪季节承接加固河堤项目，一旦发生特大洪水，随时可能导致项目的失败，在这种情况下签订免除责任合同就是一种解决问题的方法。在合同中列入开脱责任条款，要求对方在风险事故发生时，不要求项目班子本身承担责任。签署这种合同，对项目班子来说，风险被免除了。

（4）利用合同中的转移责任条款。主要是在一些涉及经济活动的合同中，通过合法地变更某些条款或合理地运用合同语言，可以将损失责任转移给其他单位。例如，工期较长的建筑项目，承包方面临着设备、建筑材料价格上涨而导致的损失。对此，承包方可以要求在合同条款中写明：若因发包方原因致使工期延长，合同价额需相应上调。承包方使用这项条款就把潜在损失风险转移给发包方。这就是转移责任条款。

合同的每一方都存在着利用转移责任条款转移责任的可能性。例如，《中华人民共和国民法通则》第一百二十六条规定："建筑物或者其他设施以及建筑物上的搁置物、悬挂物发生倒塌、脱落造成他人损害的，它的所有人或者管理人应当承担民事责任。"当所有人和管理人员是不同的单位或个人时，双方可以在协议中增加或修改条款，试图将对第三者的财产损失和人身伤亡的经济赔偿责任转移给对方。

（5）保险与担保。保险是一种通过转移风险来对付风险的方法。通过保险机制，社会上众多的经济单位结合在一起，建立保险基金。面临风险的项目班子，以财务上确定的小额支出参加保险，从而将风险转移给保险公司（实际上是所有向保险公司投保的投保人），当风险事故发生时就能获得保险公司的补偿。保险是转移纯粹风险非常重要的方法。在国际上，建设项目的业主不但自己为建设项目施工中风险向保险公司投保，而且要求承包商也向保险公司投保。

6.2.4 接受风险

接受风险是指项目管理层有意识地选择承担风险所造成的后果，觉得自己可以承担损失时，就可以用这种策略。例如，当项目风险发生的概率较低或后果不严重时，可采取这种策略。项目管理者在识别和评估风险的基础上，对各种可能的风险处理方式进行比较，权衡利弊，从而决定将风险留置内部，由项目组织自己承担风险损失的全部或部分。由于在风险管理规划阶段已对一些风险有了准备，所以当风险事件发生时可以立即执行应急计划。主动地接受风险是一种有周密计划、有充分准备的风险处理方式。

接受风险是处理残余风险的一种技术措施。例如，当对某风险采取减轻风险的措施后，该风险发生概率减少，后果减轻，但风险仍然存在，而项目组织认为此风险水平可接受时则可采用接受风险的措施。有时风险转移不出去，没有别的选择只能接受风险。例如，项目组织采用保险的方式把风险转移给保险公司，但保险合同常常有一些除外责任，因而，实际上保险公司只承担了部分潜在损失。另一部分潜在损失，若不能控制或无法转移给别人，项目组织只能接受。

一般在风险事件造成损失数额不大、不影响项目大局时，项目组织将损失列为项目的一种费用。接受风险的具体措施有：将损失摊入经营成本；建立风险基金；借款用以补偿风险损失。

本章小结

- 风险应对就是对项目风险提出处理意见和办法。在对项目进行风险识别、定性定量估计和评价之后，得到项目风险发生的概率、损失严重程度。再根据项目安全指标要求，决定应采取什么样的措施，以达到减少事故发生概率和降低损失程度的目的。
- 风险应对的措施主要是从消除风险因素、降低风险发生的概率或风险后果等级三个方面进行努力，其主要的策略包括减轻风险、回避风险、转移风险和接受风险等。

复习思考题

1．本章介绍的四种典型的风险应对策略的适用条件是什么？
2．对一种风险的处理能否同时采取多种应对策略？
3．如何应对软件项目的主要风险？
4．如何应对大型会议的主要风险？
5．如何应对培训项目的主要风险？
6．项目中对每一个风险是否都要管理？
7．风险管理与安全管理有何区别？
8．应急预案是安全管理措施还是风险管理措施？

9．某大型运输队接到一运输任务，在夏天高温时期，用车辆运送人员和重要物资，物资中有易燃易爆危险品，运送地点和路线处在我国高原边疆，从地点 A 运到地点 B，途中需要 3 天时间。请参考本章的 HHM 方法进行风险识别，找出关键风险源，再进行风险评估，确定风险发生的概率和风险严重性等级，制定风险评价量化表，根据风险等级提出相应的风险应对策略。

10．某知名大学准备举办建校 60 周年校庆活动，同时开展一些学术活动，届时将请一些相关单位的领导、优秀毕业生代表、专家学者等参加，校庆活动准备在风和日丽、春暖花开的时候举办，学校成立校庆筹备委员会，由校长担任筹备委员会主任，提前一年开展筹备活动。请分析该校庆活动的风险源，并运用所学方法确定风险发生的概率和风险严重性等级，制定风险评价量化表，根据风险等级提出相应的风险应对策略。

第 7 章

项目风险监控

引导案例

高级两栖突击战车项目的风险监控

美国海军的高级两栖突击战车（AAAV）采办项目是美国海军陆战队地面系统的重点项目，计划取代现有的第二代两栖突击装甲车，并将与MV-22倾斜旋翼式垂直起降飞机、海军登陆气垫船一起构成海军陆战队下一代"三位一体"的武器平台，成为海军陆战队"从海上实施作战机动战略"的关键武器。根据美军开发武器系统的政策和惯例，AAAV项目是一个技术先进的复杂系统项目，该项目被分为项目确定与风险降低（PDRR）阶段和系统研制与演示验证（SDD）阶段两部分。为确保项目成功，项目采取了各种计算机辅助系统对项目的风险实施了有效的控制。

在 AAAV 项目的 PDRR 阶段，采用了如虚拟设计数据库（VDD）、虚拟整合与组装系统等计算机辅助系统来有效监控风险。

AAAV 项目内不同部门间，尤其不同功能子系统间的信息共享是成功地实施项目风险管理的关键。AAAV 项目团队间的信息共享主要是通过虚拟设计数据库和虚拟整合与组装系统实现的。VDD 由经高速网络链接的分布式数据库组成，界面友好，基于窗口的电子文档经产品整合团队（IPTs）分类并按工作分解结构组合，政府部门相关成员与主承包商职员都可以进入。自 VDD 用户可以进入风险数据库，它包含了系统各功能区块特定风险的详细信息，如风险责任者、风险评估、风险状态、控制降低手段等。用户可以评估风险状态和风险控制活动，也可以提交新的风险。风险自动提示系统还将自动生成链接到特定电子风险文档的电子邮件，以提示其他功能区块和项目领导将要出现的风险以及风险状态的改变。

在 AAAV 项目的 PDRR 阶段，实施了规范化的风险管理全过程：风险识别、风险评估与排序、风险计划、风险跟踪、风险控制。AAAV 项目团队颁发了使用方便的风险手册。风险手册提供了基于 VDD 的风险识别、评估与排序、计划、跟踪和控制的指导性建议。

风险管理协调员（RMC）对风险跟踪负主要责任，但他们的活动依赖于 IPTs 持续更新风险状态。RMC 利用关键词对数据库进行查询，掌握风险发展趋势。最后，RMC 需要编辑查询结果，形成分析报告并呈交给风险的责任者。

风险控制是日常性的风险管理活动。IPTs 和 RMC 在这一阶段将协同解决这样一系列问题：跟踪风险并执行风险降低计划；评估重新计划的战略需求；调用降低风险的措施和偶然事件计划；关闭风险并记录教训；等等。

系统研制与演示验证（SDD）阶段的工作是对各分系统方案和部件进行系统集成，对工程制造模型进行演示验证，以降低风险。有了 PDRR 阶段的基础，SDD 阶段则可以吸取其经验教训，通过改进风险管理技术、改造风险管理流程从而更好地控制 SDD 阶段的风险。

PDRR 阶段所使用的各种信息技术工具，经实践证明是有效管理风险的扩增器，但是也显示了其不足。为此，在 SDD 阶段创立了新的寿命周期信息系统（LCIS）以取代、加强 VDD 的功能。与 VDD 不同，LCIS 不仅仅是风险数据库，还可以预测与报告风险趋势，跟踪计划资源的消耗，预警可能的费用超支、进度延期和性能下降，并在项目范围内实施风险管理，将风险管理整合到项目管理全过程中。此外，LCIS 是基于互联网的应用，允许子合同商进入数据库。虚拟整合与组装系统则通过模拟整合与组装、生产需求修正，继续完善降低系统生产风险的功能。

（资料来源：参考文献[52]）

本章学习目标

通过本章的学习，要掌握项目风险监控的内涵和主要工作内容，掌握挣值法及其在风险监控中的用法，了解项目风险报告在风险监控中的作用，掌握项目风险监控系统的组成要素和组织结构，了解项目风险监控政策规章确立的原则，掌握计算机辅助风险监控系统的组成结构。

在前面的章节中已经提到，项目风险管理的全过程主要包括风险规划、风险分析、风险应对和风险监控等工作。风险监控主要包括风险的跟踪和风险的控制，需要采用各种不同的方法和工具对不同类型的风险事件进行跟踪和控制。当风险事件确实发生时，还要启动事先规划好的应急预案——应对措施，这样才能够将项目的风险控制在能够接受的范围内，确保项目成功。

风险监控主要依赖于项目内部信息的传递和各种方法、工具的综合运用。本章将对如何正确实施项目风险监控进行详细的说明。

7.1 概述

7.1.1 项目风险监控的基本概念

项目从策划、实施到投入使用，需要一个较长的过程，在这个过程中存在着很大的不确定性，可能会给项目带来各种各样的风险。由于项目风险都有一个发生、发展过程，对这个过程实施监控可以动态地掌握项目风险及其变化情况，实现对风险的有效管理，确保高效地达成项目目标。

风险监控就是通过对风险规划、识别、估计、评价、应对全过程的监视和控制，从而保证风险管理能达到预期的目标。其目的是考察各种风险控制行动产生的实际效果，确定风险减少的程度，监测残留风险的变化情况，进而考虑是否需要调整风险管理计划及是否启动相应的应急措施。

风险监控包括两个方面的工作。其一是监测风险，跟踪已识别风险的发展变化情况，包括在整个项目周期内，风险产生的条件和导致的后果变化。一般来说，风险的不确定性随着时间的推移而减小，这是因为风险存在的基本原因是由于缺少信息和资料。随着项目的进展和时间的推移，有关项目风险本身的信息和资料会越来越多，对风险的把握和认识也会越来越清楚。其二是根据风险的变化情况及时应对控制，并对已发生的风险及其产生的遗留风险和新增风险予以及时识别、分析，采取适当的应对措施。风险控制可以从风险发生的可能性和可能造成的损失后果两个方面着手。例如，采取一定的措施使风险发生的概率接近于零，从而预防风险因素的产生；减少已存在的风险因素；防止已存在的风险因素释放能量；改善风险因素的空间分布，从而限制其释放能量的速度；在时间和空间上把风险因素与可能遭受损害的人、财、物隔离；借助人为设置的物质障碍将风险因素与人、财、物隔离；改变风险因素的基本性质；加强风险部门的防护能力；做好救护人、物的准备等。此外，还应有针对性地对实施项目的人员进行风险教育以增强其风险意识，制定严格的操作规程以控制因疏忽而造成的不必要损失。

7.1.2 项目风险监控的主要内容

风险监控的依据包括风险管理计划、实际发生了的风险事件和随时进行的风险识别结果。具体内容如下。

（1）风险管理计划。

（2）风险应对计划。

（3）项目沟通。工作成果和多种项目报告可以表述项目进展和项目风险。一般用于监督和控制项目风险的文档有事件记录、行动规程、风险预报等。

（4）附加的风险识别和分析。随着项目的进展，在对项目进行评估和报告时，可能会发现以前未曾识别的潜在风险事件。应对这些风险继续执行风险识别、估计、量化和制订应对计划。

（5）项目评审。风险评审者检测和记录风险应对计划的有效性，以及风险主体的有效性，以防止、转移或缓和风险的发生。

在风险管理计划实施后，控制风险的行动会对风险的发生、发展产生相应的影响，反映出对项目风险特性不断认识及不断修订风险管理计划和行动的过程。在这一过程中，实施监控的主要工作内容如下：

（1）评估风险控制行动产生的效果；

（2）及时发现和度量新的风险因素；

（3）跟踪、评估残余风险的变化和程度；

（4）监控潜在风险的发展，监测项目风险发生征兆；

（5）提供启动风险应变计划的时机和依据。

综上所述，实施风险监控的依据是：风险背景，风险识别、估计、评价的结果，风险管理计划，风险应对计划等。风险监控有以下主要成果。

（1）风险监控标准。主要是指项目风险的类别、发生的可能性和后果。

（2）应变措施。主要是指消除风险事件时所采取的未事先计划到的应对措施。这些措施应有效地记录，并融入项目的风险应对计划中。

（3）控制行动。控制行动是实施已计划了的风险应对措施（包括实施应急计划和附加应对计划）。

（4）变更请求。实施应急计划经常导致对风险做出反应的项目计划变更请求。

（5）修改风险处理计划。当预期的风险发生或未发生时，当风险控制的实施消减了或未消减风险的影响或概率时，必须重新对风险进行评估，对风险事件的概率和价值以及风险管理计划的其他方面做出修改，以保证重要风险得到恰当控制。

有许多技术、手段及工具可以用于对风险进行监控，即将上述输入转换成风险的控制处理措施或方案，如试验与鉴定、挣值法、技术性能度量与跟踪、项目费用与进度控制等，可以根据项目管理的需要选用最为适用有效的方法。没有一种技术或工具可以解决所有问题，必须将一些技术或手段结合起来使用。一般要根据风险处理计划中所计划的活动选用风险监控技术。利用这些监控技术对计划的风险处理活动与其实际完成情况进行不断比较，从而跟踪并评定风险处理活动的效果。比较可以是简单比较，如对比活动的实际完成日期和计划日期；也可以是综合比较，如对照计划剖面详细分析所观察到的实际数据。不管采用哪种比较，只要发现实际数据和计划数据有差别，就要对差别进行研究，判定状况如何，并确定有无必要更换风险处理方法。

7.2　项目风险管理监控方法

针对不同的项目风险事件，需要采用不同的方法和工具进行风险跟踪和控制，将这些工具和方法集成起来，就形成了项目风险监控系统。

在实施项目风险管理监控时，必须定义在什么时间、什么任务中采用什么方法对项目风险事件进行跟踪和控制，而项目风险管理的监控系统则是具体的行动指南，它定义了风险监控的组织、政策规章、人员、技术方法、信息系统等要素。下面将对最为常用的风险监控方法——挣值法、风险报告制度进行论述，然后将详细介绍风险监控系统的主要内容。

7.2.1 挣值法

挣值法（Earned Value）是衡量项目执行情况和绩效的常用分析方法。这种方法科学地引入了一个能够反映项目进展情况的费用尺度——已完成工作的基线费用，被称为"挣值"来监控项目的费用情况。挣值表示以计划费用基线为基础的已完成工作的货币价值。它综合了项目范围、时间、费用测量，通过对已完成工作实际成本（ACWP）与计划工作预算成本（BCWS）、已完成工作预算成本（BCWP）的比较，确定项目在费用支出和时间进度方面是否符合原定计划要求。

挣值法采用货币形式代替工作量来测量项目的进度，它不以投入资金的多少来反映项目的进展，而是以资金已经转化为项目的成果的量来进行衡量。所有的工作都按照时间段的"计划价值"增值进行计划、预算和进度安排，构成了成本和进度的度量基线。通过将实际项目进展与该基线进行比较，分析实际与计划的偏差，就可以预测各种时间的完成情况，及时处理各种变化。

在实际项目实施过程中总会有不可预期的各种因素变化，因此偏差是始终存在的。在项目实施过程中，必须将这种偏差控制在允许的范围内。一旦偏差超出了允许的范围，就表明项目的预算或者进度将可能无法按照计划完成，导致项目目标的偏离，这样就产生了风险。挣值法可以在偏差还没有达到危险的程度之前就发现风险，从而采取措施以规避项目风险。

1. 挣值法的基本原理

在项目进行期间，定期监控如下三个基本参数。

计划工作预算成本（Budgeted Cost for Work Scheduled，BCWS），其计算公式为：

$$BCWS=计划工作量×预算定额$$

已完成工作实际成本（Actual Cost for Work Performed，ACWP）。其主要反映项目执行的实际消耗指标。

已完成工作预算成本（Budgeted Cost for Work Performed，BCWP）。它是用已完成工作量及按预算定额计算出来的费用，即挣值。其计算公式为：

$$BCWP=已完成工作量×预算定额$$

用挣值法进行项目费用控制时，借助于工作分解结构（WBS），将 BCWP 与 ACWP 进行比较，用其偏差值和偏差率来判断项目实际费用是否保持在预算范围内。

利用上述三个基本参数可以导出以下几个重要指标。

费用偏差（Cost Variance，CV），计算公式 CV=BCWP−ACWP。

进度偏差（Schedule Variance，SV），计算公式 SV=BCWP−BCWS。

费用执行指标（Cost Performed Index，CPI），是指预算费用与实际费用值之比（或工时值之比）。计算公式为 CPI=BCWP/ACWP。

进度执行指标（Schedule Performed Index，SPI），是指项目挣值与计划之比。计算公式为 SPI=BCWP/BCWS。

用这几个重要指标判别项目费用和进程的标准：

当 CV 为负值时，表示项目执行效果不佳，实际费用超过预算费用；

当 CV 为正值时，表示项目执行效果好，实际费用低于预算费用；

当 CV 等于零时，表示实际费用等于预算值；

当 SV 为正值时，表示进度提前；

当 SV 为负值时，表示进度延误；

当 SV 等于零时，表示实际进度等于计划进度；

当 CPI 大于 1 时，表示低于预算，即实际费用低于预算费用；

当 CPI 小于 1 时，表示超出预算，即实际费用高于预算费用；

当 CPI 等于 1 时，表示实际费用与预算费用吻合。

可采用 S 曲线来表示费用和进度的判别标准。

人们常常把 BCWP 和 ACWP 在不同报告期的值画在一张时间表上，称为 S 曲线。S 曲线可以显示项目是超支还是在预算范围内。如果再画上计划费用基线 BCWS，则对比 BCWP 与 BCWS 和 ACWP 值，可以得到项目是提前还是滞后于计划的状态。这样就可以进行费用和进度控制。如图 7-1 所示为四种类型的 S 曲线。

S 曲线说明了挣值（BCWP）与已完成工作的实际费用（ACWP）、预定工作的基线费用（BCWS）以及费用偏差（CV）和进度偏差（SV）之间的关系。同时也说明了预算估算和基本计划估算之间的区别。如图 7-2 所示。基线是控制的尺度。而预算则是项目业主最期望花费的费用，两者之间的差值就是不可预见费。不过人们常把预算和基线当作一回事。

图 7-2 中的 S 曲线表明，在当前时间，费用偏差为正值，表示项目超支；进度偏差为负值，表示项目滞后计划安排。

第 7 章 项目风险监控

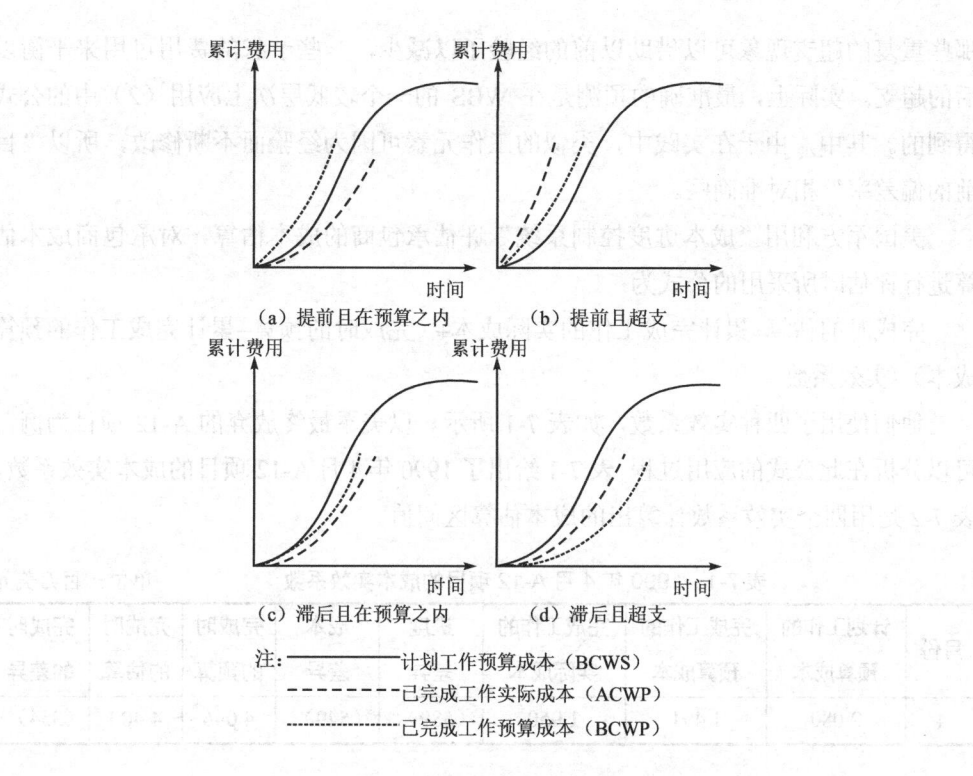

图 7-1 四种类型的 S 曲线

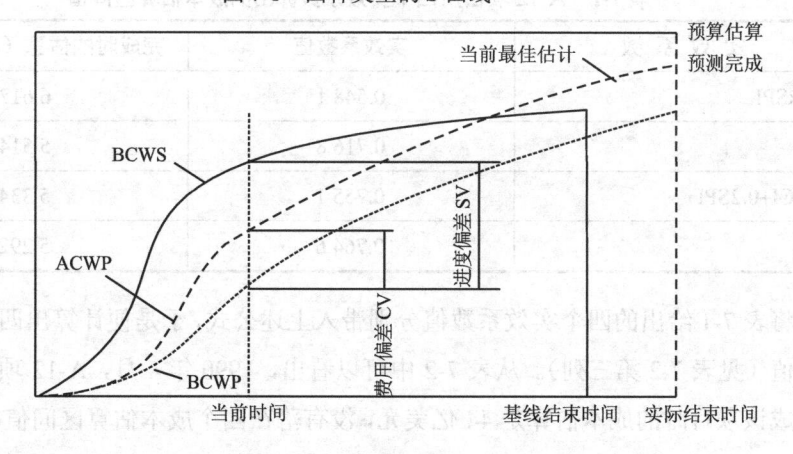

图 7-2 S 曲线的应用

通过偏差计算可预测项目完成时可能发生的费用（EAC）。

在预测时，有两个简化的假定：

（1）如果项目完成时的偏差等于目前的偏差，那么，EAC=预算+目前的偏差；

（2）如果项目完成时的偏差率等于目前的偏差率，那么，EAC=预算×（1+目前的偏差率）。

后一个更为实际，但一般常用的还是前者。因为一些超支现象不可能重复发生，那些重复的超支现象可以借助以前的经验予以减少，一些节省的费用可用来平衡以后的超支。实际上，最准确的预测是在 WBS 的一个较低层次上应用（2）中的公式得到的。其中，由于在实践中，类似的工作元素可因为经验而不断修改，所以"目前的偏差率"相对准确些。

美国军方利用"成本进度控制系统"评估承包商的成本估算，对承包商成本估算进行评估时所采用的公式为：

完成时的估算=累计完成工作的实际成本+（完成时的预算-累计完成工作的预算成本）/实效系数

他们使用了四种实效系数，如表 7-1 所示。以美军最终放弃的 A-12 项目为例，可以分析在此公式的应用过程。表 7-1 给出了 1990 年 4 月 A-12 项目的成本实效系数，表 7-2 是用四个实效系数计算出的成本估算区间值。

表 7-1　1990 年 4 月 A-12 项目的成本实效系数　　　　　　单位：百万美元

月份	计划工作的预算成本	完成工作的预算成本	完成工作的实际成本	进度差异	成本差异	完成时的预算	完成时的估算	完成时的差异
4	2 080	1 491	1 950	(589)	(549)	4 046	4 400	(354)

表 7-2　A-12 项目用四个实效系数算出的成本估算区间值

实效系数	实效系数值	完成时的估算（百万美元）
CPI×SPI	0.548 1	6 612
SPI	0.716 8	5 514
0.8PCI+0.2SPI	0.755 1	5 334
CPI	0.764 6	5 292

将表 7-1 给出的四个实效系数值分别带入上述公式，于是便计算出四个成本估算区间值（见表 7-2 第三列）。从表 7-2 中可以看出，1990 年 4 月，A-12 项目承包商给出完成该项目时的成本估算是 44 亿美元，没有落在四个成本估算区间值内，即 66.12 亿美元和 52.92 亿美元之间。这表明承包商的成本估算系统有问题。另外，从表中可以看出，到 1990 年 4 月，A-12 项目成本超支已达 5.49 亿美元，进度拖延已达 5.89 亿美元。显然，严重超预算和拖延进度是使历时 5 年之久，已耗费 19.50 亿美元的 A-12 项目夭折的直接原因。

挣值法最先是在美国出现并应用的，20 世纪 90 年代美国国内商业领域和美国国防部都已经制定了关于挣值管理系统运行的标准。这些标准对于挣值管理的实施进行了比较明确的规定，例如在挣值和管理报告方面，就规定：

（1）至少以月为基础，从会计系统中的成本账户生成计划预算的量与实际完成预算的量的比较、实际工作预算的量与实际成本的比较，以满足管理使用实际成本数据的需要；

（2）至少每月确认计划与实际进度之间的差异和计划与实际成本之间的差异；

（3）为了对项目管理实施有效控制，应确认预算和实际的间接成本，还必须提供产生差异的原因；

（4）为了支持管理的需要和顾客在合同中的指定报告，通过项目组织或工作分解结构来总结数据和相关的差异；

（5）按照项目挣值管理信息的结果采取管理行动；

（6）在当日绩效、材料的价值、未来状况的估计的基础上开发项目总成本的修正估计。

对于采用挣值管理方法识别出的偏差，通常需要采取修正行动或者进行项目的变更。从项目风险角度来说，所采取的修正行动或者进行变更，实际上就是对项目的风险采取合理的应对措施。

2. 挣值法在项目风险管理中的运用

任何拥有项目工作分解结构性的计划、成本计划和适当的信息收集系统的项目都可以使用项目挣值管理方法，但并不代表挣值法适用于所有类型的项目。总的来说，具有以下一项或者多项主要特征的项目适合使用项目挣值管理方法：

- 目标界定清晰；
- 达到目标的路径清晰；
- 劳动含量高；
- 创造性的工作；
- 规范的管理结构；
- 成本和工期受到限制。

挣值法最主要的应用是在大型的国防工程开发项目上，因为这样的项目中会有很多需要用创造性的方法来解决的问题，要求有很高的创新度。这类项目一般都有很大的风险，而且容易超出工期和成本的限制。挣值法用来处理这类问题，尤其在不确定的项目状况下，对项目进展的度量有很好的效果。它有时被称为"项目成本工期的集成控制"，可以对项目状况变坏时进行及时预警，这样就可以创造更多的机会来对项目过程中产生的风险采取补救措施，以免项目的进展状况无法挽回。

一般来说，在项目开展的过程中建立一套项目成本/进度控制系统，是实施挣值法的必要条件。一个比较完整的项目成本/进度控制系统应该包含以下一些主要内容。

（1）工作分解的进度和成本计划。在国外的国防项目中，一般认为正式的、规范的项目工作分解结构应当是"基于项目产出物"的，即用来定义项目承包商向业主提供的产品和劳务的层次性描述。然而在一般的项目中，常常可以按照项目产出物、项目组织、项目任务等不同形式来生成项目工作分解结构。在此基础之上，对每一个工作包进行计划任务、分配资源、安排成本，再加上项目不可预见费用预算的项目成本总和，就形成了详细的进度和成本计划，即项目的基线。

（2）准确实时的项目成本报告系统。挣值法的主旨在于将实际完成的预算和工作与项目基线进行比较，从而得出对项目进展情况的评价，并对不利情况进行预警和报告。因此，建立一种实时监控的报告系统是进行挣值管理的基础。报告系统应当定义成本报告的责任者、报告数据结构、报告频率等内容。

（3）正式的项目进度评估方法。对于项目现实进展情况进行正确的评估，是决定项目未来是否采取纠偏行动、采取何种纠偏措施的重要环节。实际项目中应当根据不同的环境和情况对各种评估方法进行选择，常用的方法可分为四类：主观评价、客观评价度量、主要规则和间接评价。

（4）必要的项目管理软件。在现代项目管理领域，软件系统已经成为项目管理过程中必不可少的一部分，挣值管理也是如此。如果缺乏相应的软件支持，则网络计划、资源配置、进度安排、成本核算和挣值计算等工作将变得非常烦琐，甚至不可执行，而导致挣值法的失败。

挣值法的不足之处在于，如果挣值评估提示进度拖后，细查原因是由于编制完成情况测量基准时，非关键工作分配预算过分前置，因此这种"拖后"并不影响总进度计划。另外，有时挣值评估反映项目按进度，成本不超支，一切运行良好，但实际上由于某项虽然成本不高，但是非常重要的关键工作拖后完成，反而会严重影响进度。因此，使用挣值评估还需与传统的进度甘特图和里程碑计划结合起来，才能取长补短，优势互补。

另外，虽然挣值法能够度量当前的绩效、预测未来的发展趋势，但是如果这种趋势显示出未来将有困难时，挣值法并不能提供解决这些困难的办法。尽管它能够显示问题将出在哪里，但无法说明问题是什么。因此，挣值法在项目风险管理中主要是起到一种预警的作用，在采用挣值法发现项目某些环节出现问题之后，再利用风险分析方法来分析出现差异的问题是什么，然后采取措施（如进行纠偏措施或者进行项目变更）进行风险应对以降低或者消除风险的不良影响。

7.2.2 项目风险信息的采集

项目风险监控的基础是项目的风险状态信息，其反映出项目风险的状况。只有及时、准确地获取项目风险状态信息，才能有效地对项目风险实施监控。

从风险分析的角度看，工程项目的风险一般有三种表现形式：
(1) 产品达不到规定的性能或质量水平；
(2) 实际费用过高；
(3) 产品交付延迟。

它们分别对应工程项目的技术风险、费用风险和进度风险。此外，在工程项目的进行过程中，还存在着来自环境和行政管理方面的不利影响，一般称为计划风险。

对项目风险实施监控，首先要了解、把握与上述各类风险相关联的风险源信息，即产生该种风险的致因信息，正是由于这些因素的不确定性及变化才导致项目各种风险具有随时间变化的动态特性。

技术风险、费用风险、进度风险是属于系统内部的、工程项目可控的风险，因而也更具有理性化特点的风险成分，目前分析、量化以及监控的侧重点也集中在这几个方面。而计划风险是外部的风险，目前尚处于分类列出计划风险源，并针对这些风险源列出降低风险措施的程度。

在工程项目的技术风险、费用风险以及进度风险诸成分中，技术风险是主要的、起决定性作用的因素，它还常常是造成费用风险和进度风险的主要原因。所以谈到项目技术上有风险，一方面指该项目可能拖进度、超预算；另一方面指该项目可能很难达到原定的技术性能指标。

基于风险源与技术、费用、进度的关联关系，可以更好地把握风险产生的背景，并根据这种动态作用影响及所导致风险事件发生可能性的变化，及时修正风险识别、估计、评价的结果，核对风险管理策略和措施的实际效果是否与预见的相同，以寻找机会改善和细化风险应对计划，获取反馈信息，以便使风险决策更符合实际。因此，在风险监控过程中需要采集如下信息。

(1) 风险源信息。分别针对项目技术、费用、进度、计划列出与其关联并要特别予以重视的风险因素或事件清单。例如，涉及项目技术风险源的信息可从建立的技术风险分析指标体系模型或风险影响及危害性分析结果中获得。

(2) 风险因素变化信息。伴随项目开发过程，及时获取各种风险因素的变化情况信息，包括真实性、影响的主要或次要关系、影响的直接或间接关系、可控或不可控因素及其转化等。

（3）风险识别、估计、评价结果的修正信息。根据风险因素动态变化情况，及时修正风险分析结果，准确掌握项目风险状况的变化。

（4）预警指标体系。界定基本指标和征兆指标，前者指与风险计算相关的基础性指标，后者指作为报警依据的分析指标。在确定这些指标体系时要遵循如下原则。

- 敏感性原则。要保证所设计的监测指标能及时反映项目开发过程的真实状态。
- 独立性原则。所设计的监测指标之间无相关性，尽量减少各指标之间的重叠，使得可从多个方面表明风险状态。
- 可测性原则。所设计的监测指标必须能够被监测，可操作性强，以便按照风险预警的要求尽可能正确、完整地实现监测。
- 规范化原则。以保证所获得的监测信息可以在风险预警过程的各个阶段和其他风险管理决策中得到应用。

（5）预处理风险信息。对项目风险信息来源进行组合和相互印证，使各种零散信息转变成整体的具有预报性的可靠信息，对已有信息做出准确推测，包括利用现有信息进行趋势判断，用一部分信息推断其他信息。

（6）风险防范与控制对策。包括对风险的早期预防、处于临界状态风险的有效控制以及针对风险事件的应对措施。

7.2.3 项目风险预警

在明确项目风险监控所需要的信息基础上，下一步就是对风险信息的管理和利用，即实施风险预警管理。由于项目的创新性、一次性、独特性及复杂性特征，决定了项目风险是不可避免的；风险发生后，损失难以弥补和工作的被动性决定了风险管理的重要性。而传统风险管理是一种"回溯性"管理，属于亡羊补牢，对于一些重大项目，往往于事无补。风险预警的意义就在于防患于未然，充分利用任何风险的发生必然有一定的原因与条件，要经历一个蕴藏、生成、演化、临近、显现和作用的过程，通过真正认识风险的特性、感知和测评风险状态，将风险在不同程度上转化、分解、控制和有效管理，使其损失降到最小。

风险预警管理是指对于项目管理过程中有可能出现的风险，采取超前或预先防范的管理方式，一旦在监控过程中发现有发生风险的征兆，及时发出预警信号并采取校正行动，以最大限度地控制不利后果的发生。如图 7-3 所示为风险预警管理的一般流程。

第 7 章 项目风险监控

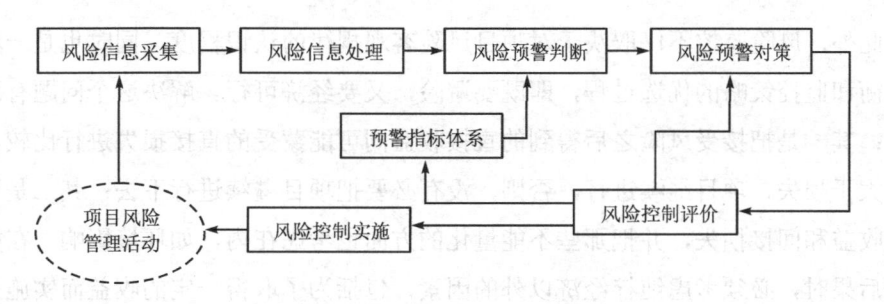

图 7-3 风险预警管理流程

可以看到，风险预警管理是通过一个迭代的风险信息处理与反馈过程来实现的：风险信息采集用于获取项目风险预警所需要的输入信息；风险信息处理对所获取的信息进行分类、整理、辨伪、推测等处理，使之成为可用于预警的有用信息，可采用的信息处理工具包括直方图、因果分析图、帕累托图等；预警指标体系提供预警的判据信息；风险预警判断综合计算结果与指标体系，判断是否实施预警；风险预警对策在出现风险预警时提出防范措施和对策；风险控制评价尽可能保证使风险得到转化和控制措施的有效性并更新和调整预警能力。

因此，项目风险管理的良好开端是建立一个有效的风险预警系统，以及时察觉计划的偏离，高效地实施项目风险管理过程。当计划与现实出现某种偏差时，证明存在着项目正面临某些不可控制风险的可能性，这种偏差可能是积极的，也可能是消极的。例如，计划之中某个阶段的完工日期与实际完成日期的不吻合显示了计划的提前或延误。前者通常是积极的，后者是消极的，但这也不是绝对的，有可能提前于计划完成意味着更多的人力和成本的投入，所以要综合考虑各种因素来分析出现的这个偏差。另一个对计划的预警是浮动或静止不动。浮动是影响重要途径的前一项活动在计划中可以延误的时期。重要途径，也就是在网络图中最长的部分很少产生浮动。项目中浮动越少，风险产生影响的可能性越大。浮动越低，工作越重要。预算与实际支出之间的差别一定要控制，两者之间偏离表明完成工作之间花费得太少或太多，前者通常是积极的，后者通常是消极的。

为使风险预警能真正有效发挥作用，确保通过风险监控保持项目在预定的轨道上进行，需要根据项目风险的复杂性以及项目环境的多变性等特点，制订出各种风险的应急计划，不断充实风险防范与控制对策，并将其作为实施项目风险监控的一个重要工作内容。所谓应急计划，就是为控制项目实施过程中有可能出现或发生的特定情况做好准备，例如，一种外部风险的引入，项目预算削减 20%。应急计划包括对可能风险的描述，完成计划的假设，风险发生的可能性，风险影响以及适当的反应等。

此外，风险监控不仅取决于对项目风险客观规律的认识程度，同时也是一种综合权衡和监控策略的优选过程，即既要避险，又要经济可行。解决这个问题有两种办法：其一是把接受风险之后得到的直接收益同可能蒙受的直接损失进行比较，若收益大于损失，项目继续进行，否则，没有必要把项目继续进行下去；其二是比较间接收益和间接损失，并把那些不能量化的方面也考虑在内，如环境影响。在权衡风险后果时，必须考虑纯粹经济以外的因素，包括为了取得一定的收益而实施规避风险策略时可能遇到的困难和费用。

图 7-4 为航天项目风险预警系统流程的一个示例。

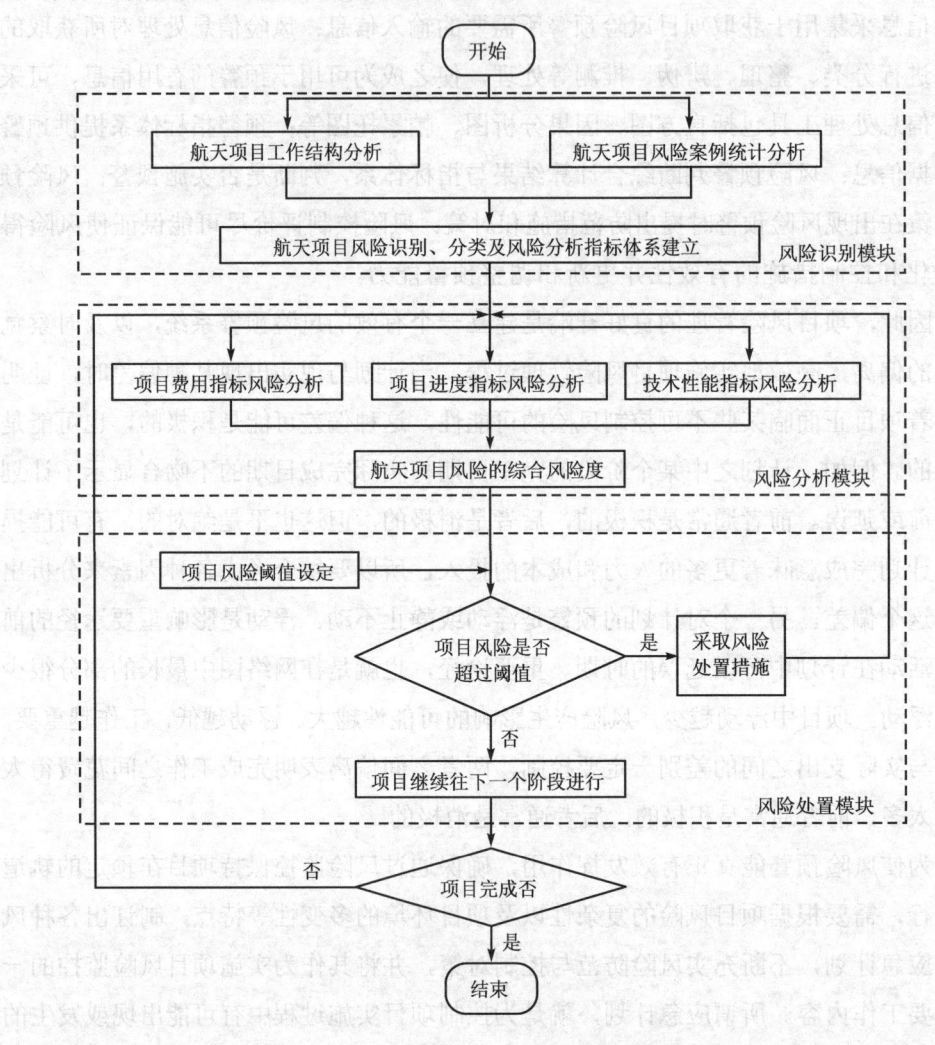

图 7-4　航天项目风险预警系统流程

从图 7-4 中可以看到，该系统由三个子模块组成，分别是风险识别模块、风险分析模块和风险处置模块。风险识别模块主要从航天项目工作结构分析和风险案例统计两个角度对航天项目的风险进行识别,最后建立起整个项目的风险分析指标体系。风险分析模块主要是对航天项目风险进行评估,估计整个项目风险的大小。其事先从项目的费用、进度和性能指标三个方面对项目的风险状况进行评估,最后汇总出整个项目风险的大小。在风险处置模块部分,首先要根据各方面的情况,设定出项目综合风险的一个阈值,根据风险分析模块得出的结果,比较项目的风险是否超过了设定的风险水平,如果没有超出则继续往下进行,如果超过则需要根据风险因素的特点采取具有针对性的风险处置措施,采取措施后再返回第二模块对风险进行重新评估,重复前面的过程直至项目结束。

7.2.4 项目风险报告

项目风险报告用来向决策者和项目组织成员传达风险信息,通报风险状况和记录风险处理活动的效果。风险报告的形式有多种,时间仓促时可以用非正式的口头形式报告,而里程碑审查时则需提出正式摘要报告,报告内容的详略程度按接受报告人的需要确定。它由风险进程管理员进行记录,在必要时,还应当包括在项目的风险分析与管理过程的计划和实施阶段记录的重要事件、遇到的任何问题和发生的不可预见的风险、风险分析的结果和后续的风险分析与管理过程本身的改进方法。

成功的风险管理工作都要及时报告风险监控过程的结果。风险报告要求包括报告格式和频度,一般应作为制订风险管理计划的内容统一考虑并纳入风险管理计划。编制和提交此类报告一般是项目管理的一项日常工作。为了看出技术、进度和费用方面有无影响项目目标实施和里程碑要求满足的障碍,可将这些报告纳入项目管理审查和技术信息,对项目管理办公室和其他外围单位可能很有用。尽管此类报告可以迅速地评述已辨识问题的整个风险状况,但是更为详细的风险状况可能还需要单独的风险分析。

在这里主要介绍两类风险报告,一类是在项目实施之前根据风险分析的结果进行汇总的项目风险响应计划,另一类是在项目执行过程中对风险事件进行监控和状态汇报的风险管理情况报告和风险日志。

1. 项目风险响应计划

所谓风险响应,是对一个风险事件所采取的行动,它是为减小风险发生的可能性,或者降低它的有害影响的严重性而采取的行动。而在项目实施阶段开始时,首先需要将当时所有已识别出的风险进行详细的记录,以便于项目实施过程中的风险监控,这种用于记录风险的文件通常被称为"风险响应计划(Risk Response Plan)",有时也称作风险注册表（Risk Register）。它的主要内容包括风险简要描述、原因、发生概率、对项目目标的影响、建议的应对措施、风险的责任者等。

例如，在某军用航空型号项目中，经过风险分析确认了在工程研制阶段存在 14 项风险事件。在研制项目实施前将这 14 项风险详细地记录在一个风险注册表 7-3 中。

表 7-3 XX 项目风险研制阶段风险注册表

序号	风险事项	风险分析结果			风险分析方法	应对措施
		风险事件发生的概率	风险的严重性	风险的等级		
1	战术技术指标失当	0.5	III	低	头脑风暴法、主观概率	承担或转移
2	双三角翼布局失误	0.7	II	中	故障树分析	避免或转移
3	机动襟翼系统失误	0.7	II	中	故障树分析	避免或转移
4	发动机失误	0.3	III	低	故障树分析	避免或转移
5	订货方案决策更改	0.3	II	中	头脑风暴法，经验分布	避免
6	进度严重拖延	0.5	II	中	风险核对表、外推法	避免
7	发生重大事故	0.1	I	高	风险核对表、主观概率	避免
8	费用超支	0.5	III	低	风险核对表、外推法	承担
9	外部采购产品价格过高	0.5	III	低	风险核对表	承担
10	计划不周	0.5	III	低	风险核对表	承担
11	技术问题拖延	0.5	III	低	头脑风暴法、主观概率	承担
12	生产质量问题拖延	0.5	III	低	头脑风暴法、主观概率	承担
13	保障条件不适用	0.5	III	低	风险核对表	承担
14	保障条件不具备	0.5	IV	低	风险核对表	预防

风险概率、风险严重性和风险等级的有关评级方法请参看表 3-9~表 3-11。

在某些大型复杂项目中，随着项目的进展，风险事件的内容和处理方式都会变化。因此，在必要时在项目的各里程碑节点都需要重新识别、分析下一个项目阶段的风险事项、风险分析结果和应对措施等。例如，我国的国防项目常在论证阶段、方案阶段、工程研制阶段和生产交付阶段对项目的风险进行分析及制订相应的计划。

2. 项目实施过程中的风险报告

在项目的实施过程中，有些识别出的风险事件将会发生，有些事件则可能实际没有发生，也可能在事先并没有预料到的一些风险事件却在项目过程中发生了。而且，在整个项目过程中风险事件的发生概率和影响程度也不是一成不变的，必须实时地将这些风险变化记录下来，以便于管理人员和决策者迅速做出反应。这种报告的形式是多样的，可以用口头形式报告、正式报告，其详细程度也可根据需要确定。

在一般情况下，可以按照固定间隔时间进行风险报告。表7-4是一个项目风险报告的示例，它报告的是在项目执行的某一节点时各项风险的状况信息。

表7-4 项目风险报告示例

编号	风险事项	风险变化情况	状况/意见
1	无库存编目的备件	风险得到一定缓解	数据审查中，需指定件号
2	工程更新	风险减轻，风险等级由"中"降为"低"	数据已经审查，无须更新
3	备件和保障	风险减轻，风险等级由"高"降为"低"	备件清单已批准，无对策计划
4	经费申请的审批周期过长	风险得到一定缓解	—
5	工程索赔	风险解除	问题得到解决
6	政府提供的设备缺乏后勤保障分析记录	无变化	承包商后勤保障分析计划提交，第二年重新安排进度
7	零件采购时机	风险减轻，风险等级由"高"降为"低"	进行工作分析确定购买机会
8	设计成熟性	风险减轻，风险等级由"高"降为"低"	研究民用多路调制器接口
9	系统硬件接口定义	风险加重，风险等级由"低"升为"高"	天线、电缆布局引发风险问题

这张风险报告单对于项目管理者和其他项目相关者实施项目将是非常有用的。

7.2.5 项目风险监控系统

美国国防部从20世纪70年代起逐步建立起相对完善的风险管理流程，多年的实践使其深刻体会到：工程项目管理就是风险管理，只有使风险管理成为与武器装备的整个寿命周期相伴随的一个系统化过程，才能消除或最大限度地控制风险。在长期的项目风险管理实践中，美国国防部认识到风险监控在项目管理中的重要作用：

一是如何通过制定采办政策和采办策略,来促进承办方尽早确定风险管理策略并在整个寿命周期中始终注意风险问题,主动积极开展风险管理;二是为加强使用方对项目风险的监控力度,即在批准进入下一个采办阶段之前,各个里程碑决策点应对项目计划的风险和风险管理方案进行明确的评估。著名的跨国公司——美国大西洋富田公司,在确定其分承包商方式、部门职责、质量控制、进度控制、文件控制、保险等时都提出了严格的要求,以便对管理活动和施工作业进行全过程、全方位的监控。因此,针对项目风险贯穿于项目整个寿命周期的实际,有必要对项目实施过程中的各种风险(已识别的或潜在的)进行全寿命、全系统管理,建立包括组织、政策规章、人员、技术方法、信息系统等要素在内的项目风险监控系统,采取各种方法对风险进行管理,从而保证项目有效果、有效率地实现预定的目标。

所谓项目风险监控系统,就是依托项目风险管理组织及其风险管理人员,按照制定的风险监控规章政策,运用各种技术方法和手段,对项目活动中存在的各种风险因素及危机现象进行持续监测、预防、控制和应急处置的一种组织与技术系统。图 7-5 为项目风险监控系统及其作用关系。作为项目风险管理过程的重要环节,风险监控系统通过风险信息的采集、分析、预警及控制决策的实施,动态地掌握项目风险及其变化情况,跟踪并控制项目风险,确保高效地实现项目目标。

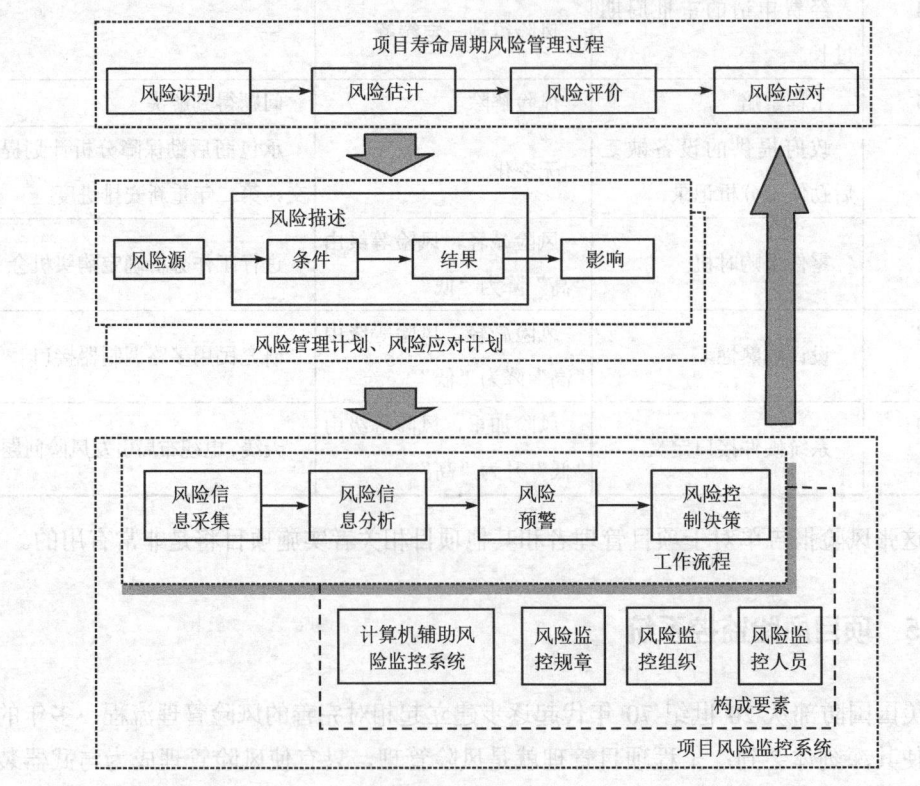

图 7-5 项目风险监控系统及其作用关系

1. 风险监控组织及其人员

风险监控是项目风险管理的有机组成部分，不是附加的或需要单独执行的工作。因此，风险监控的组织形式应与整个项目的风险管理的组织形式一致。一般来说，风险管理组织形式包括集中式和分散式两种，如图 7-6 和图 7-7 所示。

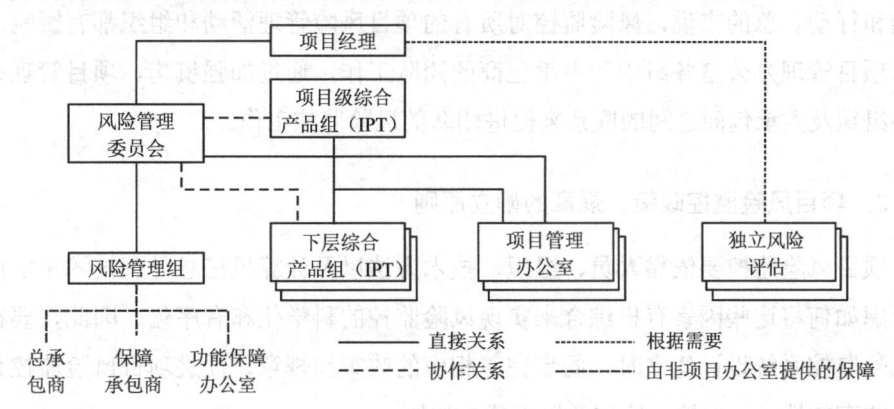

图 7-6　集中式风险管理组织形式

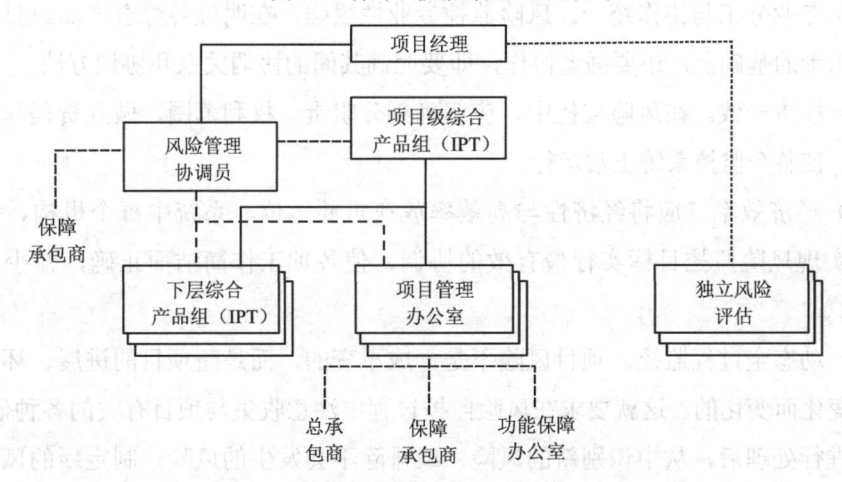

图 7-7　分散式风险管理组织形式

在项目管理中，由项目经理负责风险管理的实施。一般在项目开始阶段，项目经理可选用集中式风险管理组织结构，直到所有项目组成员都熟悉项目和风险管理过程以后，再采用分散式风险管理组织。

在集中式风险管理中，项目经理要组建一个专门的风险管理组，以负责风险管理的所有工作，包括监控风险管理工作的进展情况。在分散式风险管理中，风险管理被委托给各个项目综合产品组，要求所有人员在其日常工作中都要考虑风险管理及监控问题，设一名风险管理协调员协助项目经理履行职责，并和项目综合产品组、各功能办公室和项目级综合产品组共同协调监控工作。

风险监控活动必须是具体的,应将责任落实到人。项目经理是进行规划、分配资源和执行风险监控的最终负责人,因此要求项目经理负责构建风险监控系统及政策规章、检查和参与风险监控过程,确保风险监控系统有效运行。同时,风险监控是一项团队功能。这是因为风险的广泛性和风险监控要影响到项目风险管理的其他计划和行动。总的来说,风险监控对所有的项目风险管理活动和组织都有影响,应依靠项目管理办公室各组织和主承包商的团队工作,通过加强机构、项目管理办公室各组织及主承包商之间的联系来促进团队的风险监控工作。

2. 项目风险监控政策、规章的确立原则

项目风险监控要依靠人员、组织、技术方法以及计算机信息处理技术来实施,应考虑如何将这些因素有机综合来实现风险监控的科学化和有序化。因此,要在项目风险监控系统设计建立时,同步完善相应的政策和规章,促进项目风险监控系统运行的有效性。一般地,应注意以下确立原则。

(1) 专业分工与协作统一。风险监控专业性很强,在明确各综合产品组目标、任务、职责的基础上,还要强调协作,即要明确其间的协调关系和协调方法。

(2) 权责一致。在风险监控中,应明确划分职责、权利范围,做到责任和权利相一致,使整个监控系统正常运行。

(3) 经济效率。应将经济性与高效率放在重要地位。系统中每个机构、每个人员为实现风险监控目标实行最有效的协调,使各项工作简洁而正确,减少重复和推诿。

(4) 动态全过程监控。项目风险不是一成不变的,而是随项目的进展、环境和条件的变化而变化的。这就要求在风险监控过程中注意收集与项目有关的各种信息,对信息进行处理后,从中识别新的风险,或排除不会发生的风险,制定新的风险应对措施,使风险监控具有针对性。

(5) 对拟采用的风险防范和应对措施进行权衡比较分析,优选效费比高的措施,并确保其有效性。

(6) 将信息的获取与加工作为一项重要工作。能否对风险进行及时有效的监控,与信息的全面性和及时性有密切关系。尤其现代工程项目涉及的风险因素繁多,风险信息量大,要求在风险监控过程中,各职能部门紧密合作,保证信息的流畅和共享。

3. 计算机辅助风险监控系统

风险信息及其管理利用在项目风险监控中起到至关重要的作用。因此,运用计

算机信息处理技术来开展风险监控成为项目风险管理的发展趋势之一。除了前面介绍的风险预警功能外,计算机辅助风险监控系统应最大限度地实现项目风险监控工作的自动化,从而提高其效率和效能。具体地,计算机辅助风险监控系统应具有如下能力。

(1) 对项目全寿命过程风险持续监控的支持。项目风险是其各种影响因素的函数,由于这些影响因素在项目寿命周期各阶段是动态变化的,因此,项目风险具有时变性,要求在全寿命过程对其进行持续监控。特别是大型工程项目,由于新技术、新材料、新工艺及软件的综合作用,往往包含着人类未曾把握的风险,需要通过持续监测予以不断发现与认识并加以控制。

(2) 对项目全要素风险监控的支持。项目风险的类型众多,涉及多种多样的风险源,它们之间也存在复杂的相互影响关系,导致项目风险具有很大的不确定性。因此,应综合考虑项目关联的各种风险要素,通过建立其与项目风险目标的作用关系,动态监测和评估其影响,实现对风险的优化控制。

(3) 对项目风险监控全流程的支持。主要包括对风险信息的采集、风险信息分析、风险预警、风险控制决策等监控工作流程的全面支持。例如,风险信息采集包括从信息源提取数据、信息更新、信息归类、剔除无用信息等。风险信息分析包括风险来源及类型统计、风险趋势预测、风险因素影响重要度计算、风险仿真评估等;风险控制决策包括控制策略确定、控制方案评价与优化、风险管理计划调整建议等。

(4) 对项目风险监控技术综合运用的支持。可用于项目风险监控的技术方法很多,其应用取决于项目进展、风险类别、风险变化等条件或时机以及自身的适用性。应尽可能提供信息化的辅助工具支持各种监控技术的运用,减少风险监控人员的负担,提高监控效率。

(5) 对各种项目风险监控组织及人员的支持。使担负不同风险监控职责的组织和人员能并行工作,共同协作达成风险监控目标。

此外,计算机辅助风险监控系统作为项目风险管理系统的有机组成部分,应注意解决好相关的过程和数据接口问题,以确保协同一致地开展风险管理工作,实现风险信息的共享。

如图 7-8 所示为计算机辅助风险监控系统组成,该系统包括三个层次。

第一层为用户层,主要为各类风险监控人员提供使用系统的人机交互界面,满足不同的应用要求。

第二层为应用层,主要用于支持实现风险监控流程的各项工作。外部接口用于实现信息共享。

第三层为数据层，其中数据库用于管理风险信息，模型库用于管理风险模型，方法库用于管理各种风险监控技术方法。

各个功能层间通过内部接口实现互操作，支持功能模块的独立实现，使系统具有开放扩充性。

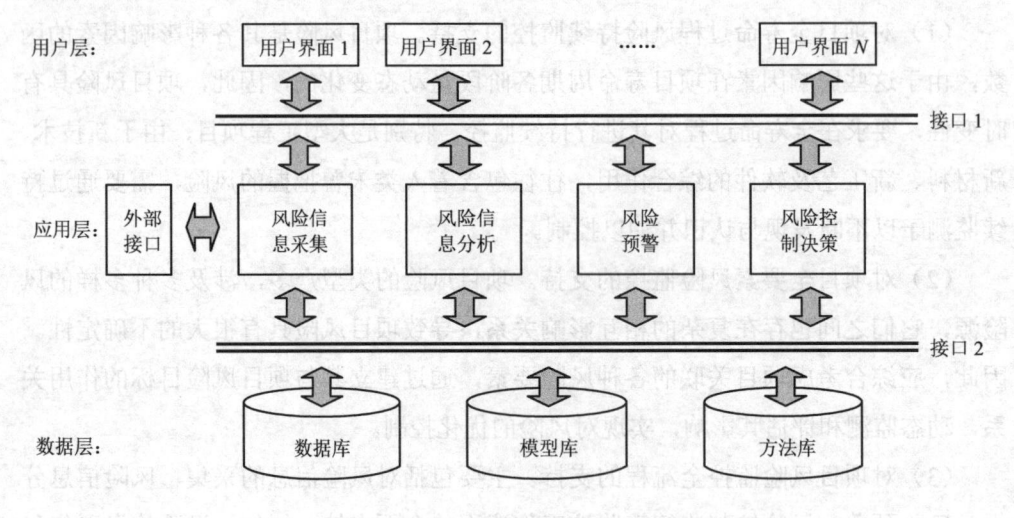

图 7-8　计算机辅助风险监控系统组成

本章小结

- 风险监控就是通过对项目风险全过程的监视和控制，保证风险管理能达到预期的目标。其目的是考察各种风险控制行动产生的实际效果，确定风险减少的程度，监测残留风险的变化情况，进而考虑是否需要调整风险管理计划以及是否启动相应的应急措施。
- 在实施项目风险管理监控时，必须定义在什么时间、什么任务中采用什么方法对项目风险事件进行跟踪和控制，而项目风险管理的监控系统则是具体的行动指南，它定义了风险监控的组织、政策规章、人员、技术方法、信息系统等要素。挣值法、项目风险报告等都是有效的监控方法。
- 项目风险监控系统是依托项目风险管理组织及人员，按照制定的风险监控政策规章，运用各种技术方法和手段，对项目活动中存在的各种风险因素及危机现象进行持续监测、预防、控制和应急处置的一种组织-技术系统。它通过风险信息的采集、分析、预警以及控制决策的实施，动态地掌握项目风险及其变化情况，跟踪并控制项目风险，确保高效地实现项目目标。

复习思考题

1. 什么是项目风险监控？它主要用于解决什么问题？
2. 描述项目风险监控的过程，并指出项目风险监控的主要输入/输出内容。
3. 挣值法在项目的风险管理中能够起到什么作用？
4. 风险监控系统的组成要素有哪些？
5. 某软件公司承担了某省政府机关办公自动化系统的研制任务，该系统将覆盖省政府机关各部门的业务工作，从而提高机关办事效率，项目研制周期为一年，项目总投资1000万元。试对项目进行风险管理分析，开展风险识别、风险估计、风险评价、风险应对、风险监控等研究工作，制订风险管理计划、风险应对计划。

参考文献

[1] 吕建伟，陈霖，郭庆华. 武器装备研制的风险分析与风险管理 [M]. 北京：国防工业出版社，2005.

[2] 沈建明. 项目风险管理 [M]. 北京：机械工业出版社，2003.

[3] 程军伟，等. 装备研制项目中技术风险等级的模糊综合评判 [J]. 洛阳大学学报，2003，18（2）：19-22.

[4] 周小桥. 项目管理工具与模板 [M]. 北京：清华大学出版社，2005.

[5] 防务系统管理学院. 系统工程管理指南[M]. 国防科工委军用标准化中心，译. 北京：宇航出版社，1992.

[6] 王汉功，甘茂治，陈学楚，等. 装备全系统全寿命管理 [M]. 北京：国防工业出版社，2003.

[7] 符志民. 航天项目风险管理 [M]. 北京：机械工业出版社，2005.

[8] 梅启智，廖炯生，孙慧中. 系统可靠性工程基础 [M]. 北京：科学出版社，1987.

[9] 郭波，武小悦，等. 系统可靠性分析 [M]. 长沙：国防科技大学出版社，2002.

[10] 国家军用标准汇编——可靠性（Ⅰ）[M]. 北京：国防科工委军标出版发行部，1992.

[11] 邱菀华. 现代项目风险管理方法与实践 [M]. 北京：科学出版社，2003.

[12] 克里斯·查普曼，斯蒂芬·沃德. 项目风险管理过程、技术和洞察力 [M]. 李兆玉，等，译. 北京：电子工业出版社，2003.

[13] 卢有杰，卢家仪. 项目风险管理 [M]. 北京：清华大学出版社，1998.

[14] 袁家军. 神舟飞船系统工程管理 [M]. 北京：机械工业出版社，2006.

[15] 白思俊. 现代项目管理（上、中、下册）[M]. 北京：机械工业出版社，2002.

[16] 马克思·怀德曼. 项目管理词汇手册[M]. 项目管理志愿者团队，译. 北京：清华大学出版社，2003.

[17] 沈建明. 中国国防项目管理知识体系[M]. 北京：国防工业出版社，2006.

[18] 谭跃进，陈英武，易进先. 系统工程原理[M]. 长沙：国防科技大学出版社，1999.

[19] 王卓甫. 工程项目风险管理——理论、方法与应用[M]. 北京：中国水利水电出版社，2003.

[20] 周经伦，龚时雨，颜兆林. 系统安全性分析[M]. 长沙：中南大学出版社，2003.

[21] 中国项目管理研究委员会. 中国项目管理知识体系与国际项目管理专业资质认证标准[M]. 北京：机械工业出版社，2001.

[22] Harold Kerzner. 项目管理——计划、进度和控制的系统方法[M]. 北京：电子工业出版社，2002.

[23] 冯允成，吕春莲，等. 随机网络及其应用[M]. 北京：北京航空航天大学出版社，1987.

[24] 李社会，董军浪. GERT随机网络的优化研究[J]. 西北纺织工学院学报，1998，12（1）：39-42.

[25] 俞高明. GERT在评审砼现场供应方案上的运用[J]. 安徽大学学报（自然科学版），2000，24（2）：79-83.

[26] 季节，胡长顺. 公路施工组织随机网络方法研究[J]. 内蒙古公路与运输，1999(3)：4-7.

[27] 庞传琴，毕玉峰，王彦. 广义随机网络在公路建设中的应用[J]. 山东交通科技，2000（1）：67-71.

[28] 侯永刚，杨春节，李平. 网络优化技术在工程项目智能进度管理系统中的应用[J]. 安徽大学学报（自然科学版），2001，25（4）：31-36.

[29] 罗荣贵，徐华初，汤英. 企业和工程施工中的网络优化及应用[J]. 武汉工业大学学报，1997，19（3）：89-93.

[30] Project Manage Institute Standard Committee. A Guide to the project management Body of Knowledge [J]. PMI, 1996.

[31] Huang Bo, Zhang Qingpu, Hu Yunquan. Research on Credit Risk management of the state-owned commercial bank [J]. 2005 International Conference on Machine Learning and Cybernetics: 4038-4043.

[32] 施瓦尔贝. IT 项目管理 [M]. 王金玉，等，译. 北京：电子工业出版社，2002.

[33] 中蓝工作室. 项目管理与 MICROSOFT PROJECT 2002. 2003.

[34] The PMI Standards Committee. A Guide to the project management body of knowledge [M]. Philadelphia: Project Management Institute，2000.

[35] Jack R. Mcredith, Samuel I. Mantel JR.. Project management-A management approach [M]. John Wiley and Sons, INC., 1995.

[36] Harold Kerzner. Project management-A system approach to planning, Scheduling, and controlling [J]. 7 Edition, John Wiley and Sons, INC., 2000.

[37] Joan Knutson. Succeeding in project driven organization, people, processes and polities. john Wiley and Sons, INC., 2001.

[38] Sadeghi Mehdi, Shavvalpour Saeed. Energy risk management and value at risk modeling [J]. Energy Policy, 2006, 34 (18): 3367-3373.

[39] Dwayne Phillips. Cards-on-the-wall sessions: A Low-tech method to help your high techventures succeed [J]. Software Development Magazine, July 2001.

[40] Jack Gido, and James P. Clements. 成功的项目管理 [J]. 张金成，等，译. 北京：机械工业出版社，1999.

[41] Richard B. Chase, Nicholas J. Aquilano, F. Robert Jacobs. Production and Operations Management: Manufacturing and Services-8 [J]. Copyright 1998 by Mcgraw-Hill Companies, Inc.

[42] 李世蓉. 工程建设风险管理 [M]. 北京：中国建筑工业出版社，2000.

[43] 保罗 S. 罗耶. 项目风险管理——一种主动的策略 [M]. 北京广联达慧中软件技术有限公司，译. 北京：机械工业出版社. 2005.

[44] Fussell, Louis, Field Scott. The Role of The Risk Management Database In The Risk Management Process [J]. Proceedings-2005, 18th International Conference On Systems Engineering, Icseng: 364-369.

[45] Andersen E S, Grude K V, Haug T. Goal Directed Project Management [J]. Coopers And Lybrand, 1997.

[46] James P.Lewis. The Project Manager'S Desk Reference [J]. Ind Ed Mc Graw-Hill Education, 2000.

[47] Jack Giao James P Clements. Successful Project Management [J]. South Western College Publishing, 1999.

[48] J. Davidson Frame. Managing Projects In Organizations [J]. Jossey-Bass Inc.,

Publishers, 1995.

[49] J. Davidson Frame. The New Project Management. J. Davidson Frame And Jossey-Bass Inc［J］Publishers, 1994.

[50] Kathy Schwalbe. Information Technology Project Management［J］. Course Technology, A Division Of Thomson Learning, 2000.

[51] James Harrington, Daryl R. Conner, Nicholas L. Horneg. Project Change Management: Applying Change Management To Improvement Projects［J］. The Mc Graw-Hill Education, 2000.

[52] 刘艳琼，沈永平，陈英武．美军 AAAV 装备采办项目的风险管理实践及启示［J］．国防科技，2005(3): 79-84.

[53] 朱启超，匡兴华．NASA 高技术项目风险管理技术与方法［J］．世界科技研究与发展，2004，26(3): 95-102.

[54] Brandon Daniel M. Implementing Earned Value Easily And Effectively［J］. Project Management Journal, 1998，29(2)：79-88.

[55] Harold Kerzner. In Search Of Excellence In Project Management-Successful Practices In High Performance Organizations［J］. Van Nostrand Remhold, 1998.

[56] Gopal K Kanji And Mike Asher. 100 Methods For Total Qualit Management［J］. Sage Publication, Ltd, 1996.

[57] Li Gui-Jun, Zhang Yue-Song. From Risk Management To Uncertainty Management: A Significant Change In Project Management［J］. Journal Of Harbin Institute Of Technology (New Series), 2006,13(3): 369-373.

[58] Kutsch E, Hall Mark. Intervening Conditions On The Management Of Project Risk: Dealing With Uncertainty In Information Technology Projects［J］. International Journal Of Project Management, 2005, 23(8): 591-599.

[59] Jung Joo Y, Wang Yong Jian. Relationship Between Total Quality Management (Tqm) And Continuous Improvement Of International Project Management(Ciipm)［J］. Technovation, 2006, 26 (5-6): 716-722.

[60] Azaron Amir, Katagiri Hideki, Sakawa Masatoshi. A Multi-Objective Resource Allocation Problem In Pert Networks［J］. European Journal Of Operational Research, 2006,172(3): 838-854.

[61] Azaron Amir, Tavakkoli-Moghaddam Reza. A Multi-Objective Resource Allocation Problem In Dynamic Pert Networks［J］. Applied Mathematics And Computation, 2006, 181(1):163-174.

[62] Zanddizari Mahdi. Set Confidence Interval For Customer Order Cycle Time In Supply Chain Using Gert Method Proceedings Of The Iasted [J]. International Conference On Modelling And Simulation, Proceedings Of The 17th Iasted International Conference On Modelling And Simulation, 2006: 213-218.

[63] Teixeira, Jose Manuel Cardoso, Minasowicz, Andrzej. Training Needs In Construction Project Management: A Survey Of 4 Countries Of The Eu [J] .Journal Of Civil Engineering And Management.2006, 12(3): 237-245.

[64] Cook, Peter. Formalized Risk Management: Vital Tool For Project-And Business-Success [J]. Cost Engineering (Morgantown, West Virginia), 2005,47(8): 12-13.

[65] Ballard Glenn, Howell Gregory A. Lean Project Management[J]. Building Research And Information, Re-Valuing Construction, 2003, 31(2): 119-133.

[66] Dawidson, Ola, Project Portfolio Management-An Organising Perspective [J]. Doktorsavhandlingar Vid Chalmers Tekniska Hogskola, 2006, 2437: 1-162.

[67] Chen, Ping, Partington David. Three Conceptual Levels Of Construction Project Management Work [J]. International Journal Of Project Management, 2006, 24(5): 412-421.

[68] Armour, Phillip G. Project Portfolios: Organizational Management Of Risk [J]. Communications Of The Acm, 2005, 48(3):17-20.

[69] Martinsuo Miia, Lehtonen Paivi. Role Of Single-Project Management In Achieving Portfolio Management Efficiency [J]. International Journal Of Project Management, 2007，25(1)：56-65.

[70] Friedensen, Victoria P. Risk Communication: Communicating Risks As A Function Of Good Risk Management Collection Of Technical Papers - 4th International Energy Conversion Engineering Conference [J]. 2006:1189-1197.

[71] Wright Peter, Kroll Mark, Krug Jeffrey A. Influences Of Top Management Team Incentives On Firm Risk Taking [J]. Strategic Management Journal, 2007, 28(1): 81-89.

[72] 吕松堂，吕刚德．××工程研制中可靠性工程技术的应用．航空可靠性工程进展［M］．北京：航空工业出版社，2003：39-49.

[73] 周志刚，王黔军．基于HHM的远程机动风险分析［J］．国防科技大学信息系统与管理学院管理科学研讨会论文集：公共管理与项目管理．2013.

[74] 总装备部可靠性技术专业组．装备故障预测与健康管理论文集［M］．北京：国防工业出版社，2013.

[75] （美）Project Management Institute. 项目管理知识体系指南（第 5 版）[M]. 北京：电子工业出版社，2014.

[76] Ki Mun Jung，Mitsuhiro，Li-Rong Cui. Advanced reliability and maintenance modeling [J]. Proceedings of 7th Asia-Pacific International Symposium on Reliability and Maintenance Modeling，2016.

[77] Hong-Zhong Huang. Proceedings of 2017 International conference on materials and reliability & 2017 International conference on quality [J]. reliability, risk, maintenance, and safety engineering, 2017.

[78] 孙家栋，杨长风. 北斗二号卫星工程系统工程管理 [M]. 北京：国防工业出版社，2017.

[79] 李长江，杨慧，朱楠. 项目群管理理论与实践——北斗导航卫星系统项目群管理最佳实践 [M]. 北京：电子工业出版社，2014.

[80] Marko Cepin, Radim Bris, Safety and reliability theory and application, proceedings of the 27th european safety and reliability conference [J]. Crc press/balkema, 2017.

[81] Hong-Zhong Huang. The proceedings of 2016 International conference on quality, reliability, risk, maintenance and safety engineering & 2016 world congress on engineering asset management [J]. 2016.

[82] 谭跃进，陈英武，罗鹏程，程志君. 系统工程原理. 第 2 版 [M]. 北京：科学出版社，2017.

反侵权盗版声明

电子工业出版社依法对本作品享有专有出版权。任何未经权利人书面许可，复制、销售或通过信息网络传播本作品的行为；歪曲、篡改、剽窃本作品的行为，均违反《中华人民共和国著作权法》，其行为人应承担相应的民事责任和行政责任，构成犯罪的，将被依法追究刑事责任。

为了维护市场秩序，保护权利人的合法权益，我社将依法查处和打击侵权盗版的单位和个人。欢迎社会各界人士积极举报侵权盗版行为，本社将奖励举报有功人员，并保证举报人的信息不被泄露。

举报电话：（010）88254396；（010）88258888
传　　真：（010）88254397
E-mail：　　dbqq@phei.com.cn
通信地址：北京市万寿路173信箱
　　　　　电子工业出版社总编办公室
邮　　编：100036